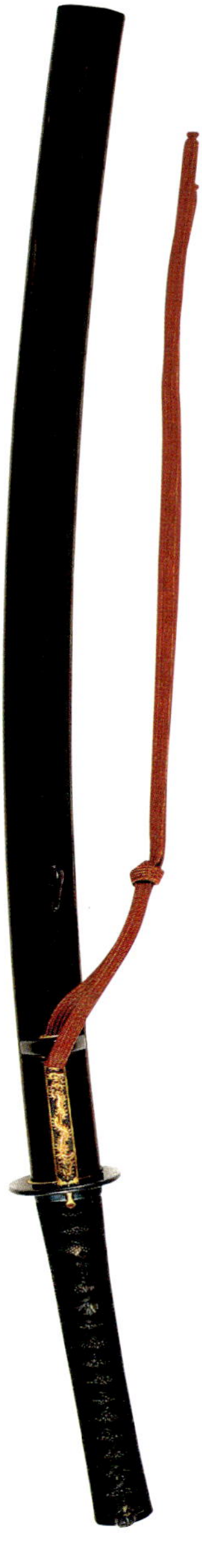

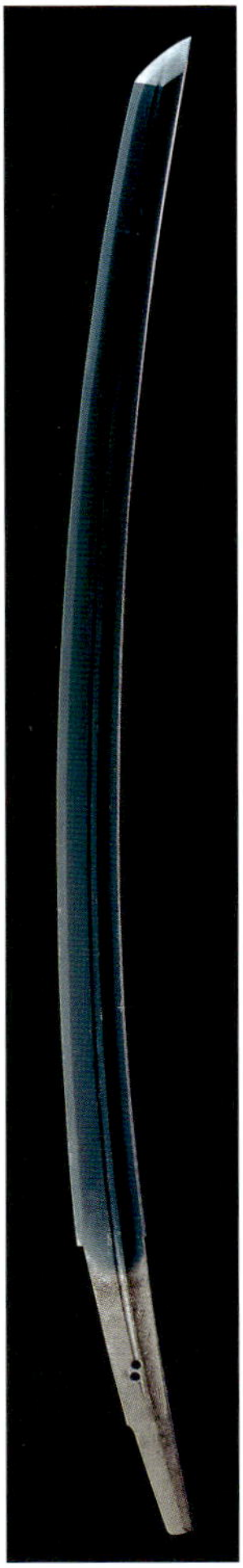

太刀　無銘　伝光世《みつよ》作「ソハヤノツルキ」附　革柄《かわつか》蠟《ろ》色《いろ》鞘《さや》打刀《うちがたな》拵《こしらえ》（重要文化財、久能山東照宮蔵）

『明良洪範』によると、末期の家康は、この太刀で納戸役の都筑氏勝に罪人の試し斬りをさせている。切れ味の鋭さを知った家康は喜び、自ら２、３度太刀を振るい、「此刀を以て子孫長久の神と仰ぐべし」と述べたという。この太刀は「久能の神殿に納る所」であったという。『明良洪範』は拵を「黒鮫赤銅の御目貫」とする。数ある遺言の内容の一端を示す宝物である。

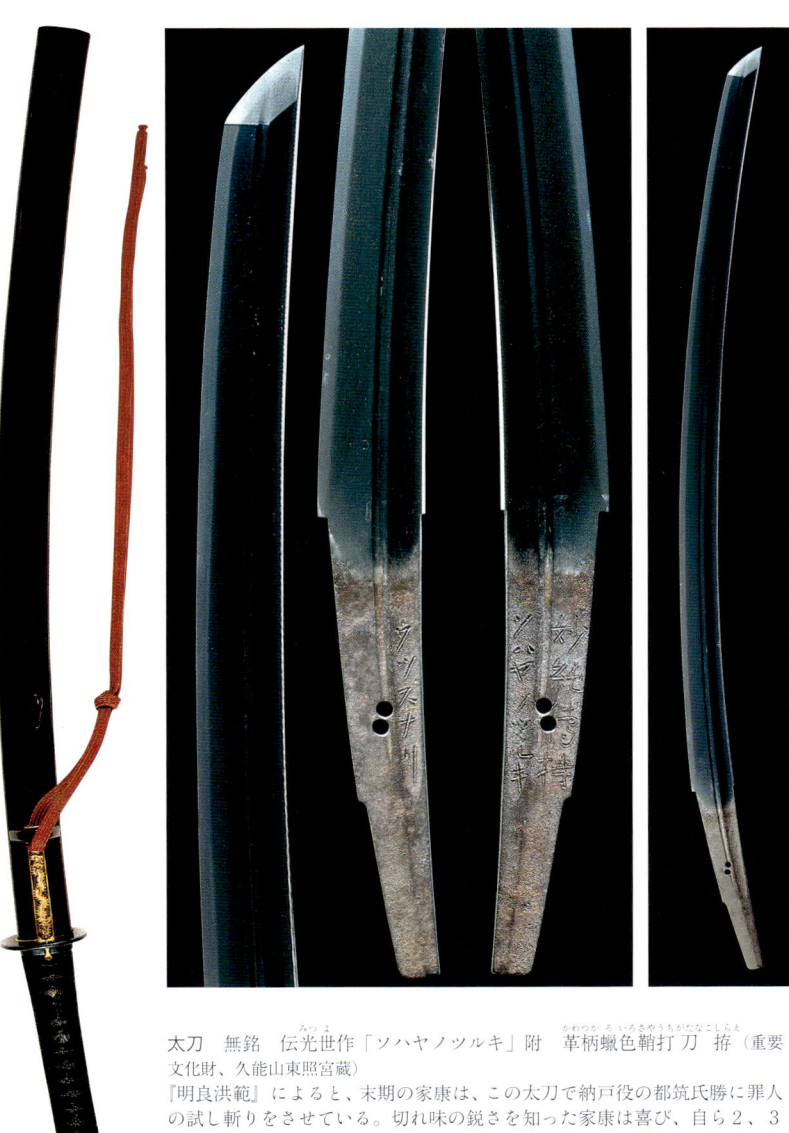

狩野探幽筆「天海（慈眼大師）像」（聖衆来迎寺蔵、画像提供：滋賀県立琵琶湖文化館）

狩野探幽筆「以心崇伝（本光国師）像」（金地院蔵）

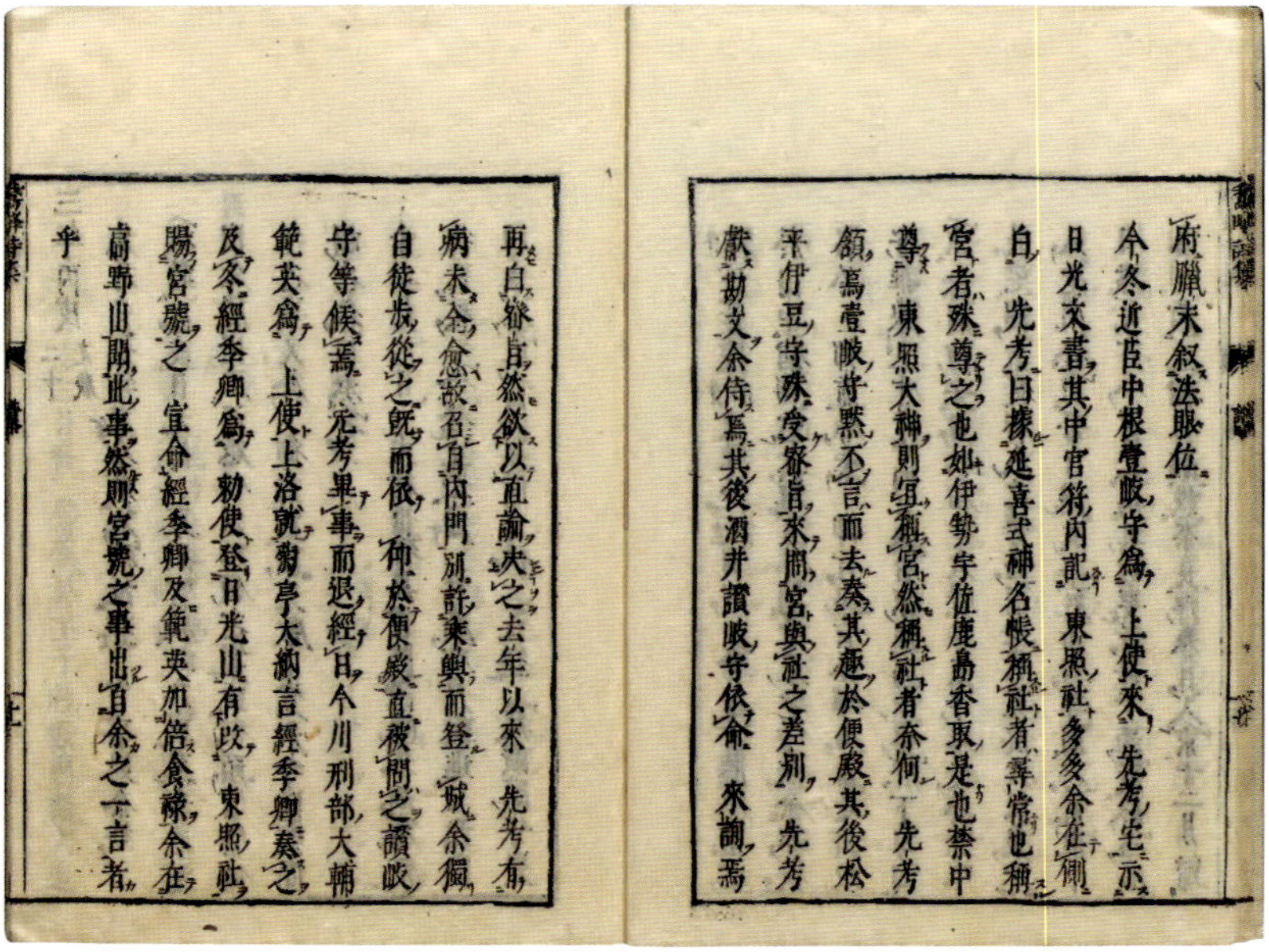
府臘末叙法眼位
今冬近臣中根壹岐守爲上使來 先考宅示
日光文書其中官符内記 東照社多多余在側
白 先考曰據延喜式神名帳稱社者尋常也稱
宮者殊尊之也如伊勢宇佐鹿島香取是也禁中
尊 東照大神則宜稱宮然稱社者奈何 先考
領焉壹岐守黙不言而去奏其趣於便殿其後松
平伊豆守殊受密旨來問宮與社之差別 先考
歎勘文余侍焉其後酒井讃岐守依命 來諭焉
再白密旨然欲以直諭夫之去年以來 先考有
病未全愈故召自内門別許乘輿而登 城余獨
自徒歩從之既而依 仰於便殿直被問之讃岐
守等候焉 先考畢事而退經日今川刑部大輔
範英爲 上使上洛就菊亭大納言經季卿奏之
及冬經季卿爲 勅使登日光山有故 東照社
賜宮號之 宣命經季卿及範英加倍食祿余在
高野山聞此事然則宮號之事出自余之一言者
乎

『鵞峰先生林学士全集 自叙譜略』（国立公文書館蔵）
徳川家光は、東照社への宮号宣下を朝廷に奏請する前、林羅山・鵞峰父子に「なぜ朝廷からの文書には、東照社とあるのか」と問うたという。その後も家光は、社号と宮号の差異などについて、繰り返し下問したとある。

中世から近世へ

徳川家康の神格化

新たな遺言の発見

野村玄

平凡社

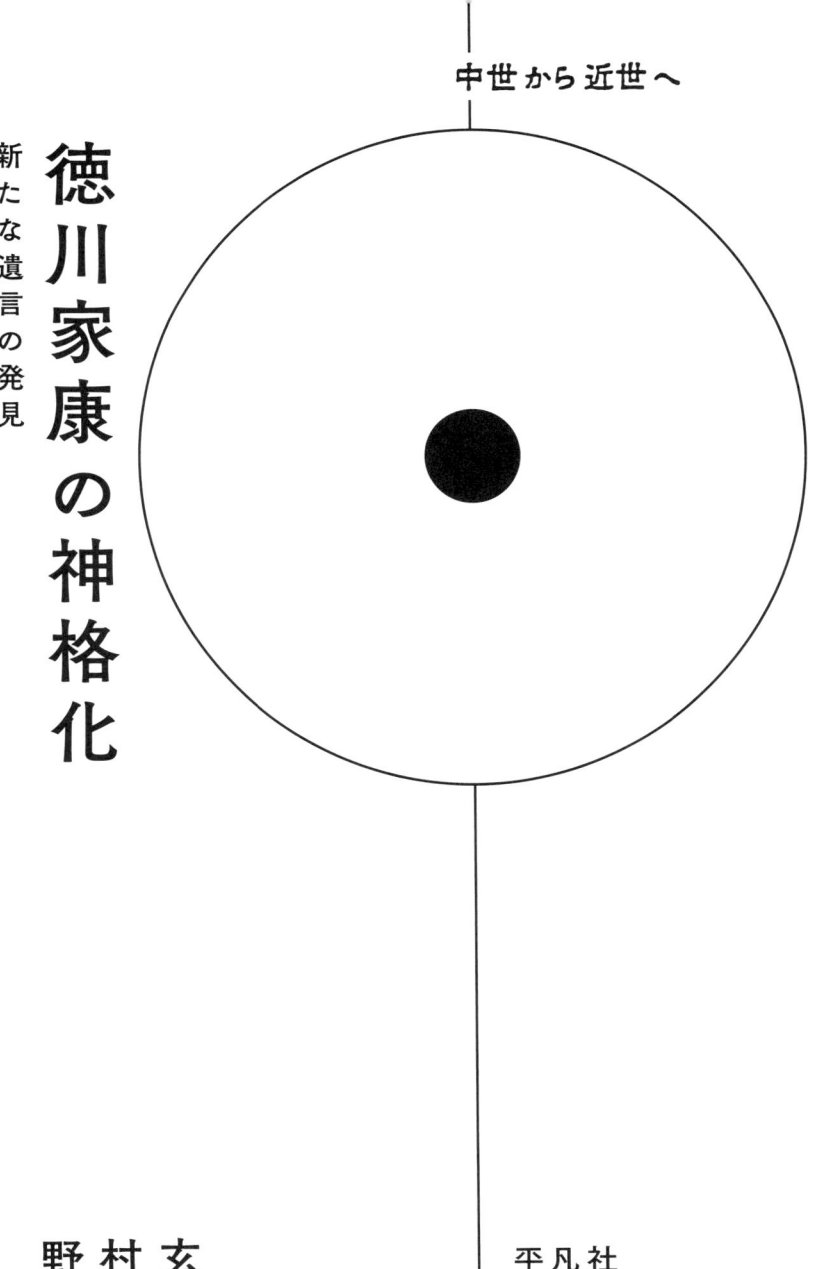

装幀　大原大次郎

徳川家康の神格化◉目次

はじめに——徳川家康はどこで眠っているのか

近年、静岡県静岡市では、民間企業と静岡商工会議所などを中心に徳川家康《とくがわいえやす》の遺体の所在をめぐって「余《ヨ》ハ此處《ココ》ニ居《オ》ル」と題した運動が展開されている（本書では天皇や歴史的人物、個人などへの敬語・敬称は省略する）。そこでは、久能山東照宮《くのうざんとうしょうぐう》の関係者や一般の個人も参画する形で、家康は久能山東照宮の境内《けいだい》で眠っていると主張されており、栃木県日光市にある日光東照宮境内の「奥宮御《おくみやご》宝塔《ほうとう》（御墓所）」が家康の墓所であると考えられがちであることに対して異を唱え、家康の墓所は久能山東照宮境内の「神廟《しんびょう》」であると主張することにより、静岡市域のかつての繁栄に思いを馳せ、今後の同市域の振興をも図ることが意図されているようである［アドマック株式会社『季刊すんぷ』編集部二〇一六］。

当初この運動は、静岡商工会議所が関わるよりも前に、平成《へいせい》二十六年（二〇一四）から民間企業と有志によって始められたようだが、その運動を紹介するウェブページでは「当サイト『駿府《すんぷ》ネット』と『季刊すんぷ』は、「日光には徳川家康公はいない」と主張するものでは決してありません。それどころか、全国にある東照宮の全てに東照大権現は偏《(ママ、遍)》在するものと信じるべきだと考えます」と配慮を示しながらも、「ところが今までは、地元静岡の人たちも含めほとんどの人々が「久能山には家康公の遺骸はない」と信じこまされてきました。しかしそれだけは明らかな間違いであり、それではまったく辻褄が合わないということ、これだけはどうしても主張していかなければならないと考えます」と発信している［興津・アドマック二〇一四―二〇一八］。

本書で筆者は、この運動に対する賛否などを表明しようとするものではない。むしろ一研究者としては、家康の墓所がどこにあるのかという問題を立ててきたことがなく、「余《ヨ》ハ此《コ》處《コ》ニ居《オ》ル」という一連の運動の存在を知って驚いた。前引のウェブページの主張をふまえるなら、静岡県民・市民を含む一般人が家康の遺体の所在について久能山東照宮の境内にないと信じ込んできた一因には、これまでの研究者の発言もあるということなのだろう。

そして、昨年には元銀行員の桜井明《さくらいあきら》による私家版の『家康公と久能山東照宮神廟の謎』が刊行されたと新聞報道され［朝日新聞デジタル二〇一八］、桜井はこれまでの研究者などによる説明や日光東照宮関係者・久能山東照宮関係者の発言、報道機関の立場や報道内容の相違などを逐一紹介・検討したうえで「天海《てんかい》は遺骸の伴わない神霊のみが納まった神柩《しんきゅう》を久能から日光に移した。今も家康の遺骸は久能の神廟に埋葬されている」とし、「久能に家康の御《み》霊《たま》がそのまま残り、家康の遺言通り日光に勧請《かんじよう》した」と結論づけた［桜井二〇一八］。

筆者はかつて徳川家光《いえみつ》の評伝を執筆した経緯もあり、家光が末期に自身を東照大権現《とうしょうだいごんげん》（家康の神格）の側《そば》近くに葬《ほうむ》るよう遺言し［野村二〇一三］、事実、家光の墓所は現在の日光山輪王寺大猷院《にっこうざんりんのうじたいゆういん》にあることから、家康の墓所の所在地が日光であることを疑ってこなかった。

前述の「余《ヨ》ハ此処《ココ》ニ居《オ》ル」の運動の方針や桜井の著書には、一般社会からの研究者に対する批判の側面もあるのかもしれない。もしそうだとするならば、筆者を含め研究者は、外部からの批判に耳を傾け、それらを真摯《しんし》に検討し、疑問に対しては誠実に答え、研究者としての考えを明示する必要があるのではなかろうか。

まず、家康の遺体はどこに埋葬されているのかという問い自体は、まったく正当であることを確認しなければならない。というのも、かつて明治新政府もそのことに関心を示していたからである。国立公文書館所蔵の「公文録・明治二年・第二百二十巻・己巳《つちのとみ》六月～辛未《かのとひつじ》七月・静岡藩伺」に所収の「東照宮遺骸埋瘞《まいえい》場所上申」には次のようにある。

東照宮遺骸埋瘞ノ場所、先達テ御尋御坐候ニ付、即時国許へ申遣、取調候処、最初駿河国久能山へ葬瘞、其後、元和三年四月四日同所ヨリ下野国日光山へ移葬仕候趣、古記録ニ聢ト有之候旨、申越候、此段申上候、以上

徳川新三位（家達）中将家来
月日欽　　関口良輔
小田又蔵

家康の遺体の埋葬場所について、明治新政府から尋ねられた静岡藩は、急ぎ国許《くにもと》で取り調べ、当初は久能山に葬られたが、元和《げんな》三年（一六一七）四月四日に日光へ「移葬」したことが古記録に明確であると上申している。いま家康の遺体の在処に高い関心を示す静岡県民・市民は戸惑うかもしれないが、他ならぬ静岡藩当局が日光だと上申していた歴史的経緯はふまえられるべきことである。藩当局の参照した「古記録」が何であったのかは定かではないが、少なくとも明治初年の政治レベルでは、家康の遺体の埋葬場所は日光だという見解が確定していたのである。

いっぽう、それでは前述の「余《ヨ》ハ此處《ココ》ニ居《オ》ル」の運動や桜井が論拠として挙げている主な史料を順に検討してみよう。まず阿部正信《あべまさのぶ》の『駿國雑志《すんこくざつし》』巻之四下に所収の天海の詠《よ》んだとされる和歌が引かれる。

あれはある、なければない（ひ）に、駿河なる、くのなき神の、宮遷し哉。　天海僧正桜井は、久能山東照宮所蔵のものと思われるこの和歌の書付《かきつけ》を「口絵3」として自身の著書に掲載しているが、『駿國雑志』で「なければはない《(ひ)》に」としている箇所のくずし字は写真を見ると「なければはなきに」となっている。だが、書付は詠者を諡号《しごう》で「慈眼大師《じげんだいし》」と記しているから、これは生前の天海の自筆による書付ではない。この和歌については、久能山東照宮の落合偉洲宮司による解釈に基づいて「く」を軀とし、家康の遺体が日光に移されたわけではないことの証拠として「余《ヨ》ハ此処《ココ》ニ居《オ》ル」のパンフレットや桜井の著書で引用されている［アドマック株式会社『季刊すんぷ』編集部二〇一六、桜井二〇一八］。また、同じく和歌としては、「駿国雑志抜萃《ばつすい》」（『久能山叢書』第四編）に収載されている次の和歌もウェブページで引用されている［興津・アドマック二〇一四―二〇一八］。

大猶《(ママ、猷カ)》院殿大樹

東より、照らす光の、ここにありと、今日もうでする、玖ののみやしろ

これは、寛永《かんえい》十一年（一六三四）の上洛の途上に徳川家光が詠んだ歌とされているが、筆者はこの歌を確認したことがなく、いま家光の詠歌であると断定できない。だが、通常、日

本史学の論文などで事実を解明・確定させようとする場合、史料として和歌を用いることは少なく、用いる場合も詠者を確定のうえで真作と断定できるものに限られる。将軍の詠歌としているにもかかわらず院号《いんごう》を誤記していることも緊張感と信憑《しんぴょう》性に欠け、これらの二首で家康の墓所の在処《ありか》を証明することは無理である。

また、ウェブページにおいては、『久能山叢書』第三編に収録されている「久能山古今之覚」の次の記述も、久能山に家康の遺体があるとする際の重要な史料として引用されている〔興津・アドマック二〇一四―一二〇一八〕。

一　御神躰之事。当山之秘事也。

張紙

遺命 葬于久能山

これは、『久能山叢書』第三編において「（延宝六?・）」とされている「久能山古今之覚」

の一部なのだが、そもそも当該史料が延宝《えんぽう》六年（一六七八）のものと比定された根拠が不明であることと、同史料中には正徳《しょうとく》六年（一七一六）の記事も含まれているから、延宝六年（一六七八）の史料とすることはできない。

しかも、この「久能山古今之覚」の記述からは、神躰《しんたい》のことが久能山の秘事《ひじ》であることは読み取ることができるが、張り紙の内容として久能山に葬れとの遺命《いめい》があったとあることをもって、当該史料が家康の遺体について、引き続き久能山に所在することを秘事だと記しているとまで読むことはできない。むしろ逆に、久能山に葬れとの遺命ではあったが、神躰のことは久能山の秘事だとすると、当該史料は、遺命に反して久能山に遺体は葬られていない（だから秘事である）と述べているのではないかとも読めてしまうのである。

これらの史料に基づく議論は、『東武実録《とうぶじつろく》』巻第三が元和三年三月十五日条で家康を改葬した時の模様を記して「天海僧正手ツカラ鋤鍬《すきくわ》ヲ取ル」としている点などを否定しようとするために行われているのだが（『内閣文庫所蔵史籍叢刊第一巻　東武実録（一）』）、その天海の所作について、桜井は、次の烏丸光広《からすまるみつひろ》による「御鎮座之記《ごちんざのき》（桜井は「日光山紀行《にっこうざんきこう》」と称する）」（『神道大系　神社編二十五　上野・下野国』、以下の「御鎮座之記」は同書からの引用である）によっても否定できるとする［桜井二〇一八］。

抑元和三年の年　尊躰《そんたい》を日光山へうつし奉らるゝ事は、大職冠（藤原鎌足）を摂津国阿威山より多武《とお》峰《みね》に定恵和尚《じょうえかしょう》のわたし申されけるためしなり、これ御ざうのいやつぎにおはします故なるべし、天てる御神も後にぞ倭姫命《やまとのひめみこ》五十鈴《いすず》の河上には鎮座有ける、男山の御をば行教宇佐宮よりかの和尚の三の衣にやどらせ給ふ、此たびはことのやう御現存の時より、くはしく大僧正天海に御神約ありて、かくまのあたり道びかれおはしますをば、さぞうれしとや見そなはすらん、

桜井は、烏丸が「尊躰を日光山へうつし奉らるゝ事」を述べる中で、『東武実録』のいう天海の所作に言及していないことから天海の所作はなかったとし、「御鎮座之記」の元和三年三月二十三日条に「けふは仙波《せんば》大堂《おおどう》にとゞまらせ給ひて、おなじき廿六日（元和三年三月）までおはします」とあることについて、「家康は「東照大権現」という偉大な神に昇華したことで絶大な力を持ち続けることが出来た。しかし、仙波大堂の仏をまつる内陣に遺骸が納まった神柩を移すことは、家康の力を以ってしてもできなかった。なぜならば、遺骸に伴う穢れの感情を消し去ることが出来なかったからだ。四代・五代将軍の葬儀の時、遺骸が納まった柩は寛永《かんえい》寺《じ》の本堂ではなく書院に安置されたことからも裏付けられている。葬送儀則は厳然と守られていたのである」［桜井二〇一八］としている。

「御鎮座之記」によると、前述の「尊躰」は「神躰」と言い換えられながらも、次のような行列で運ばれたとされている。

さて神躰は金輿に奉る、大僧正（南光坊天海）は御さきにぞおはす、次に山門の碩学、東関の学者ありけるかぎりまゐりあつまる、巍々蜀錦をつゞり呉綾をきる、めをかゞやかし耳をおどろかさずといふ事なし、御所（徳川秀忠）の御名代には土井《どい》大炊頭利勝《おおいのかみとしかつ》、松平《まつだいら》右衛《え》門佐《もんのすけ》正久（正綱）、板倉《いたくら》内膳正重昌《ないぜんのかみしげまさ》、秋元但馬守泰朝《あきもとたじまのかみやすとも》等也、騎馬の行粧唐鞍うつし、馬副布衣のさふらひ、雑色ざまにいたるまで、おの〳〵きらをつくさせたり、御《お》旅所《たびしょ》はこなたかなた、あたらしくつくりいとなまれしもあり、

「神躰」は「金輿」に載せられ、天海が先導し、多くの高僧と将軍の名代《みょうだい》の幕閣たち、そして、きらびやかに飾り立てられた人馬とともに各地の「御旅所」を経由して日光を目指した。前述の「仙波大堂」はそのような「御旅所」の一つであった。烏丸は「仙波大堂」とのみ記しているにもかかわらず、なぜ桜井が「内陣」云々の議論をできるのか、筆者にはわからない。烏丸の記述からは、「仙波大堂」の何処に「尊躰」または「神躰」を安置したのかはわからないはずである。だが、「大堂」とあるのだから、桜井もいうように本堂であろう

［桜井二〇一八］。注意すべきことは、すでに「御鎮座之記」が次のように、

東照(ママ、大脱カ)権現は、かたじけなくも薬師ほとけの御化現なりとぞ、さるにより照于東方万八千土のことわりもつくりあはせたりけり、かの御山そひかりをうつさせおはします物よと、其ころ世の中にいひの丶しりにき、

とし、家康の神格である東照大権現を指して、薬師如来の化身であると述べている点である。そのことは「其ころ世の中にいひの丶しりにき」ともある。そして、この点をふまえて「御鎮座之記」は当時、天海が次のように演説したと述べている。

四日(元和三年四月)に日光山座禅院につかせ奉りたまふ、このほど大僧正扈従《こしょう》の人々にあまねくしめしきかせ給ふやう、それ神は混沌のはじめをまもるゆゑに、生死のふたつの相をと(ママ)給はず、六塵の境そまじ、はるはしばらく和光の御結縁なり、しかのみにあらず、かけまくもおほやけよりかしこき神号をさづけまゐらせられ、又なきひとつの位にあがめ拝せさせ給ふ、よろこびのうへのよろこびにあらずや、御門より初めて、御家運は久かたのあめ長く、あらかねのつち久しく、擁護しいまさんこといちじるしと、この時おの〳〵ゐみさ

かえて、万歳をぞよばはれける、それが中に、

　東より照さん世々の日の光

　　山をうごかぬためしにはして

いづれもおなじ心ばへなれば、おほくしるすに、筆いとまあらず、かくて仏誕生日に御廟塔に御定座あり、さて十六日（元和三年四月）に新造のみやしろに遷　御なし奉らんと議定ありけるとぞ、

すなわち、元和三年（一六一七）四月四日に「日光山座禅院」へ到着した際、天海は東照大権現という神について、渾沌《こんとん》の始まりに位置し、生死を超越するともに、色・声・香・味・触・法の六境にも染まらず、和光同塵の姿で現われたものだとし、さらに朝廷から神号を授けられて極位に崇《あが》められたことは悦びに堪《た》えず、天皇家と徳川将軍家の家運の長久《ちようきゆう》を擁護しようとされていることは明らかであると、扈従の人々に説いた。すると、聴衆は万歳を叫んだという。烏丸光広は歌人らしく歌を詠んだが、この後、釈迦の誕生日とされる四月八日に「神躰」は「御廟塔に御定座」となること、四月十六日には新しく造営された日光東照社に遷宮《せんぐう》となることが決定されたとある。

家康は元和二年（一六一六）四月十七日に病没したのだが、家康の身体はもはや神仏なの

であり、たとえ物理的に死を迎えていても死んではいないと観念されていたのである。これらのことをふまえると、仮に「仙波大堂」の深奥部に「尊躰」または「神躰」が安置されたとしても、もはや家康は神仏と同じなのだから何の問題もないことになる。神格化されていない秀忠ら歴代将軍の遺体の取り扱いと混同してはならない。

「御鎮座之記」は、桜井もいうように、確かに久能山における天海の行動を目撃のうえで記された史料ではない可能性がある［桜井二〇一八］。しかし、烏丸は元和三年（一六一七）四月の日光東照社における祭祀・法要には列席しており、しかも烏丸は天海の演説を聴いていたのだから間違いなく一次史料の一つである。さらに、当時の別の史料からも桜井説の不成立の理由を指摘すると、宮内庁書陵部所蔵の「東照社建立及堂供養関係文書」二所収史料には、次のようにある。

一、駿河大御所《太政大臣》家康公四月《元和二》十七日御他界ニ付、ショクヱ《触穢》可有之哉否、依　禁裏（後水尾天皇）御尋、
（昭実）二条殿答云、喪礼無之内、ショクヱ《触穢》有間敷由仰也

家康が病没した際、触穢《しょくえ》となるかどうかが後《ご》水尾《みずのお》天皇から関白《かんぱく》二条《にじょう》昭実《あきざね》に尋ねられたが、二条は葬礼が行われない間は触穢とはならないと答えている。後述のように、家康の法要は

増上寺《ぞうじょうじ》で行われたものの葬儀はなかったから、二条の論理によれば触穢とはならない。また、以心崇伝《いしんすうでん》は自らの日記の元和二年五月十一日条で次のように記している（『新訂本光』第四。引用元表示は後掲の〈凡例〉を参照のこと）。

一五月十一日（元和二年）。板伊州（板倉勝重）五月三日（元和二年）之状来。後理右衛門ゟ被届。相国様（徳川家康）神ニ被為祝候ニヨリ。禁中様（後水尾天皇）触穢無之ニ付而。賀茂競馬。深草祭も在之由之書中也。宣命御調被成。上卿可有御持参由申来。札を付。目安箱へ入置也。

以心崇伝は、京都所司代《しょしだい》の板倉勝重から、家康が神として祝われたことにより禁裏御所《きんりごしょ》では触穢とはならず、そのまま他の祭儀も行われたと知らされている。ここでは、より直接的に、家康が神格化されたことによって触穢とならなかったと述べられているから、やはり家康の身体とその関係者に穢れが発生したとは観念されなかったと考えるべきであろう。したがって、日光へ運ばれた「金輿」の中に「尊躰」または「神躰」として家康の遺体が載せられ、仮にそれが寺院の堂内に安置されていたとしても、当時の観念としてはあり得たと考えなければならないのではなかろうか。

また、桜井は「イエズス会がローマの総長に送った公式報告書「日本耶蘇会年報《にほんやそかいねんぽう》」」を検討し、「朝廷を代表して改葬に同行した烏丸光広が久能での改葬式の現場に立ち会った可能性が低いなか、烏丸光広以上に直接的に改葬に関わることのない宣教師が書いた年報を同時期に書かれたという根拠だけで一次史料と見なすのは危険である」とする［桜井二〇一八］。

桜井がどの文献でイエズス会の報告書を検討したのかは定かではない。引用されている一文を参照すると、同じ訳文ではないものの、研究者の用いる松田毅一監訳の『十六・七世紀イエズス会日本報告集』に所収のものならば、次のものが該当するだろう（「カミッロ・コスタンツォのイエズス会総長宛、一六一八年度・日本年報」、『イ日報』Ⅱ—二、鳥居正雄訳。引用元表示は後掲の〈凡例〉を参照のこと）。

昨年（一六一五年）に書き記した通り、内府《(徳川家康)》は、息子の将軍《(徳川秀忠)》に対して数多くの助言と命令を残して、一六一六年に死去した。

それらの命令の一つは、江戸の政庁から三日路の距離にある上野の国の日光山《ニッコウサン》と呼ばれる高い山の頂上に亡父《(徳川家康)》を葬るようにというものであった。なぜなら、この山には偶像の神《カミ》の一人である権現《ゴンゲン》を祭っている寺院があったので、彼《(徳川家康)》はしばしばこの土地を訪れていたからである。

将軍は、その父《(徳川家康)》に敬意を表するためにこの山にそびえ立つ壮大な寺院を建立し、昨年の五月に完璧なまでに礼を尽くした式典を執り行なって、自分の父の遺骸をこの土地に移し、父の命令を果たした。この式典には、日本中から僧侶の中の重立った者が全員列席しただけでなく、普通は寺院の献堂式だけで、人の葬儀には出席しない慣例になっている公家と呼ばれる宮廷の重立った人々も列席したので、将軍はこの結果に大いに満足した。

しかし、(内府の好敵手であった)太閤《(豊臣秀吉)》は、すでに神《カミ》、すなわち、新しい軍神を意味する新八幡と呼ばれる偶像として荘厳に奉られていた。そのため、将軍は彼の父親も神に聖列させたいと望み、その起源が太陽にさかのぼる日本の神の一人である日本殿《ヒノモトドノ》(東照)大権現と命名した。

そうして、機知をはたらかせて、偶像の神には二種類あり、その一つは、以前は人間であり明神《ミヨウジン》、すなわち命名高き神と呼ばれるもの、他の一つは権現と呼ばれるのだ、と人々に教えこんだ。この両者は、正真正銘の悪魔であり、時折姿を現わして、ある時は古くからの神であるかのように偽り、またある時は死者の魂であるかのように装っては、人々の崇拝を受けている。内府は人間としては前者に加えられるべき存在であったが、内府を尊敬する人々は彼をより深く崇拝しようとして、権現の中に加えようとした。それも、彼が尊大かつ残虐であり、日本の新しく生まれた教会にとっては悪魔と比較するのがふさわしいほどの敵であったにもかかわらず、そのようにした。

なるほど、確かにイエズス会の宣教師は久能山などの現場に立ち会う資格のない者であり、記録自体も京都で元和四年（一六一八）の年末に記されたものであるから、伝聞の域を出ないという点は考慮すべきである。しかし、当時の外国人にも家康の遺体が日光に移されたという話が認識されていたことを軽視するべきではなかろう。少なくとも日光に遺体を移すよう家康が遺言していたとの情報が海外にまで伝播していたこと、当時の日光における祭祀・法要や将軍徳川秀忠が神号に込めた意味への理解は比較的正確であること、家康の神格化を豊臣秀吉の神格化との関連で捉え、明神号ではなく権現号で神格化されたことの意味を理解していることなどをふまえると、これらの情報源は幕府の枢要部に通じていた者であったろう。

筆者が指摘したいことは、例えばこの「カミッロ・コスタンツォのイエズス会総長宛、一六一八年度・日本年報」の内容を全否定しておきながら、前述の二首の和歌や「久能山古今之覚」には依拠するという議論の方法は、通常の研究者ならば採らないということである。一次史料やそれに準じる史料を三次史料で否定・論評することはできないのである。

また、桜井は「久能に家康の御霊がそのまま残り、家康の遺言通り日光に勧請した」としているが［桜井二〇一八］、これも当時の一次史料からは成立の困難な推定である。次の史料は、朝廷の儀式や叙位《じょい》・任官《にんかん》の先例を調査し、文書調進などの実務を担当した官務家の壬生《みぶ》孝亮《たかすけ》による宮内庁書陵部所蔵の日記『孝亮宿祢記《たかすけすくねき》』五の元和三年十一月十六日条である。

十六日、丁丑、晴、駿河国久野（能）東照権現可有。灌頂（勧請）、就彼遷宮参向諸司誰々可書付進之由、自伝奏（広橋兼勝・三条西実条）被申渡、仍書付進之

ここで孝亮は、武家伝奏《ぶけてんそう》から駿河国の久能山に東照大権現を勧請すべきであり、遷宮の儀式への参列者を書き付けるよう指示されている。同じく『孝亮宿祢記』五の元和三年十二月一日条では、

十二月大一日、壬辰、晴、駿河国久野（能）東照権現就。灌頂（勧請）遷宮、宣旨可用意旨、自伝奏広橋大納言（兼勝）被示之

とあって、やはり武家伝奏の広橋兼勝《ひろはしかねかつ》から久能山への勧請・遷宮に関する宣旨《せんじ》を調進するように命じられており、同日記の元和三年十二月七日条によると、

七日、戊戌、晴
今日、駿河国久野(能)東照権現灌頂勧請遷宮有之、正親町三条大納言実有・中院宰相中将通村・六位蔵人参向

とあるように、久能山における勧請・遷宮が正親町三条実有《おおぎまちさんじょうさねよし》と中院通村《なかのいんみちむら》、六位蔵人《ろくいのくろうど》の参向《さんこう》を得て挙行されている。ここで注意すべきことは、久能山において東照大権現の勧請と遷宮が再度行われているということである。

後述のように、久能山ではいちど家康の遺体は埋葬され、神事も豊国社神宮寺《とよくにしやじんぐうじ》の神龍院《しんりゅういん》梵舜《ぼんしゅん》によって執行されていた。もし家康の神霊が久能山に留まり、それが日光へと勧請されていたのならば、いま見た元和三年（一六一七）十二月七日に挙行された久能山への東照大権現の勧請・遷宮はどのように理解すればよいのだろうか。久能山での祭儀がやりなおされたということは、久能山には神体も神霊もないと観念されていたのではなかろうか。勧請と遷宮の二語が用いられているということは、神霊を勧請するとともに新たな神体（御霊代）を社殿《しゃでん》に遷宮したということであろう。これらの点をふまえると、久能山に家康の神霊と遺体は残されていなかったと考えざるを得ないのではなかろうか。

しかし、このように考えると、なぜ神霊と神体が不在となったにもかかわらず、社殿を造営し、宝塔も造営したのか、そしてなぜ再び神霊と神体を勧請・遷宮したのかという疑問が当然生じよう。これらの点については、「久能記」上（『久能山叢書』第三編）に記され、天保三年（一八三二）に寺社奉行の間部《まなべ》詮勝《あきかつ》が示した見解が参考となろう。

サレド当山（久能山）ハ最初御神霊ノトヽマラセ玉フ御地ナレハ天海僧正（南光坊）執シ申サレケル旨アリテ、宗源ノ神祭ヲ停メ日光ト共ニ永ク天台習合ノ御宮トナサル。

幕府としては、いちどは神霊が留まった場所であるから崇敬し、天海の指示で吉田家の唯《ゆい》一宗源神道《いっそうげんしんとう》ではなく、天台《てんだい》宗の神仏習合《しんぶつしゅうごう》神道（後述する山王《さんのう》（一実《いちじつ》）神道）によって祭祀を執り行ってきたという理解であった。これは元伊勢などの信仰形態と似ており、解釈としては特に無理があるわけではない。

だが、ここまでの説明は、一部新たな史料を含むものの、従来の研究者が検討してきた史料を再度ていねいに読みなおし、再提示した部分も多い。このような説明で、現在も久能山に家康の遺体は留まっていると考える人々の納得を得られるかどうかは心もとない。ここまでの説明をふまえながらも、研究者はさらに新たな史料を提示して、より正確な理解を得られるような努力をしなくてはならないのだろう。その努力をすることはもちろんだが、それでは何のために、神格化された家康の身体の取り扱われ方について、さらなる検討・説明を行うのか。研究者は、静岡県民・市民に対してのみ発言しているわけではない。

その検討・説明を行うべき理由は、宗教的尊厳に充分配慮しつつも、家康の身体の取り扱われ方の解明が、家康の神格である東照大権現とはいかなる神であるのかを歴史的に理解する手がかりとなると思われるからである。

家康は、自らの身体をいかに取り扱うべきかを遺言して亡くなったとされている。ならば、家康の神格化をめぐる論理は至極明らかなはずだが、実は学界において東照大権現とはどのような神格であるのか、例えば他の神仏や天皇との関係をめぐっても確たる説はない。文献史学としての日本史のみならず、日本思想史や日本仏教史の研究者なども含め、多分野の研究者がこの問題に取り組んでいるが、実にさまざまな水準の史料が用いられており、家康の遺言の解釈ひとつをとってみても、議論は混乱の様相を呈している。ここでいちど立ち止まらなければならないことは事実である。

そして、いちど立ち止まったならば、用いる史料を吟味し、より確からしい良質な史料に限定して慎重に検討を進めなければならない。また、その検討過程・結果について、各研究者は相互に当該論者の提示した史料にまで遡り、自身ならばその提示された諸史料をいかに読解するのかを明示したうえで、当該学説の当否を論じなければならないだろう。

実は近年、学界では、この至極当たり前の議論がなかなか行われにくくなっている。かつて行われていたさまざまな論争も最近はほとんどない。すでに否定され、成立困難となっている学説をいつまでも変えずに走り続ける研究者は、残念ながら多くいる。その意味で、冒頭の「余《ヨ》ハ此處《ココ》ニ居《オ》ル」の運動や桜井明の取り組みは、一般社会からの研究者に対する問題提起として新鮮であった。前述したように、それらの主張は残念ながら成立し難いと思われるが、ならば研究者はいかに考えるのかを返答することが研究者の責任であり、また今度はそれを他の研究者も読み、学界におけるさらなる新たな議論へと発展させてくれることを願って、本書の叙述を進めたい。

*

なお、論文・編著書や公刊史料の引用に際しては、口絵の解説文や本文での出典表示を簡略化し、巻末の「主要参考文献」と対応させて確認できるようにした。例えば、論文・編著書は、口絵の解説文では編著者名のみ、本文では編著者名の一部と発行年を明示し、繰り返し引用する公刊史料については、後掲の〈凡例〉のように表示した。未公刊史料の史料名と所蔵機関名は、できる限り本文で記すようにした。

また、公刊史料からの引用にあたり、読点や人物比定などについては、引用元の表記や見解を極力そのまま尊重した。例えば、本書で松田毅一の監訳による『十六・七世紀イエズス会日本報告集』の各期各巻から引用する場合、種類分けされた括弧付きの語もそのまま表記した。各括弧の意味は、同書の凡例によると〔 〕内はテキストにある補足語、（ ）内は訳者の補足語、または注に入れるべき短文」を示すとのことである。植木雅俊訳の『法華経』上・下巻から引用する場合にも、植木の付した括弧はそのままとしている。植木訳書の凡例には、「（ ）：言葉の言い換え」、「〔 〕：筆者による言葉の補足」とある。さらに、論文・編著書や公刊史料の引用にあたり、よみがなや人物比定などのルビを追記した箇所もある。

ただし、公刊史料において明らかな誤りと思われる読点などについては私見を反映させ、漢字は原則として常用漢字に改め、片仮名の繰り返し記号は「ヽ」、平仮名の繰り返し記号は「ゝ」としたことを予《あらかじ》めおことわりしておきたい。

最後に、史料上、現代の人権感覚などからは、不適切と思われる表現や特定の宗教などへの批判が一部見られるが、これらは筆者の見解ではなく、本書では歴史学的観点からそのままとしていることも、あわせてご理解願いたい。

〈凡例〉

＊

『史料纂集　舜旧記』……『史纂舜』
『史料纂集　慈性日記』……『史纂慈』
『史料纂集　泰重卿記』……『史纂泰』
『史料纂集　源敬様御代御記録』……『史纂源』
『史料纂集　隆光僧正日記』……『史纂隆』
『新訂　本光国師日記』……『新訂本光』
『大日本古記録　言緒卿記』……『大日古　言緒』
『十六・七世紀イエズス会日本報告集』……『イ日報』（期はローマ数字、巻は漢数字）

第一章　徳川家康の最期の日々

大坂夏の陣を終えて

徳川家康の訃報《ふほう》に接した醍醐寺三宝院《だいごじさんぽういん》の義演《ぎえん》は、自らの日記の元和二年四月二十日条に「前将軍源家康公（徳川）、去十七日（元和二年四月）巳刻遠行之由、伏見城ヨリ申来畢《おわんぬ》、生年七十五歳、去年（慶長二十年）之此比ハ大坂陣也、如夢」と記した（『義演准后日記《ぎえんじゅごう》』、『大日本史料』第十二編之二十四）。「つい一年ほど前は大坂夏の陣であったのに」との感慨は、同時代人であってみれば、当然のことであったかもしれない。いっぽう、そのような感慨にふけっている場合でもなかった。例えば、リチャード・コックスは、家康が亡くなった約一ヶ月後の日記に次のような噂を記している（『イギリス商館長日記』一六一六年六月十三日条・和暦で元和二年五月十日条、『日本関係海外史料 イギリス商館長日記』訳文編之上）。

当地に、フィデイエ（豊臣秀頼）様が生きていてダイレ〇内裏。の保護のもとに置かれており、皇帝（徳川家康）は死去して、そのことは今や一般に知らされており、そして、彼〇フィデイエ。（豊臣秀頼）が皇帝となって、その大坂の居城は再建される、との噂が弘まっている。しかし、私（リチャード・コックス）は、これは虚報だと確信している。

大坂夏の陣から約一年が経過した後も、豊臣秀頼の生存説があり、しかも後水尾天皇が秀頼を匿《かくま》っていて、家康が亡くなった今、秀頼が政治的に復活して大坂城も再建されるという噂が広まっていたというのである。コックスは冷静に分析しているが、これが家康が没した際の状況でもあった。

大坂夏の陣から家康が亡くなるまでの間、家康の側に仕え続けた人物の一人が以心崇伝であった。以心崇伝の日記を用いると、彼からの視点ではあるが、家康の最晩年の日々を垣間見ることができる（『新訂本光』第三〈元和二年四月十三日まで〉・第四〈元和二年四月十四日以降〉）。以下、以心崇伝の日記をもとに、家康の生活ぶりを覗いてみよう。例えば、大坂夏の陣直後の状況は次のようである（慶長二十年五月七日条・五月八日条）。

一同七日。大坂落城悉《ことごとく》焼失。大御所様（徳川家康）。将軍様（徳川秀忠）。御旗本衆合戦手柄共也。大坂勢悉打死也。

一同八日。大坂城中之焼残之唐物倉ニ。秀頼（豊臣）。幷御袋（淀殿）。大野修理（治長）。早水甲斐守（速水守久）以下。付女中衆余多籠居乞降。伊々掃部（井伊直孝）・安藤対馬（重信）為検使相詰。倉へ鉄砲放掛。何も不残生害。火掛也。

一同日。大御所様（徳川家康）御帰洛也。
一同九日。二条之御殿へ出仕。奥之間にて御対面也。

大坂城が落城し、豊臣秀頼以下、大坂勢は悉《ことごと》く死亡という状況下、家康は直《ただ》ちに二条城へ入っている。以心崇伝は、二条城の奥の御座間で家康と対面しているが、このように以心崇伝は奥で家康と間近で対面できる立場にあった。

この時の家康の関心は、さまざまな法度《はっと》の制定と改元《かいげん》であった。次の「慶長二十年六月一日付年寄衆宛以心崇伝書状案」は、そのことを端的に示している。

一　一書令啓上候。仍。被　仰出候諸家寺社　御法度之儀。近日可相究候間。可然様ニ
御取成被仰上可被下候。年号改元当月（慶長二十年六月）廿八日と被　仰出候。随而此道明寺廿袋進上
仕度候。不苦候者御披露可忝存候。猶使僧可申上候。恐惶謹言。

六月朔日（慶長二十年）　金地院（以心崇伝）

本多佐渡守（正信）様
酒井雅楽頭（忠世）様
土井大炊助（頭、利勝）様

明日二条へ可被成　御成ニ付而。天台宗ニ論議（義）被　仰付候。此由可被仰上候。
以上。

二条城へ「御成」をするのは徳川秀忠で、この時期の秀忠は伏見城と二条城を往復する日々であった［藤井一九九四］。家康と秀忠が揃《そろ》うことから、天台宗の論義も行うとされている。なお、法度の制定は重要な問題なのだが、紙幅の関係上、ここではふれることができない。そこで、本書では法度の制定のほか、当時の家康の主要な関心事は改元であり、とくに改元の日取りをなかなか決めることができなかった模様であることを指摘しておきたい。例えば、次の「慶長二十年六月二十一日付年寄衆宛以心崇伝書状案」には、

一　昨日者　公方様（徳川秀忠）御入洛。御機嫌能《よく》珍重ニ存候。仍。改元可為当月（慶長二十年六月）廿八日由之処。不吉之例之由候て。七月（慶長二十年）迄御延引之義ニ候。日限ハ未相定候。可然様ニ御披露所仰候。
恐惶謹言。
（慶長二十年）六月廿一日　金地院（以心崇伝）
本多佐渡守（正信）様
酒井雅楽頭（忠世）様

土井大炊助（頭、利勝）様
安藤対馬守（重信）様

とあって、当初、改元は慶長二十年（一六一五）六月二十八日に予定されていたところ、不吉の例のあることがわかり、七月まで延引されることになった。詳しい日取りまでは決められていない。次の「慶長二十年閏六月十七日付年寄衆宛以心崇伝書状案」によって、ようやく改元の日取りが決められたとわかり、それは慶長二十年七月十三日であった。

一　一書令啓上候。昨日者　公方様（徳川秀忠）二条へ被成　御成。御機嫌能《よく》目出度存候。随而改元之定日。七月（慶長二十年）十三日と今日伝奏衆（広橋兼勝・三条西実条）へ被　仰出候。此由以御機嫌可有言上候。恐惶謹言。

後六月（慶長二十年）十七日　金地院（以心崇伝）

本多佐渡守（正信）様
酒井雅楽頭（忠世）様
土井大炊助（頭、利勝）様

元号が元和と改まり、「元和元年九月二十日付以心崇伝宛板倉勝重書状」に「上様（徳川家康）先月廿三日（元和元年八月）ニ駿府へ被成御著座由」とあることから、家康は八月二十三日に駿府に帰還した。以心崇伝はというと、「元和元年九月十五日付本多正純《ほんだまさずみ》宛以心崇伝書状案」に「河内ニ于今逗留仕候」とあり、「九月六日（元和元年）。八尾地蔵堂にて為法界施餓鬼執行申候。今度合戦場にて御座候間如此候」ということで大坂夏の陣後の戦死者供養のため法要を勤めている。以心崇伝が「御前御取成之儀。萬々可然様ニ奉頼存候」と家康への取りなしを依頼している人物は本多正純である。この時期、依然として正純は家康の側近中の側近であり、以心崇伝と並んで家康の側近くで仕える身であった。

伊豆国における隠居所の選定

以心崇伝は元和元年九月二十七日の「早朝ニ駿府へ著」いているが、「元和元年十月十四日付土井利勝宛以心崇伝書状案」によると、当時の以心崇伝は駿府の「知足院《ちそくいん》ニ罷居候」ということであったが、そこは駿府城から遠かったらしく、「大御所様（徳川家康）被聞召。御城近所ニ罷居候様ニと　御諚ニ付而。青山図書殿（助、成重）明屋敷へ罷移候様ニ」と命じられたようである。

いっぽう家康は頗《すこぶ》る壮健で、「元和元年十一月十三日付細川忠興《ほそかわただおき》宛以心崇伝書状案」に

「大御所様《（徳川家康）》。九月廿九日《（元和元年）》。駿府被成御立。為御鷹野関東へ被成御成候。十月十日《（元和元年）》。江戸へ被為著候」とあるように、駿府城から江戸城へ向かっている。そこで話題となっていることは、次の「元和元年十月十九日付板倉勝重宛以心崇伝書状案」に、

十月十四日《（元和元年）》之飛札。同十八日《（元和元年十月）》巳之刻江戸西之丸にて。内膳殿《（正、板倉重昌）》御届候而令拝見。則御書中幷韓長老《（文英清韓）》此中かくれ居候覚書。大御所《（徳川家康）》御前ニて具《つぶさ》ニ読上申候。にくき仕合と被成　御諚候。町人組々を相定。堅穿鑿《せんさく》し候さへ。如此かくしをき候。其物共もつかまへ候やと　御諚候間。則伊賀守《（板倉勝重）》所ニ籠舎仕置候由。書付来候と申上候。これハ下し候はてわと。そと御口引御座候つれとも。慥之仰出ハ無御座候間。重而得　上意候而。御左右可申入候。

とあるように、方広寺《ほうこうじ》鐘銘《しょうめい》事件で嫌疑の対象となった銘文を撰述した文英清韓《ぶんえいせいかん》の処遇問題であった。板倉重昌から届けられた文英清韓の潜伏一件に関する覚書を以心崇伝が朗読すると、文英清韓に対する家康の口調はきつく、潜伏していた彼のことを「にくき仕合」と述べ、文英清韓を匿《かくま》っていた町人も捕まえたのかと尋ねている。以心崇伝が京都所司代の板倉勝重の所で拘禁しているとの書付が届いている旨を報告すると、家康は「これハ下し候はてわと。そと　御口引御座候」という次第であった。つまり、ぼそっと「京都から駿府か江戸まで連

行しなければ」と述べたというのだが、しかし、以心崇伝はその家康の口調が「慥之仰出ハ無御座候間」、すなわち確かな口調ではなかったので、家康の命令として確定はさせず、「重而得　上意候而」からにしようということで取り計らっている。ここからは、当時いかに家康の発言が重く認識されていたか、そして側近の者がその発言の内容と口調とを勘案し、命令として取り扱うかどうかを決めていたことがうかがわれる。

そして、「元和元年十一月十三日付細川忠興宛以心崇伝書状案」によると、「大御所様（徳川家康）。十月廿一日（元和元年）ニ当地（江戸）被成御立。戸田へ御成候」とあって、家康は十月二十一日から江戸・戸《と》田《だ》・川越《かわごえ》・忍《おし》・越谷《こしがや》・東金《とうがね》と移動し、さらに「大御所様（徳川家康）。当月（元和元年十一月）廿七八日比。当地（江戸）迄被成還御。来月（元和元年十二月）中旬ハ駿府へ可為御著座御沙汰ニ候」とあるから、約一ヶ月後には江戸へと戻り、年内には駿府に帰還するという活発な行動を示していた。

その家康が元和元年（一六一五）十二月から関心を示し始める事柄として、すでに中村孝也や大嶌聖子によって注目されている事例が、家康の隠居所問題である［中村一九六五、大嶌二〇〇三・二〇〇五a・二〇〇五b・二〇〇五c・二〇〇六a・二〇〇六b・二〇〇七］。いま中村や大嶌の研究を参考としながら、史料に基づいて事実経過を追いかけてみよう。

「元和元年十二月四日付細川忠興宛以心崇伝書状案」によると、以心崇伝は忠興に「大御所様（徳川家康）御隠居所。伊豆ニ相定り申由ニ候」と報じるとともに、「大御所様（徳川家康）。来年（元和二年）四月ニハ可為御上洛御沙汰ニ候。竹千代（徳川家光）様。御上洛御参　内可被遊由ニ候」というように、竹千代の元服と家康・竹千代両名の上洛計画までをも知らせている。とくに隠居所の問題については、「元和元年十二月十四日付本多正純宛以心崇伝書状案」に次のようにある。

一　興安《こうあん》法印を以。被成御尋候方角之儀。駿府にて被成　御越年。来年（元和二年）東之方伊豆三嶋《いずみしま》へ御移。一段と上吉之方にて御座候。来年者丙辰《ひのえたつ》にて。役者南へまハり候て。東ハくつろきの方と申候て。何之指合も無御座。能方ニて御座候。此由可被仰上候。

萬々可然様ニ御取成奉頼存候。恐惶謹言。

臘月（元和元年）十四日　金地院（以心崇伝）

本多上野介（正純）様人々御中

家康は元和二年（一六一六）を予定して伊豆の三嶋へ移るべく、その方角が正しいかどうかを、本多正純を通じて以心崇伝に尋ねている。この家康の計画が本気であったことは、「元和元年十二月十五日付細川忠興宛以心崇伝書状案」に次のようにあることでもわかる。

一大御所（徳川家康）様。当月（元和元年十二月）十三日ニ三嶋迄被成著　御候。それより少将（徳川頼房）様御煩ニ付。宗哲（片山與安）を先へ御上せ被成。昨十四日（元和元年十二月）午之刻。当院へ直ニ来臨候。三嶋ニ御隠居相定ニ付而。来年（元和二年）方角善悪書付可申上旨被仰出。宗哲口上承届。則書付を上申候。駿府にて御越年被遊。東之方伊豆へ之御移り。一段と能方にて御座候由申上候。左様ニ候へは。十八日（元和元年十二月）ニハ。必当地（駿府）へ可被成還　御と存候間。可被成其御心得候。

すなわち、家康は元和元年（一六一五）十二月十三日に三嶋へ赴いているのであり、来年の東の方角への移動はよいとの片山宗哲の見解をうけ、以心崇伝は同年の駿府での越年を進言するとともに、十二月十八日の家康の駿府への帰還という観測を示しているのである。家康は来年の移動が吉と出ているから駿府まで戻ってくるのであって、もしそうでなかったら、三嶋に留まってしまう勢いであった。実際、家康は少し早めの「今日十六日（元和元年十二月）。大御所様（徳川家康）御著之由」ということになっている。そして、「元和元年十二月十七日付板倉勝重宛以心崇伝書状案」は家康の状況について「来年（元和二年）東ハ一段と能方ニ而御座候通申上。是又御機嫌能御座候」と伝え、家康の意中の場所は「いつミかしら（泉頭）と申由候。三嶋のきわにて御座候由候」と明らかにするのである。

いっぽう、東は吉といいながら「来年（元和二年）四月　竹千代（徳川家光）様御上洛。御参　内可被成御沙汰ニ候。大御所（徳川家康）様可為御上洛御沙汰ニ候」というように、西への移動となる上洛も同時に議論されていることは不思議である。このような計画について以心崇伝は板倉に「伊豆へ可被成御越由ニ付而。爰元衆何も迷惑かり被申内意と聞へ申候」と述べている。

隠居と再度の上洛を企図する家康

この計画をめぐる家康の姿勢は次第に前のめりとなっていき、遂には次の「元和元年十二月十九日付広橋兼勝・三条西実条《さんじょうにしさねえだ》宛以心崇伝・本多正純書状案」にあるように、元和二年（一六一六）正月の勅使《ちょくし》や公家の下向《げこう》も謝絶して、延引《えんいん》するよう指示している。

一　尊書令拝見候。来正月（元和二年）。勅使御参上之儀。御書中之趣。并板伊州（板倉勝重）折紙之旨。内々得
上意候処。先御延引候様ニ被　仰出候。来年（元和二年）者可被成御上洛候条。其以前何之御公
家衆も御下向御無用之由ニ候。猶従伊州（板倉勝重）可被申入候。恐惶謹言。
十二月十九日（元和元年）　　金地院（以心崇伝）
本多上野介（正信）
広橋亜相（兼勝）様

西三条(三条西実条)亜相様人々御中

理由は、来年に上洛するからということであったが、次の「元和元年十二月十九日付板倉勝重宛以心崇伝書状案」にあるように、

一来正月(元和元年)。伝　奏(広橋兼勝・三条西実条)御下向之儀。十八日(元和元年十二月)ニ得　上意候。先御延引候様ニと被　仰出候。来年(元和二年)者可為御上洛候。其内ハ御普請彼是御取紛ニ候条。何之公家衆御参上之儀も。内々貴殿(板倉勝重)へ申入。御留候様にと御内意ニ候。右之様子。本上州(本多正信)両判ニ而。別紙ニ申入候間。可被得其意候。

上洛の予定もさることながら、「其内ハ御普請彼是御取紛ニ候条」、すなわち泉頭《いずみがしら》における隠居所の普請で取り紛れると思われるからということも理由に含まれていた。しかし、「元和元年十二月二十二日付板倉勝重宛以心崇伝書状案」によると、元和二年（一六一六）の上洛計画に少しずつ変更が生じており、「上様(徳川家康)来年(元和二年)五月被成御上洛　九月(元和二年)迄可為　御在京御内意ニ候」とあって、当初は竹千代が四月に上洛し、あとから家康が上洛する計画であったはずが、先に家康が五月に上洛して九月まで滞在し、「竹千代様(徳川家光)御上洛者。可為八月(元和二年)由ニ候。

九月京都ニ而御元服と内々　御諚ニ候」というように、竹千代の上洛を待ち受けて九月に元服という計画に変わっている。この変更の理由は不明であるが、家康の頭の中で、さまざまな考えが巡っていたのだろう。家康の命令は、彼のその時の気持ち次第で変わりやすくなっていた。それは、泉頭に予定されていた隠居所の造営についても同様であった。同じく「元和元年十二月二十二日付板倉勝重宛以心崇伝書状案」には次のように、

伊豆三嶋いつミかしら（泉頭）。弥御隠居所ニ相定候。春ハ早々ゟ御普請可被　仰付由候。御普請ハ日傭ニ可被仰付様ニ御沙汰候。御子さまたち。尾州（徳川義直）衆などハ。内々御普請用意候様ニ爰元風聞御座候。

とあり、隠居所の造営は諸大名への課役の形ではなく、日傭《ひよう》で行うという方針が打ち出されたのである。少なくとも家康の隠居所であるから、子供たちは普請の用意をしていた模様だが、諸大名はなおさら普請を手伝わなければならないのではないかと警戒していたのである。「元和二年正月三日付細川忠利《ただとし》宛細川忠興《ただおき》書状案」（『大日本近世史料　細川家史料』一、一〇九号）は、このような家康の方針について「諸国之衆江戸御普請、両度之大坂御陣ニつかれ申候間、日用にて可被　仰付之由被　仰出候」と観測しているが、「元和二年正月四日付

板倉勝重宛以心崇伝書状案」によると、

一伊豆之御普請。弥費用《（日傭）》ニ可被　仰付由にて。費用ニ大将なと。当地《（駿府）》へ罷越御穿鑿半ニ候。藤泉州《（藤堂高虎）》相応之御普請仕度由。様々御訴訟被申由ニ候。菟角石垣なとハ。費用にてハ難成由ニ候。諸大名衆も。石場なと内々被及見由ニ候。

とあるように、藤堂高虎などは日傭の大名・武将にでもなって駿府へ出かけようかという勢いであった。石垣の構築などは日傭などではとても無理で、藤堂は相応の普請をしたいと訴えるとのことであった。いっぽう、同じく「元和二年正月四日付板倉勝重宛以心崇伝書状案」は、さらなる家康のさまざまな計画を報知している。

一大御所様《（徳川家康）》弥御息災ニ御機嫌能被成御座候。御心安可被思召候。拙老《（以心崇伝）》も昨三日《（元和二年正月）》致出仕候。二日《（元和二年正月）》之御夜詰ニ而。早々罷出候様ニと被　仰出ニ付而如此候。

一七日《（元和二年正月）》ニ為　御鷹野。先田中迄被成出　御。それゟ中泉迄被成渡　御。様子ニより。吉良迄も可被成御座候かの御沙汰ニ候。併中泉ゟ還　御とも申候。来月《（元和二年二月）》初比。伊豆御隠居所之御屋敷御縄ばりニ被成御座。其ゟ熱海へ御湯治之御沙汰ニ候。

一御上洛ハ最前ハ五月（元和二年）と被　仰出候ツル。併いまた必定ハしれ不申候。
一竹千代様（徳川家光）御官位之儀も。先江戸へ　勅使を被立。其以後可有御上洛之様ニ。上様（徳川家康）御内証被　仰出候。さりなから。此儀ハしかと重而　仰出候ハヽ。御左右可申候。先可被成御隠密候。御前にても。我等（以心崇伝）一人を召候て。ひそかに　御諚候間。御内証申入事ニ候。必御沙汰有間敷候。必定しれさる事ニ候。

以心崇伝が元和二年（一六一六）正月二日の夜詰めに出たところ、家康から命じられたことは次のようなことであった。まず、正月七日に鷹狩《たかがり》のため田中から中泉《なかいずみ》まで出かけ、状況次第で吉良《きら》まで足を延ばし、中泉から駿府へ戻る計画が伝えられている。そのうえで、二月初旬に泉頭の隠居所の縄張《なわば》りを行い、そこから熱海へ湯治に出かけるという計画も指示している。次に、上洛計画については、五月としていた計画は確定していなかったようである。また、竹千代への官位叙任の件については計画に変更があり、家康はまず江戸城に勅使を迎えてから竹千代を上洛させるという手筈《てはず》にしたいと考え直したようである。しかし、以心崇伝としては、これはあくまでも内証の指示で、以心崇伝一人のみが召されて密かに知らされたことだから、まだ正式な指示ではないとの認識であって、板倉にも決して動かぬよう釘を刺している。

それにしても、家康は元気である。正月早々鷹狩に出かけて帰着後は、二月に隠居所の縄張りのために伊豆まで行き、そこから熱海に湯治へ出かけ、五月には上洛するというのである。とくに隠居所の件は早く決定しようと動いており、「元和二年正月六日付板倉勝重宛以心崇伝書状案」でも、

　一昨五日《（元和二年正月）》爰元近所へ御鷹野ニ被成出　御。御機嫌能還御候而。拙老《（以心崇伝）》を奥へ被為召。本上州《（本多正信）》と罷出候。泉頭之御縄ばり以下。日次之儀被成　御尋。則相考申上候。正月《（元和二年）》十九日御鍬初ニ候。十七日《（元和二年正月）》ニ当地を被為立。泉頭へ可被成　御成御内意ニ候。いまた爰元にても。右之様子誰も不存候。為御心得申入候。

とあるように、正月五日に鷹狩から帰ってすぐ、以心崇伝に隠居所の縄張りの日取りを勘申するよう指示している。以心崇伝は正月十九日に縄張りという日程を提案し、容《い》れられて「元和二年正月八日付板倉勝重宛以心崇伝書状案」では「上様《（徳川家康）》。十五日《（元和二年正月）》か。十七日《（元和二年正月）》かニ当地を被成御立。豆州泉頭へ被成　御成。十九日《（元和二年正月）》ニ御縄張御鍬初可被仰付旨ニ御座候」と記している。「元和二年正月八日付細川忠興宛以心崇伝書状案」によると、家康は依然として「泉頭之御普請。弥日傭ニ可被仰付旨。御掟ニ候事」という方針であったようだが、普請に参画

しようとする諸大名について以心崇伝は、家康から直接聞いたわけではないけれどもとしたうえで、「中〳〵頼間敷ものをと被成　御諚由」を細川に伝えている。

隠居所選定の変更と将軍後継者問題

ところが、その四日後の「元和二年正月十二日付細川忠興宛以心崇伝書状案」では、隠居所の縄張りのために正月十五日か十七日に出かけるはずであった予定が延引になったとあり、さらに「泉頭之御隠居所やミ可申かと存候」という記述が現われる。そして、「昨(元和二年正月十一日)御夜詰之仰出ニ。当地(駿府)竹腰山城(守、正信)屋敷ニ。清水わき候か。ほらせ候て見候へ」と家康が松平正綱《まさつな》と彦坂《ひこさか》光正《みつまさ》に指示したといい、年寄衆《としよりしゅう》は「此屋敷ニ御隠居所可相定かと」観測しているとある。大嶌聖子は、小和田哲男からの教示として「竹腰《たけのこし》氏の屋敷が駿府城の二の丸に所在した」と記しているから［大嶌二〇〇六b］、駿府城内に隠居所が設けられることになったようである。

この変更の理由について、大嶌は「元和二年正月十三日付板倉勝重宛以心崇伝書状案」で以心崇伝が「泉頭やミ候事。爰元諸人之大慶。可有御推量候」と記していることから、「家臣らの反対」の存在を重視し、「家康最晩年の隠居の問題に関しては、最終決定の権限は家康が持っていたものの、家臣の意見も考慮され、家康の決定を覆《くつがえ》すほどの位置を占めていたことを確認しておきたい」としているが、いっぽう「家康の隠居が家光の元服と密接な関係を持っていたことが明らかであり、家光の元服を後見することによって徳川家の道筋を定め、次期政権の見通しを決めたのち、自身は政界から実質的に引退する心積もりでいたということが考えられる」とも述べている［大嶌二〇〇六b］。しかし、果たして家康が駿府城内の竹腰邸を隠居所と決めたことについて、泉頭での隠居所造営の場合と同じような、将来の完全な政界引退という効果を企図していたものといえるだろうか。

筆者は、次に示した「元和二年正月十三日付板倉勝重宛以心崇伝書状案」における一箇条を考慮すると、まさに「家康の隠居が家光の元服と密接な関係を持っていた」［大嶌二〇〇六b］が故に、家康は泉頭では家光の元服または元服後の展望を得られにくいと判断し、泉頭における隠居所の造営を断念したのではないかと推定している。

一内々竹千代様《(徳川家光)》御元服之儀ニ。勅使も可在之かの様ニ。最前被思召候ツル。しかれとも。先代将軍家御元服之時も。勅使之沙汰ニ不及候躰。東鑑ニも見へ申候故。其ことくニ被成。以後御官位之時ハ。勅使被立候様ニと被　思召候。左候へハ　大御所様《(徳川家康)》当年中ニ。江戸へ又被成　御成。御元服被遊候様ニ可被成旨。九日《(元和二年正月)》之晩。土井大炊頭《(利勝)》へ被仰渡。大炊殿《(頭、土井利勝)》。十日《(元和二年正月)》ニ江戸へ御帰候。月ハいつかよく候ハん哉と。九日《(元和二年正月)》之御夜詰ニ。

我等（以心崇伝）も御召候而。被成御尋候。御生れ月承候而。相考可申と申上候。定而江戸ゟ可有御左右候間。其上にて月も相定り可申候。猶重而様子可申入候。

すなわち、泉頭における隠居所の造営を断念した元和二年（一六一六）正月十一日の二日前、家康は竹千代の元服について、江戸城に勅使を迎える案を断念して今後の官位叙任の際に勅使を迎えるようにしたいとし、土井利勝に元和二年中の江戸下向と竹千代元服の旨を仰せ渡しており、いつの実行がよいかを以心崇伝に尋ねたとある。以心崇伝は、竹千代の生まれ月を聞いたうえで勘申すると答え、板倉に江戸から生まれ月の情報が届いたら、家康の江戸下向・竹千代元服の月も決まるだろうとの観測を述べている。

しかし、実際にはその後、以心崇伝のもとに竹千代の生まれ月の情報は届かなかった。すなわち、以心崇伝が竹千代（のちの徳川家光）の生まれ月の情報を得た時期は寛永四年（一六二七）八月十四日であり、その日に「御本丸御つほね（春日局）ゟ御書付来。将軍様（徳川家光）御誕生辰ノ七月十七日朝四之前之由書付来。他へさたなき様ニと申来」とあるから（『新訂本光』第六）、元和二年には以心崇伝に知らされなかったのである。

福田千鶴によると、家光の誕生月の秘匿《ひとく》を厳命していた人物は生前の江《ごう》であったといい、その秘匿の意味は必ずしも家光を陥《おとしい》れようとするものではなく、むしろ家光を守ろうとするためであり、江も家光も春日局《かすがのつぼね》も誕生月は秘匿すべきものと考えていたという［福田二〇一〇］。これは、おそらく将軍家光に対する呪詛《じゆそ》などを警戒してのことだろう。

だが、元和元年（一六一五）から元和二年にかけては、まさに秀忠と江が国松《くにまつ》（のちの徳川忠長《ただなが》）を家光よりも優遇していた時期にあたり［野村二〇一三］、その事態の是正を図るために、家康は竹千代の立場を強化しようと動いていたのであった。家康が、竹千代の元服の方法について、あれこれと考えを巡らせなければならなかった理由もそこにあった。上洛も勅使も、秀忠と江への牽制《けんせい》の意味合いがあったはずである。おそらく水面下では、秀忠と江による家康への抵抗もあったのではなかろうか。竹千代の元服がなかなか実現できそうにないと予感した家康は、竹千代を駿府城に引き取って後見する覚悟をしつつ、自らも駿府城内に留まらなければならないと判断したのではなかろうか。

家康は元和二年正月十九日に竹腰邸に出かけ、縄張りを行って上機嫌であったが（「元和二年正月二十一日付板倉勝重宛以心崇伝書状案」）、鷹狩のため滞在中の田中で、元和二年正月二十二日の「丑《うし》之刻時分（午前二時頃）」に発病する（「元和二年正月二十三日付板倉勝重宛以心崇伝書状案」）。家康の発病までの約十日余、家康の指示を契機としていたにもかかわらず、竹千代の生まれ月の情報が駿府城にもたらされなかったということは、秀忠と江は家康の江戸下向と竹千代の元服を実行させたくなかったのだと思われる。家康の心残りがあるとすれば、竹千代の行く末を見届けられなかったことだろう。

駿河国田中での発病

その後の家康は、元和二年（一六一六）正月二十二日の「午刻《うま》（正午）」に田中へ駆けつけた以心崇伝と藤堂高虎に対して「もはやすきと能被為　成候。御痰《たん》つまり申候様躰なと。こま〱と被為　仰聞。萬病圓卅粒計。ぎんゑきたん十粒計参り候而。御験気ニ被為　成候由。被成　御諚候」と元気に語って聞かせたというが（「元和二年正月二十三日付板倉勝重宛以心崇伝書状案」）、正月二十五日の「八つ時分（午後二時頃）」に駿府へ帰還している（「元和二年正月二十五日付江戸年寄衆宛以心崇伝書状案」）。

駿府に帰還後の家康は「併御膳いまた如常ニハ上り不申候。與安（片山宗哲）。驢庵（半井）御申候ハ。御脈御冷被成候様ニ相見候。結脈少御座候様ニ被申候。其上御薬上り不申候。あい〱ニ御痰も少つゝ出申由ニ候」という状況であった（「元和二年正月晦日付板倉勝重宛以心崇伝書状案」）。さらに「昨二日（元和二年二月）之朝。驢庵（半井）之薬上り可申由被　仰出。一包調合候を。少つゝ二度上り候而。御むねつかへ。猶御膳参にくきと被　仰出」れ、心配した秀忠は「昨二日（元和二年二月）申之刻。公方様（徳川秀忠）当地（駿府）へ被成　御著座候。江戸を朔日（元和二年二月）辰之刻ニ被成御立。夜通しニ」駆けつけた（「元和二年二月三日付板倉勝重宛以心崇伝書状案」)。

その後、家康の容態は一時持ちなおし、「公方様(徳川秀忠)ハ西之丸(駿府城)ニ被成御座。御前之御左右次第ニ。御本丸(駿府城)へ御見廻被遊候。御対面候而ハ。則西之丸へ還　御候」というように秀忠は家康の居所である駿府城の本丸と自身の居所の西之丸を往来できるようになり、「昨四日(元和二年二月)。我等(以心崇伝)。藤泉州(藤堂高虎)奥へ召候而。緩々と御放御座候。御寸白にて御座候を。医師衆色々ニ申候と被成御諚候。昨夕御夜詰ニも。我等(以心崇伝)奥へ召候而。様々御放とも御座候而。納豆汁之御料理ニ而。御前にて御食被下候」というように、家康は、以心崇伝や藤堂高虎を奥へ召し出して話ができる程までになった(「元和二年二月五日付板倉勝重宛以心崇伝書状案」)。

そして、元和二年二月十九日、宮中から見舞いの使者として遣わされた武家伝奏が駿府に到着し、「元和二年二月二十三日付板倉勝重宛以心崇伝書状案」に、

一伝奏衆(広橋兼勝・三条西実条)十九日(元和二年二月)ニ下著候。則廿日(元和二年二月)ニ拙老(以心崇伝)奥にて其様子申上候。一段と御機嫌能《よく》御座候而。吉日次第可有御対面由。被仰出候。

一今日廿三日(元和二年二月)甲子。吉日ニ付而。伝奏衆(広橋兼勝・三条西実条)へ奥にて被成御対面候。一段と御機嫌能《よく》。伝奏衆仕合無残所候。可御心安候。

とあるように、家康は吉日を選び、二月二十三日に機嫌よく武家伝奏と奥で対面している。このほか同書状案によると、家康は「近衛殿《(信尋)》御内儀方之出入」についても武家伝奏などから事情を聴くなどし、「昨廿二日《(元和二年二月)》之夜。奥にて内膳殿《(正、板倉重昌)》略被仰上由候而。今日廿三日《(元和二年二月)》拙老《(以心崇伝)》ニ。奥にて様子共御尋候。具ニ申上候」ともあって、さまざまな報告を聴取したうえで「か様之儀。昔ゟ　公儀之穿鑿之例無之様ニ思召候。其上無実之儀も。菟角外聞不可然候。伝奏《(広橋兼勝・三条西実条)》ニ其様子かたり候様ニ」などと指示している。

　だが、依然として家康の食は細く、「いまた御膳常之ことくに上り不申候故。おの〳〵気遣仕候。昨朝《(元和二年二月二十八日)》ゟ少御啘《(マヽ)》気かり申候」という状況であり、「少つゝおこりさめ御座候而。御くたひれ被成候ハんかと。各気をつめ申候」とあって、「公方様《(徳川秀忠)》御気遣。各様并下々迄も気遣不大方候」と予断を許さない状況が続いていたが、そのような中にあっても以心崇伝は「拙老《(以心崇伝)》義日夜御城ニ相詰申候。昨夜《(元和二年二月二十八日)》も御前へ召候而。御はなし御座候ツル。毎日おくへめし御はなし御座候」というように、家康と毎晩、会話ができていた（「元和二年二月二十九日付板倉勝重宛以心崇伝書状案」）。

存命中の太政大臣への任官

元和二年（一六一六）三月十七日になると、「公方様《（徳川秀忠）》緩々と被成御在府候。大御所様《（徳川家康）》御煩ニ付而。御気尽之儀。可有御推量候。下々迄も気をつめ申候」との状況であったが、「今日《（元和二年三月）》十七日　太政大臣御拝任。従両伝奏《（広橋兼勝・三条西実条）》両使被指登。被経　叡慮候。則次伝馬被仰付候。片時も急下著候様ニ。弥可被成御肝煎候」というように、家康への太政大臣推任《すいにん》の動きが出てくる（「元和二年三月十七日付板倉勝重宛板倉重昌・以心崇伝書状案」）。「片時も急」ぎとあるから、家康の残り時間を意識してのことだといえようが、この推任の背景は、「中院通村日記」の元和二年三月二十一日条によると、次のようなものであった（『大日本史料』第十二編之二十四）。

有子細木村越前守勝盛、三条西青侍、速水長門守広橋侍也、両人上洛、明日《（元和二年三月二十二日）》下国云々、前大樹《（徳川家康）》相国御拝任云々、此事二三ヶ年以前、自禁中被仰出、然共御辞退、仍向勝盛《（木村）》宿、対面尋様子、又予《（中院通村）》下向之事等令談合、去《（元和二年三月）》十七日、於前大樹御前、有次之間、伝《（以心崇伝）》長老申出此事、両伝奏《（広橋兼勝・三条西実条）》猶逗留、自禁《（ママ、禁中）》日々以飛脚於伝奏許御尋也、又相国之事、於御許容者、可有叡慮御祝著之由申之云々、大樹《（徳川秀忠）》甚悦喜、以次本田《（多）》上野《（介、正純）》等申之処、伝奏有駿府、急ニ可難成歟之由仰之処、又両人申云、禁《（ママ、禁中）》之義者無子細、只今調宣旨許也云々、仍可有御拝任云々、仍両伝奏衆申刻許、以長老《（以心崇伝）》・上野介《（本多正純）》使者招寄談合云々、長老《（以心崇伝）》於御前、然者両人《（広橋兼勝・三条西実条）》青侍ヲ可令

上洛之由被申、仍十八日(元和二年三月)駿府発足、昨夕(元和二年三月二十日)上著云々、

すなわち、実は二、三年前に太政大臣推任については打診があったのだが、その際に家康は辞退しており、今回、任太政大臣の口宣案《くぜんあん》と宣旨《せんじ》を急ぎ調えるために武家伝奏の青侍《あおざむらい》（公家に仕える侍）二名が上洛し、すぐに駿府へと戻るとのことで、中院は自らも駿府へ下向するほうがよいのかどうかも含めて話し合っている。

ここでいう二、三年前の太政大臣推任の話とは、おそらく慶長《けいちょう》十九年（一六一四）のことと思われ、『當代記《とうだいき》』巻九の慶長十九年四月九日条には「此比江戸へ有二勅使一、将軍秀忠(徳川)公可レ被レ任二右大臣一となり、此勅使は家康(徳川)公可レ被レ任二太政大臣一旨宣下也、大御所(徳川家康)齢遙傾給間、高官無其詮、右大臣幷別当職可被譲将軍旨依仰如此」とあり、家康は高齢の自分に高官は詮《せん》無《な》きことだとして辞退し、秀忠を右大臣に任じてほしいと述べたとある（『當代記　駿府記』）。また、『駿府記』の慶長十九年四月二十日条には「今度勅使下向意趣者、女御(徳川和子)幕府(徳川秀忠)御息女可レ有二御入内一之由、又大御所(徳川家康)太政大臣歟、准三后従一位御任官之由言上」とあって、勅使から秀忠の息女徳川和子《まさこ》の入内《じゅだい》のことが打診され、家康に対しては太政大臣か准三后従一位《じゅさんごうじゅいちい》かを選ぶようにとの話があったという（『當代記　駿府記』）。この勅使の話に対して家康は答えずに別の話で応じているから、これも辞退したのだろう。慶長十九年（一六一四）には高齢者に

高官は意味がないと辞退しておきながら、元和二年（一六一六）に再び太政大臣推任の話が出てきた背景とはどのようなものであったのだろうか。

中院が聴いたところでは、三月十七日に家康が病臥《びょうが》する奥の寝所《しんじょ》の次の間で、以心崇伝が太政大臣のことを申し出て、武家伝奏の許《もと》には日々、禁裏御所から飛脚《ひきゃく》が届いているが、太政大臣のことについてお許しが得られればありがたいことだと述べた。それを聞いた秀忠はたいへん喜び、本多正純を通じて家康にも話したところ、武家伝奏はまだ駿府におり、急には難しいのではないかという反応であった。しかし、武家伝奏は、宮中のことは問題なく、宣旨を調《ととの》えるから拝任されるとよいと述べ、以心崇伝と正純の使者と打ち合わせ、以心崇伝が家康の御前で武家伝奏の青侍二名を上洛させる段取りをしたとのことであった。青侍二名は三月十八日に駿府を発ち、三日間で京着《きょうちゃく》したとのことであった。

任太政大臣の口宣案と宣旨を携えた青侍二名は、三月二十五日に駿府の武家伝奏の旅宿に到着した（『大日古　言緒』下）。そして、今度は三月二十七日に武家伝奏の広橋兼勝と三条西実条が勅使として「口　宣幷　宣旨被致持参　奥之常之御座ニ而。被成御対面。御拝任相済申候。　上様（徳川家康）御装束被為召。御気《け》色《しき》能《よく》御座候ツル。御病中ニ如此之御形儀。奇特千萬成儀と。各被申事ニ候。是ニ被有合候公家衆。大名。小名。幷諸侯之衆。何も装束ニて参懃被申候」（「元和二年三月二十八日付板倉勝重宛以心崇伝書状案」）というように、駿府城の本丸御殿にあった奥の御座間へ任太政大臣の口宣案と宣旨を持参し、家康に対面のうえ手渡した。家康は何とか存命中に現任の太政大臣となることができた。これは、現任の太政大臣として亡くなり、豊国大明神《とよくにだいみょうじん》となった豊臣秀吉と同列になったことを意味した。おそらく以心崇伝は、そのことも意識して太政大臣への任官を進言したのだろう。

この太政大臣任官の前後、家康は「近衛殿《（信尋）》御内儀之出入も。又奥にて被仰出候」あるいは「後庄右金《（後藤庄右衛門、庄三郎光次）》之出入ニ。少御不審之儀御座候ツル。日記。手形共出候而。御機嫌なをり申由候」というように（「元和二年三月二十一日付板倉勝重宛以心崇伝書状案」）、近衛家内の問題について指示したり、金高《きんだか》出入りの帳簿などを点検して疑問を質《ただ》したりと、意識ははっきりして活動的であったが、依然として「いかにも御膳上りかね候」という状態が続き（「元和二年三月晦日付板倉勝重宛以心崇伝書状案」）、三月二十八日には「神道。仏道之御問答」があった。そして、「元和二年四月四日付板倉勝重宛以心崇伝書状案」によると、「莵角御大事ニ相見え。御主様《（徳川家康）》も其御覚悟被遊。御仕置以下被仰渡候。何とも苦々敷躰」という事態となり、とくに「伝奏衆《（広橋兼勝・三条西実条）》上洛之以後。事之外相おもり申躰候」とあって、勅使の武家伝奏が帰洛の途に就いてから気が緩んだのか、かなり容態が悪化したようである。

第二章　徳川家康の神格化の前提条件

神龍院梵舜の駿府下向

元和二年(一六一六)三月二十四日、豊国社の神宮寺を掌《つかさど》っていた神龍院梵舜は駿府に到着した。到着の模様を記した同日の日記『舜旧記』によれば(『史纂舜』第四、以下しばらく『舜旧記』は第四)、

遠州懸〔掛〕川ヨリ駿府ヘ罷着也、於府中新宮左近ヨリ宿ヲ被申付、晩食已下用意申付也、念入振舞也、次先年町屋之宿主礼ニ来、錫双・餅持来也、

とあって、駿府城下にある浅間《せんげん》神社(現在の静岡浅間神社)の神職の新宮左近が宿と夕食の世話をし、念入りに梵舜をもてなしてくれたようである。以前に世話になった町屋の宿主も挨拶に来ている。

前著『豊国大明神の誕生――変えられた秀吉の遺言』で述べたことだが、豊臣家の滅亡後、豊国社の退転《たいてん》を目の当たりにした梵舜は、元和元年(一六一五)十二月十一日から不思議な行動をとり始めていた。そのことはかつて津田三郎も注目していたが[津田一九九七]、梵舜

は『舜旧記』の元和元年十二月十一日条に「早朝豊国越了、旬之社参、祈念成就願望申也」と記し、社頭で何らかの祈りを捧げている。また、元和元年十二月十八日条でも「早朝豊国社家依縁日令社参、於神前祈念祝了」と記し、元和元年十二月二十日条になると「予(梵舜)早朝豊国へ越、令社参、来年(元和二年)祈念、別而心中成就願望之義祝申了」と記して、その祈りが「来年」を期したものであることが明らかにされる。そして、歳末の元和元年十二月二十八日条には「豊国社へ歳暮社参也、御宝殿御扉指堅置処ニ、年頭ニ目出度御戸扉開申所也、神感尤被成就之加護勿論也」とあって、「御宝殿」の扉を堅く閉め、年頭に新たな気持ちで扉を開くことを期し、「神感尤被成就之加護勿論也（神も当然に感応し、願いを成就されてお守りくださることは言うまでもない）」との確信を記す。いったい、梵舜が元和二年を期した祈りとは何であったのか。

『舜旧記』では早速に正月から祈りのことが記され、元日条で「次当社両宮参詣、願望成就令祈念也」と記し、正月五日条には「年中之祈禱、願望成就令祈念也」、正月七日条にも「所願成就勿論也」と書き込まれ、正月十八日条ではとくに「豊国社へ神供、予(梵舜)令進上也、当年(元和二年)別而令祈念」と、やはり元和二年を期した祈禱《きとう》が行われた。

ところが、津田も指摘するように［津田一九九七］、これ以降、あれほど心中に期していた元和二年の祈りが『舜旧記』に記されなくなる。津田は、元和二年正月二十一日に徳川家康が発病したことと関係しているのではないかと推測している（［津田一九九七］、『大日本史料』第十二編之二十三）。すなわち、津田は梵舜による家康への呪詛だったのではないかと推測したのだが［津田一九九七］、これを論証する術は筆者にない。

しかし、再び梵舜が『舜旧記』の元和二年三月三日条に「豊国社参詣、於神前祈念」と記し始め、翌日の同年三月四日条で「今日依吉日、豊国社ヘ駿府下向吉凶御鬮《みくじ》、於神前取之義、以弥兵衛為名代社参申付也」と記し、さらに同年三月七日条で「豊国社ヘ参詣、今度駿府事付、神慮趣猶々祈念等之社参申也」と記していることから考えると、梵舜が家康のことを相当に意識していたことは間違いないものと思われる。この一連の祈禱に関する史料が他にないため、残念ながら梵舜の心中を知ることはできないが、最後に彼は『舜旧記』で元和二年三月十六日に「豊国ヘ社参、仕合令祈念」たこと、そして三月十八日の「駿府下向令発足」のことを記し、家康の病臥する駿府城へと旅立ったのである。京都から駿府までの道のりは六日間であった。

徳川家康の寝所

家康が休んでいた場所は、おそらく駿府城本丸御殿の奥の寝所であったと思われるが、ど

駿府城本丸跡（著者撮影）
石碑の右後方に天守台の発掘調査現場が見える。

駿府城跡天守台発掘調査現場（著者撮影）
天守台の石垣から右奥が本丸跡である。

のような状況であったかを知ることはなかなか難しい。しかし、イギリス商館長のリチャード・コックスは、松浦《まつら》隆信《たかのぶ》から受け取った手紙について日記で記して次のように述べている（『イギリス商館長日記』一六一六年六月五日条・和暦で元和二年五月二日条、『日本関係海外史料　イギリス商館長日記』訳文編之上、以下『イギリス商館長日記』は同書）。

私（リチャード・コックス）は平戸の王フィジェン・ナ・カメ（松浦隆信）○肥前守。から、ジュロンゴ○駿河発、今より一八日前の日付（一六一六年五月十八日・元和二年四月十四日）の手紙一通を受取ったが、鮭三尾が贈物として添えてあった。さらにまた彼（松浦隆信）は私に、皇帝（徳川家康）が彼に懇切な款待を与え、しかも彼の好むとき平戸に帰ってよいとの許可を賜わったこと、また皇帝が彼にケレモノすなわち長上衣一八著と鸛鶴《こうづる》すなわち塩漬けの鳥一八羽を贈物として与えたが、これは、当地○日本。においては大いに名誉とされる事柄であることを書いて寄越している。

和暦に換算すると元和二年（一六一六）四月十四日付の手紙だったようだが、隆信は家康から帰国の暇《いとま》と物を賜ったことを報じたようである。コックスは、その隆信が暇を賜った時の状況について、次のような興味深いことを日記に記している（『イギリス商館長日記』一六一六年六月八日条・和暦で元和二年五月五日条）。

> 私《（リチャード・コックス）》は〔人から〕こう知らされた。すなわち、平戸の王《（松浦隆信）》は皇帝《（徳川家康）》〇老皇帝家康。と話したのではなく、ただ或る部屋に入ることを許され、そこへ行くと、人々が彼《（徳川家康）》は紙で覆われた小さな部屋に病気で臥せていると語り、秘書のコジキン殿《（本多正純）》〇本多上野介正純。がその中へ入って彼に平戸のトノ《（松浦隆信）》が彼を訪ねて来てそこにいると告げたのち再び出て来て彼《（松浦隆信）》に、皇帝《（徳川家康）》は彼に感謝して、彼に彼の領国へ帰る許可を与えたと告げただけである、と。しかし人々は彼《（徳川家康）》〇老皇帝家康。は既に死去し、しかも人々がそのことを秘密にしているものと固く信じている。しかしそれは、何ぴとかが彼《（徳川家康）》に対して武装して蜂起しはしないかどうかを知るための策略であるかも知れない。

すなわち、隆信が家康から帰国の暇を賜ったとはいっても、隆信は家康と直接会えたわけではなく、本多正純を介して暇が許されたといい、そのような対応ぶりから、あるいは家康はすでに亡くなっていたのではないかと推測する者があったが、コックスは反乱に備えるための家康なりの対応策だったのではないかと考えている。

だが、ここで注目したいことは家康の寝所について言及されている点であり、駿府城で隆信はある部屋までは行けたが、そこでは人々が家康について「紙で覆われた小さな部屋に病気で臥せていると語」っていたとしている点である。おそらく寝所と次の間あるいはもう少し離れた部屋とがあり、外部の者は次の間かあるいは別の部屋まで参入でき、正純が寝所と外の部屋とを出入りしながら用件を取り次いでいるという情景であろう。家康は「紙で覆われた小さな部屋」で休んでいたという。これはどのような状況なのであろうか。

この点について、少し時期は下るが、徳川家光が疱瘡《ほうそう》に罹《かか》って回復した時の模様を記した「寛永六年三月八日付貴田政時宛細川忠利書状案」(『大日本近世史料　細川家史料』九、三〇二号)を参照すると「弥　将軍様(徳川家光)御機嫌能、三月三日ニ御帋張を被退候」とある。「御帋張」とは紙製の蚊帳《かや》であるから、「紙で覆われた小さな部屋」とはこの「御帋張」のことであろう。家康は、外部の見舞客と物理的に直接面会できる状況ではなく、側近の者を通じて用件を聞いていた。

駿府城下の神龍院梵舜

そのような状況は梵舜の場合も同様であり、『舜旧記』の元和二年三月二十五日条によると、梵舜は次のように以心崇伝と酒井忠世《ただよ》を通じて、家康と秀忠に挨拶をしている。

早朝金地院（以心崇伝）へ罷、則対面、小袖一ツ、綾、ウラ黄也、令持参、（中略）、次御城へ罷出、大御所（徳川家康）様へ神道御祓、吉田（兼治）ヨリ進上也、一段御感入之由、長老（以心崇伝）仰共也、神慮中々忝義也、次公《く》方様《ぼうさま》へ杉原廿帖ニテ御礼申上也、御取次酒井雅楽殿（忠世）、御前仕合能申入也、次金地院使給可参之由候間、則参、大御所様御諚之趣、御物語也、神慮忝義也、次南光坊（天海）へ蹈皮三足令持参也、（以下略）

梵舜は早朝、以心崇伝のもとへ挨拶に出向いてから、駿府城へ登城して吉田《よしだ》兼治《かねはる》から託された「神道御祓」を「進上」しており、以心崇伝からは家康の「一段御感入之由」が伝達されている。ここで梵舜が述べている「神慮中々忝義也」の「神慮」とは豊国大明神のそれであろう。酒井忠世を通じて、秀忠への挨拶も無事に済ませたところへ以心崇伝から使者があり、再び以心崇伝のもとを訪ねたところ、「大御所（徳川家康）様御諚之趣」が伝えられた。内容は不明だが、ここでも豊国大明神の「神慮」が思われている。梵舜にとって、駿府における初動は順調な滑り出しであった。翌三月二十六日条では、本多正純をはじめ、諸方面への挨拶回りの様子を記している。

梵舜は、例えば日記の元和二年四月四日条で駿府城へ登城して「御城へ罷出、大御所（徳川家康）御気色快気之由、諸人祝申了」と家康の小康状態を記すが（『史纂舜』第五、以下しばらく『舜旧記』は『史纂舜』第五）、いっぽうで熱心に取り組んでいることは浅間神社における神事である。『舜旧記』の同年四月八日条によると、

浅間大明神例年之御神事也、次社頭為御祈禱、大般若経転読、南光坊（天海）執行、為将軍様（徳川秀忠）被仰付神事、巳刻始了、於拝殿大般若経之作法在之、

とあって、浅間神社における「例年之御神事」の後、天海の奉仕により拝殿での「大般若《だいはんにゃ》経《きょう》転読」が行われている。これは秀忠の命によるものであった。この「大般若経転読」は山科言緒《やましなときお》の日記の同日条によると「浅間神前而前大樹（徳川家康）御煩之御祈禱従将軍様（徳川秀忠）被仰付、従今日大盤（般）若経転読アリ」とあるから、家康の病気平癒を祈念してのものであったが（『大日古 言緒』下）、慈性《じしょう》が自らの日記の元和二年四月九日条に記すところでは「するか浅間ノ神前ニ而、大御所様（徳川家康）御祈禱、将軍様（徳川秀忠）より南光坊（天海）へ被仰付、大般若候」とあるように（『史纂慈』第一）、秀忠が天海を指名して行わせたものであって、これに梵舜は関与していなかったようである。

梵舜はというと、日記の同年四月七日条で「於浅間社、宗源行法一座、予（梵舜）令執行也、装束不持故、斎服斗（計、以下同ジ）ニテ行之也」と記し、また四月十一日条で「浅間社参詣令祈念了、次康（孝カ）蔵主へ書状ヲ以テ豊国事申入了」と記すように、装束を持っていないにもかかわらず、斎服のみ

で浅間神社において祈禱を行っている。装束を持っていないということは、祈禱を予定していなかったということであり、祈禱後に北政所《きたのまんどころ》と縁のある孝蔵主《こうぞうす》へ豊国社のことを申し入れていることなどを考慮すると、梵舜は家康の病気平癒を祈禱していたわけではないだろう。おそらくは家康の病を契機とした、豊国社の今後に関する何事かを浅間神社において祈念し、あわせて具体的な手立てを孝蔵主と打ち合わせていたのではなかろうか。

そのような中、家康の病は次第に悪化していく。元和二年（一六一六）四月十三日、梵舜は日記に「御城《（駿府城）》へ罷出、御煩以外之由也、及晩雨降」と記しているが、山科言緒は同日の日記に「大御所《（徳川家康）》様御煩散々也、至晩頭城之門共鎖〆人ヲ撰了」と記し（『大日古　言緒』下）、緊迫化する情勢を伝えている。いっぽう、この日から次第に判明してくることは、梵舜と他者との間での、状況把握に関する質の差である。例えば、同年四月十四日に梵舜は「今日可罷上ヲ御所《（徳川家康）》様少快気被成候故、上義延引申了」と記しているが、同じ日であっても山科言緒は「大御所《（徳川家康）》様御煩今明日中ニ他界可被成之由承了」と記しており（『大日古　言緒』下）、ほぼ逆の情勢判断となっているという具合である。

実際にはどうであったかというと、「元和二年四月九日付板倉勝重宛以心崇伝書状案」（『新訂本光』第三）によれば、「相国様《（徳川家康）》御気色。三月《（元和二年）》廿七八日比ゟ。四月《（元和二年）》二日迄ハ。御大事ニ相見え申候而。上下気をつめ申候ツル。三《（マヽ）》月四日《（元和二年四月四日カ）》より少ツ、御験気ニ御座候て。御かゆなと上り。

日々に御気色能御座候」という状態であったが、「元和二年四月十二日付板倉勝重宛以心崇伝書状案」（『新訂本光』第三）には「相国様《(徳川家康)》御気色。弥御験気ニ御座候。御粥なと少つゝ。細々ニ上り申候。九日《(元和二年四月)》之晩ニハ。少御吐却被遊。御気おもく御座候而。上下如何と案中候ツル。十日《(元和二年四月)》之朝ゟ。又御気色はつきと能被為成。御粥をも能上り申候。永々之御事ニ御座候故。少ハ御草臥被成躰ニ御座候」とあって、一進一退の状態であった。しかし、「元和二年四月十六日付板倉勝重宛以心崇伝書状案」（『新訂本光』第四）では「相国様《(徳川家康)》御煩。追日御草臥被成候。此十一日《(元和二年四月)》ゟハ。一切御食事無之。御湯なと少参候躰候。もはや今明日之躰ニ候。何ともにか〳〵敷義無申計候」とあり、次第に厳しい状態となりつつあった。

　このような記述の差は、記主の得ている情報の質の差によって生ずるのだが、例えば細川忠興・忠利父子の場合、「元和二年三月二十七日付細川忠利宛細川忠興書状案」に「一　金地院《(以心崇伝)》おくの儀可被存候間、参会候て立聞、可被申越候事」とあるように、忠興が忠利に指示して情勢の把握に努めているし（『大日本近世史料　細川家史料』一、一二〇号）、その甲斐あってか、忠利は本多正純・以心崇伝の取りなしのおかげで「一　大御所様《(徳川家康)》へも上州《(本多正純)》・金地院《(以心崇伝)》御取成にて頓而可被成　御対面之由、仕合にて候事」とあるように、家康との対面がかなっている（「元和二年四月六日付細川忠利宛細川忠興書状案」、『大日本近世史料　細川家史料』一、一二二号）。梵舜は、駿府に来てから一度も家康と対面できておらず、正確な情報を摑《つか》むこともできていないのである。家康が元気な頃、梵舜は神道に関する問答などで家康とたびたび面会し、家康も梵舜の神道の知識を試すことが多かったが〔鎌田一九九二〕、当時の梵舜は、本多正純や以心崇伝からの取りなしや必要な情報提供をしてもらえなくなっていた可能性がある。

徳川家康の側近たち

梵舜が豊国社の関係者であったからなのかはわからないが、主君を誰と会わせ、誰に会わせないかを決めることや、その主君との面会内容の成否は、側近者の裁量によるところが大きかった。この点、国内の史料ではなかなかわかりにくいが、例えば、外国人との面会の場面などでは比較的、その側近者の威力やそれによる家康の反応の違いなどがよくわかる。

例えば、話は遡《さかのぼ》るが、次の「一五九九―一六〇一年、日本諸国記（フェルナン・ゲレイロ師編『イエズス会年報集』第一部第二巻）」（田所清克・住田育法・東光博英共訳、『イ日報』Ⅰ―三）は、関ヶ原合戦の直後、布教活動の再開のためにイエズス会の宣教師が家康と接触した場面をよく描いている。

（内府様《（徳川家康）》が）大坂城に入った後、オルガンティーノ《（ニエッキ・ソルド・オルガンティーノ）》師は他の修道士をしてふたたび彼《（徳川家康）》を訪ねさせたところ、彼はまたしても大いに好意をもって迎えられた。この時に及ぶと、デウスのお力添えや、多くのミサ、祈り、苦行のほかに、都の司祭たちは、また内府様《ダイフサマ》にとり入るために、彼の側近と人間的な手段を利用しようと望んでいた。彼らはオルガンティーノ師の側から訪問を受けると、すべてにおいて恩恵を与えることを約束した。そして（内府様）とともに来た幾人かの領主は、また、都や大坂の我らの修道院を守る任務を引き受けた。こうして（内府様）の保護のもとに、他の同種の建物（寺社）が兵士で満たされ、損害を蒙ったのに、司祭と彼らの修道院はその災難から免れた。

終りに長崎の司祭たちの側からは、また太閤様《（豊臣秀吉）》を常時訪ねるのが習わしであったジョアン・ロドゥリーゲス師が内府様を訪ねて行った。（内府様）は彼を快く迎え、話をしていた好機会に、内府様の家臣で、（先に）彼が或る用務で長崎に遣わした者が居合せた。彼は司祭を前にして（内府様）に次のように述べた。「殿下《（徳川家康）》、ここにいるこの伴天連《バテレン》と長崎の他の伴天連たちは、自分が長崎に赴いた時、殿下の家臣であるということから、自分にきわめて親切にしてくれた。そして、かの下《しも》の地方の大部分が殿下への奉仕に反対であった際、長崎の伴天連たちは、終始、殿下の諸事を援助し擁護した」と。この人の声は、あたかも天使のそれのようであって、内府様はそれを聞いて大いに喜び、司祭たちに自分へのその奉仕について深く謝意を表し、彼ら（司祭ら）はとても優秀な人たちだから、きっとそうすると思っていた（と述べた）。その後すぐに、言葉で述べたこと、またどんなに司祭たちに満足しているかを行為でも示した。というのは彼は、彼らが有する都と大坂と長崎の修道院を是認する二通の允許状を裁するように命じたからで、これらの三（都市）は、全日本の諸侯たちの間で重立ったものであり、最高に評価《エスティマ》（されている）からである。かくて司祭たちは今や天下《テンカ》の君から確認され公にされた許可状によって（三ヵ所の修道院）を返還されたのであり、それは全日本において（復権）されたのと同様で、確かに人々はそう思い、また（事実）そうであった。

ジョアン・ロドゥリーゲスが家康を訪問した際、ある家臣が側にいたという。その家臣の人名は不明だが、長崎に派遣されていた者であったとある。関ヶ原合戦時には九州でも戦闘が行われており、笠谷和比古によると「家康方への与同の態度を明確にしたのは、豊前中津《ぶぜんなかつ》の黒田如水《じょすい》（孝高《よしたか》）と肥後熊本の加藤清正の二者にとどまり、自余の武将は大坂方ないしは日和見《ひよりみ》であった」が［笠谷二〇〇八］、その家臣は「長崎の伴天連たちは、終始、殿下（徳川家康）の諸事を援助し擁護した」と家康に口添えしたのである。すると、それを聞いた家康はとても喜んで、キリスト教徒の行動に感謝し、その気持ちを京都・大坂・長崎における秀吉の禁教令の事実上の撤回という形（「二通の允許状《いんきょじょう》」）で示した。この時の面会の模様や、家康の対応の具体的内容については、次の「一六〇一年二月二十五日付、長崎発信、ヴァレンティン・カルヴァーリュ師のイエズス会総長宛、日本年報補遺」（家入敏光訳、『イ日報』I―三）でより詳細に説明されている。

内府様《（徳川家康）》は我らに対してはまったく親切で寛仁な態度を示した。そして彼《（徳川家康）》は、都と大坂に居住している我らの同僚たちの言葉で挨拶を受けた時、明白な好意の印しを彼らに与えた。同様に彼は、長崎に滞在している我らの仲間たちの名代としてジョアン・ロドゥリーゲス師の訪問を受けた時、司祭と交わしたすべての会話中に愛想がよかっただけでなく、同司祭および長崎にいた他の我らの仲間たちが、戦争の非常に激しい時に、彼のために彼の身分の高い従臣〔彼はその席にいて、すべてのことを話した〕に対して尽くした親切について言及し殊のほか喜んだ。彼は我らの同僚らのこの行為により、心に受けた喜びを言葉によって示すことでは満足せず、同じ喜びがすべての人々に証拠立てられているることを望んだ。なぜなら彼は我らに二組の許可証を与え、それによって我らの同僚たちが都と大坂と長崎で居住することを許可し、そして確かなものにしたからである。これらは大きな特権をもった、日本国全土の第一の諸都市であり、さらにそれらの諸都市に自由に居住している者は、天下の国主たちの好機に与えられた恩恵によって、日本国の望む地域に居住地をもつことができるので、我らはこのような心を彼に与えて、特に日本国の教会事情を自然に有益にし給うた至高至善なるデウスに対して大いに感謝せねばならない。なぜなら一五八七年に太閤様（豊臣秀吉）の禁教令が出されてから今日に至るまで、我らは我らに対して日本国に滞在する許可を与えている君主のいかなる布告も手に入れることができなかったからである。太閤様は我らの同僚の一定数が長崎に滞在することができるということを、ただ言葉によってのみ許可した。しかし彼が薨去《こうきょ》して十名の高官が国家を統治している間、我らは福音《ふくいん》を伝道するためにこの国へ派遣され、諸国へ散って行き、その活動を中止することはなかったが、今や我らは我らの危険も、また我らを手助けすることを望む他の人々の危険もまったくなしにより自由に活動することができるからである。

ここでも、残念ながら家康の側にいた家臣の名はわからないが、「身分の高い従臣」とあるから、もし名前が判明すれば、きっと後世の私たちも知る者であろう。ここからは、かつて秀吉が禁教令下にあっても、口頭で宣教師の長崎居住を許可していたこともわかって興味深いが、今回、家康が関ヶ原合戦時の長崎におけるキリスト教徒の協力に報いるため、「二組の許可証」を出したことは確実なことのようである。それは、面会の場に居合わせた「身分の高い従臣」の発言のおかげであった。

本多正純・板倉勝重とキリスト教

この面会から数年後、ニエッキ・ソルド・オルガンティーノが家康と面会した時の模様を記した「一六〇三、〇四年の日本の諸事」（岡村多希子訳、『イ日報』I—四）には、次のように家康の「もっとも（信頼して）用いている寵臣の二人の家臣」と本多正純が登場する。

その公方（家康《（徳川）》）が、一六〇四年にオルガンティーノ《（ニエッキ・ソルド・オルガンティーノ）》師が訪問した時に彼《（オルガンティーノ）》を迎えた際の好意と温かいもてなしもそれに劣るものではなかった。オルガンティーノ師は久しく彼《（徳川家康）》に会いに行っていなかったので、彼を迎えた際の喜びと愛情に満ちた挨拶は並々ならぬもので、広間は、各所から（公方）を訪問に来た多くの殿や、きわめて有力な仏僧たち、その他の身分の高い人たちで満ち溢れていたのに、（公方）は彼らの誰をも引見せず、当日は彼らと会うことを望まず、オルガンティーノがそこに来ていると知って彼と会ったただけであった。こうして、もっとも（信頼して）用いている寵臣の二人の家臣に、彼を連れてくるように命じ、実際に二人は彼を大勢の人の中から呼び、公方（家康）のいる奥へと案内して行った。（公方《徳川家康》）は、一時間にわたり司祭とともにいて、様々なことについてすこぶる気持ちよく愛想よく彼と話した。これを見た仏僧たちとその他の人たちは驚かずにはいなかった。彼ら《仏僧たち》は馬鹿にして、伴天連はいくら待っても謁見できないであろうと先に言っていたのが、彼らの方が謁見できなかったからである。

公方（家康）が司祭たちに示すこれらの好意はまた、多くの他の殿たちが同様のことをする契機や動機にもなっている。これらの者の中には、彼に近しい人たち、彼の寵臣や懇意の人々の多数が含まれている。その中に、すべての重要政務を手掛けている有力な（本多）上野（介正純）殿がいる。彼《本多正純》は我々を保護し、我々の諸事につき（何かと）発言してくれる。或る時、数人の悪意ある人たちが公方（家康）の前でキリシタンや司祭たちと都の修道院の悪口を言い、そこでキリシタンの教えが公然と説教されており、伴《バ》天連《テレン》は日本では不必要な連中である、と言ったことがあった。すると（本多）上野《正純》殿と我らの友人である二、三人の殿たちがさっそく応戦して、伴天連たちはむしろ日本にとってたいそう有益である、彼ら《伴天連たち》の庇護のもとにポルトガル人たちはシナから定航船で日本に来るのであるから、と言った。そして、公方（家康）がこれに賛成したので、他の人たちもそれ以後は敢えて不埒《ふらち》な言い方はしなくなった。

国内史料ではうかがい知ることのできない家康の立ち居振る舞いも描かれており、オルガンティーノに対する家康の愛想はとてもよかった。その場に溢《あふ》れんばかりであった多数の目通り予定の人々の順番を飛ばして、オルガンティーノを優先的に引見したほどであった。その引見に際して、家康はまず名は不明ながら「もっとも（信頼して）用いている寵臣の二人の家臣」に命じて、オルガンティーノをおそらく奥の御座間に案内させた。面会時間はなんと二時間であった。のちに禁教する家康とは思われない対応ぶりである。

そして、この引見の時ではなかったようだが、家康との面会時、側にいた者の中にキリスト教徒を悪く言う者がおり、それを制止してキリスト教徒のことを擁護した人物として、「すべての重要政務を手掛けている有力な」本多正純が登場する。正純は、定航船で来航するポルトガル人にとって宣教師たちは必要な人々であり、日本にとっても有益だと主張したといい、これに家康も同意したので、キリスト教徒に反発していた人々の態度も改まったという。ここでも、側近の家臣の行動が家康の態度を決定づけていることがわかる。

本多正純とキリスト教との関係について、国内史料から議論されることはほとんどないが、彼は後世の私たちの想像以上にキリスト教と関係を深めていただけに、却《かえ》って家康に対する側近者としての影響力の大きさやその行動の実態が、イエズス会の報告書に記録されることになった。例えば、「一六〇六、〇七年の日本の諸事」（岡村多希子訳、『イ日報』Ｉ―五）には次のようにある。

司教《（ドン・ルイス・デ・セルケイラ）》はまた、国王《レイ》（徳川家康）ともっとも近しいその政庁の数人の領主たちを訪問し、彼らからすこぶる大きな名誉や礼節をもって迎えられ、遇せられた。このことにおいてもっとも際立っていたのは、一番の寵臣である（本多）上野（正純）殿と、板倉（勝重）殿という都の所司代であった。両人ともすこぶる勢力があり、（キリシタン）教理の説教を若干聞いたことがあるので我らのことにいとも好意的である。そして、高く評価すべきは、これら両人《（本多正純・板倉勝重）》が、日本中のキリシタン宗団の庇護者になろうと彼《（ドン・ルイス・デ・セルケイラ）》に申し出たこと、ついには（本多）上野《（正純）》殿が、自分《（本多正純）》は（霊魂の）救済を望んでいるが、司教猊下《（ドン・ルイス・デ・セルケイラ）》に今お会いして、まるで天道《テントウ》にお目にかかっている――これすなわちデウスにお目に掛かっていると同意識――ような気がすると言うに至ったことである。

ドン・ルイス・デ・セルケイラが家康を訪問した際、尽力した人物は本多正純と板倉勝重であったといい、両名が説教を聴いたこともあるとの記述は驚きである。受洗したわけではないようだが、正純と勝重がキリスト教への関心から、家康への取次《とりつぎ》を積極的に行い、家康の「一番の寵臣である」正純の行動が、家康による宣教師への対応ぶりにも影響していることは間違いなかった。そして、同じく「一六〇六、〇七年の日本の諸事」（岡村多希子訳、『イ日報』I—五）には、フランシスコ・パシオと正純の会話を次のように伝えている。

（副管区長の）司祭《フランシスコ・パシオ》は（本多）上野殿《正純》と後藤庄三郎《光次》殿に暇乞いし、彼らも絹衣その他の贈り物をして告別した。司祭は彼らに、告別の辞として、あらためてキリシタン宗団と日本の（イエズス）会の保護と支持をふたたび願い、今までのように、万事につけ支援してくれるように折り入って頼んだ。特に上野殿《本多正純》には、もっとも主要で、公方《徳川家康》の前できわめて寵愛の篤い人物として、その父《本多正信》に請うたのと同様に頼み、我らの聖なる教えの全日本での弘布の完全な自由を折よく得させ、身分の上下に拘わらず望む者は誰しも、公方の不興を買うことなく教えが奉じられるようにしていただきたいと述べた。

このために、我らの聖なる教法の教義や真実を論述した書物を（本多）上野殿に進呈した。その論じていることは以下のとおりである。天と地と霊魂の創造者がいますこと。霊魂の不滅性、来世があり、これは永遠であること。したがってそれは善人の褒賞であり、悪人と現世で人が行なう悪事の罰であること。我らが教えるデウスの教法の十戒。そして特に、キリシタンの宣誓の力。キリシタンは宣誓をし、異教徒たちよりも犯すべからざるものとしてそれをよく守ること―生じていることの真実を知らないために、宣誓をしないとか、たとえ宣誓をしても、それを重視しなくてもよいと考えて、多くの人々がこの点で躓《つまず》くのであり、あらゆる善事の敵である悪魔によって導入されたその考えが我々と全キリシタン宗団に大きな禍をなしている。最後に、日本の諸宗派の虚偽性と欺瞞《ぎまん》。それらの宗派には救済がないこと―そのために多くの権威と、彼らが反論できないそれら宗派の書物の章句を引証している。（以上は）すべての優雅な文体で、穏やかで謙虚な言葉で記されていた。それは、日本の諸宗派に精通している修道士ファビアンが、（本多）上野殿に進呈するためにわざわざ著したものであった。その論文を後に彼は読み、既述のように江戸に残った修道士パウロに若干の疑義を質《ただ》し、修道士が与えた回答ですべてにおいて満足した。

司祭が（行なった既述の）要請に対して（本多）上野殿は、期待されているとおりに答えた。（すなわち）「好機が来れば、貴師が請うていることを忘れずに公方に話すであろう（から）、その件については安心していてほしい。予《（本多正純）》が今の地位にいる限り、貴師らの諸事とキリシタン宗団についてはいかなる変化も心配する必要はない。自分がしっかりと引き受けたし、今あらためてこれまでよりもはるかにしかと引き受けているからである」と。

パシオは正純に「我らの聖なる教法の教義や真実を論述した書物」を手渡しており、正純も読了のうえ質疑まで行っていた。パシオは正純に「キリシタン宗団と日本の（イエズス）会の保護と支持」を願ったが、正純はそのことを必ず機会を観て、家康に話すと応じている。そして、この正純の応答ぶりからは、家康の側近としての影響力に対する自負が感じられる。

また、正純とともに名の挙がっていた板倉勝重についても、「D・バルトリ著『イエズス会史』抜粋（一六〇五、〇六年補遺）」（鳥居正雄訳、『イ日報』Ⅱ—一）は彼の行動を次のように記録している。

都の統治者の一人（所司代）である板倉（伊賀守勝重）殿、それに当国全体を掌中にして統治している内府様（徳川家康）と親しい（本多）上野（介正純）殿は、ともにこの教えの原理を知りたいと思い、二人揃って、あるいは上野（介）殿一人で、もっとも基本的なことから話を始めた結果、我らに打ち負かされて説得された。こうして、彼らは、主の存在を明白に確信し、我らの中に不滅の霊魂があり、眼に見えて存在する以外の生命や事物があることを悟った。その結果、主の教えを信じて生きることが自分たちの職務には少しも役立たず、むしろ内府様の好意を失うかもしれないとしても、主から多くのものを得て教えに生きることで満足し、自ら司祭たちの保護者となることを明言し、我らを保護し始めた。そして、何かと迫害を取り除いたので、我らにとって危険であった情勢は沈静化した。

勝重については、正純ほど家康と親しいわけではないと観察されていたようだが、京都所司代という重要な立場にありながら、キリスト教への関心から、宣教師たちの身柄の保護に尽力していたことが記録されている。興味深いことに、勝重は自身がキリスト教に入信した場合、家康の感情を害するかもしれないと認識していたと記されているから、この時点で家康はキリスト教を全面的に容認していたわけではなく、だから勝重も正純も受洗《じゅせん》はしなかったものと推測され、側近や有力家臣によるそのような状況のさらなる改善がイエズス会によって期待されていたということなのであろう。

徳川家康による禁教

当時の家康のキリスト教に対する立場を観察した記述が「ジョアン・ロドゥリーゲス・ジランのイエズス会総長、クラウディオ・アクアヴィーヴァ師宛、一六〇九年度、および一六一〇年度、日本年報」（鳥居正雄訳、『イ日報』Ⅱ―一）にあるので、引いておこう。

この全面的な平和に関しては、我らが忍耐を必要としたり、また主の御慈悲を確信する機会〔それについては後述する〕に出会うことが時々あるとは言うものの、日本のキリシタン宗団も一部はその恩恵に与《あず》かっている。その理由は主に、日本の唯一の君主《プリンチペ》である公方《クボウ》（徳川家康）がかなり年老い、その生涯が終りに近づいたために神や仏を敬い聖なる（キリストの）福音を嫌っていることにある。しかし、それはただそれだけで、彼（徳川家康）は我々を迫害もしなければ、またキリシタンの教えが弘まるのを妨害したりもしない。

老齢の家康は神仏の教えのほうに関心があり、この段階の家康のキリスト教への対応ぶりは信仰の違いによるものであって、家康は迫害も布教活動の妨害もしていなかったという。これはおそらく、正純や勝重の尽力によるところも大きかったであろう。ところが、このような家康の態度を一変させる事件が勃発する。慶長十四年（一六〇九）のマードレ・デ・デウス号（ノッサ・セニョーラ・ダ・グラサ号）事件と慶長十七年（一六一二）の岡本大八《おかもとだいはち》事件である。

まず、マードレ・デ・デウス号（ノッサ・セニョーラ・ダ・グラサ号）事件については、次の「ジョアン・ロドゥリーゲス・ジランのイエズス会総長、クラウディオ・アクアヴィーヴァ師宛、一六〇九年度、および一六一〇年度、日本年報」（鳥居正雄訳、『イ日報』Ⅱ―一、以下の同事件の記述は本年報による）に詳しい。

長崎に入港した後、長らく停泊していた我らの食料や全キリシタン宗団のための積み荷を乗せた《（ママ、載）》（ポルトガルの）商船は、次に記すように炎と水に包まれて悲劇的に難破した。この船の船長は優秀な武人であるアンドレアという名のポルトガル人であった。彼は軍隊のことについては長い経験を有したので、人々は彼の意見に従った。彼は何か災難が起こりはしまいかと心配していたから、自分や仲間の身の上に事件が起こらないようにしようと気を配っていた。そうした憂慮の根源は、マカオで起こったポルトガル人と日本人との間の紛争であったが、その紛争で双方に何人かの死者が出た。その紛争が収まってから裁判所は張本人を捜して引き渡すよう命じたが、拒否された。

幾人かの日本人は駿河の政庁へ行き、公方《（徳川家康）》に熱っぽく事件の経過を報告した。公方はポルトガル側からの報告を待たず、彼らの不満を知ろうともせず、キリシタンの有馬殿（晴信）殿《（ママ）》に、長崎に赴いて、新たに（長崎に）到着してこうした災難を避けようと努力している（定航）船の（ポルトガル人）司令官とともに犯罪者を処刑するように命じた。

これによると、家康が長崎に入港したポルトガル船の司令官と乗組員の処刑を有馬晴信に命じたことが事件の骨格であった。五野井隆史によると、慶長十三年（一六〇八）に起こったという「有馬氏が占城《ちゃんぱ》に派遣した朱印船が、その帰航時にマカオに寄港したおりに、同地で有馬家臣ら乗組員が取引をめぐってポルトガル人と争い、多数の死者を出す事件」に「関与したカピタン・モール（ナウ船の司令官）のアンドレ・ペッソアが、翌十四年日本航海司令官として長崎に来着した」ことをうけ、有馬が「家臣を殺害された報復をしようとし、家康にペッソア捕縛と商船捕獲とを請願し」て家康が「有馬氏に武力行使を許し」た結果、有馬は長崎「奉行長谷川（藤広、引用者註）の支援をえてデウス号を攻撃したため、ペッソアは四日四晩の戦闘のすえ、火薬庫に火を放って商船を爆破させ、自殺した」という次第であった［五野井一九九〇］。その後、同年報によると、家康は宣教師らの追放を命じたようであるが、有馬晴信らの働きかけにより、この時の追放令は撤回されたという。

公方（徳川家康）はポルトガル人が帆を上げたという報せを受けると、その事件に関して十分満足な結果を得られるかどうか、また戦いが彼の望みどおりに運ぶかどうか疑っていたので、この事件の生存者を刀にかけ、我ら《（ジョアン・ロドゥリーゲス・ジランら）》を司教とともに日本から追放するよう命じた。その命令がさっそく実行に移されようとした時、戦さに勝って市に帰って来た有馬殿《（晴信）》が我らに同情し、奉行たちに命令を取り消させた。このような全日本の君主《（徳川家康）》の近くにいる友人の働きのおかげで我らは危険を逃れ、以前と同じように平和を満喫している。

ここでも有馬から「奉行たち」という家康に近い人々への働きかけが効を奏している様が看取される。したがって、この慶長十四年（一六〇九）のマードレ・デ・デウス号（ノッサ・セニョーラ・ダ・グラサ号）事件では、まだ家康による禁教令の発令にまでは至らなかった。事実、次の「一六一二年三月十日付、長崎発信、ジョアン・ロドゥリーゲス・ジランのイエズス会総長宛、一六一一年度、日本年報」（相原寛彰訳、『イ日報』Ⅱ—一）によると、まだ板倉勝重はキリスト教への支援を公言していた。

君侯にもこと欠かない。友人たちに説得され、キリシタンの教えの説教を聞くと信仰に帰依し、全力をあげて信仰を推進し、すでに我らを彼らの領地へ招いた者も幾人かいる。こうした者の中に、都のこの地《ポルト》の所司代《（板倉勝重）》がいた。彼《（板倉勝重）》は日本の主権者《インペラトーレ》（公方）《（徳川家康）》のそばで携わっている職務においても恩顧においてもこの上なく重要な人物であった。この者は復活祭の八日間、我ら（ジョアン・ロドゥリーゲス・ジランら）の教会に来たが、教会は復活祭らしく非常にきれいに整頓されていた。我らのところには一度も来たことがなかったので、大いに気に入ったばかりか、それを明瞭に表情で表してこう言った。「これからはあなた方をいっそう支持することにしよう。これほどまで見るに値し、すべての者によって励まされ推進されているとは思っていなかった」と。彼が我ら全員に与えてくれたものは、特別な慰めとなった。というのも、この市《まち》は日本全土の首都であり、彼によって完全に支配されているので、彼らの信仰についての安全も自由も逆境もすべてそこから生じることがあるからである。

むしろ五野井隆史によれば、有馬晴信が「竜造寺《りゅうぞうじ》氏に奪還された肥前《ひぜん》藤津《ふじつ》地方の旧領回復」を目指して本多正純に仕える岡本大八と関係を結び、大八も晴信の目的につけ込んで、正純による家康への通路の存在を示唆《しさ》して「金子《きんす》を晴信から詐取し」た慶長十七年（一六一二）の岡本大八事件のほうが、家康を禁教に踏み切らせる原因となった［五野井一九九〇］。

事件の模様を「一六一三年一月十二日付、長崎発信、ジョアン・ロドゥリーゲス・ジランのイエズス会総長宛、一六一二年度、日本年報」（相原寛彰訳、『イ日報』Ⅱ―一、以下の同事件とその後の記述は本年報による）は、次のように伝えている。

キリシタン宗団に対する好意によってつとに知られる有馬のドン・ジョアン（晴信《（有馬）》、旧教名プロタジオ）は、先の書状において、隣接地の或る部分を自領にしようと考え、息子のドン・ミゲル（有馬直純《なおずみ》）はすでに夫人を娶っているにもかかわらず、公方《（徳川家康）》の曽孫（国姫）を正室としてではなく側室（注、誤解。国姫が新しい正妻）として家に迎えるという冒瀆の婚礼に同意した。そして（岡本）パウロ大八というキリシタンと交渉を始めた。彼《（岡本大八）》は、公方のもとに出入り自由な者で、将軍《（前脱カ、徳川家康）》のこの上ない寵臣（本多《（正純）》）上野介の側近であり、特に諸国を分封する任にあった。ドン・ジョアン（晴信）は、パウロが好遇されているのを利用しようと考え、豊富な贈物で買収しようとしていた。しかしパウロは貪欲さで目がくらみ、彼《（岡本大八）》はドン・ジョアン《（有馬晴信）》に書状をもって約束した。彼《（岡本大八）》（パウロ）は大いなる虚構を弄し、彼《（岡本大八）》は彼（ドン・ジョアン）に（将軍《（前脱カ、徳川家康）》から授けられた）特典（なるもの）の写しを送付した。（そして）彼《（岡本大八）》は（次のように）記した。この特典はドン・ジョアンの敵たちによって虚偽の報告がなされたために将軍により無効とされた、と。それらの敵の中に（ジョアンという）キリシタン名を持つ有馬（晴信）殿の宿敵である長崎奉行（長谷川）左兵衛《（藤広）》が挙げられている。ドン・ジョアンは憤慨して、パウロと、眼前の敵を排除してくれるよう書状で談判を始めた。しかし、望むように交渉が捗らないので、すぐに自ら赴いて、交渉をする決心をした。

そこで、有馬のドン・ジョアン（晴信）は、去る一六一一年《（慶長十六年）》七月末に、直接会って交渉を進めるべく出発した。さらにドン・ミゲル（直純《（有馬）》）も既述のように、例の側室を伴い、父《（有馬晴信）》を助けるために出立したが、彼《（有馬直純）》は、すでに老人となっている彼《（有馬晴信）》（父）を領国から追放して、そこの領主となる計画を立てていた。彼《（有馬直純）》は先に（駿河へ）旅立ち、ドン・ジョアン（晴信）の命令で次のように交渉した。すなわち、公方《（徳川家康）》のもとに着くと、これまでのドン・ジョアンと（岡本）大八との間の交渉のことで、すぐジョアン（晴信）は政庁の判官たちの前に召し出された。その中に（長谷川）左兵衛《（藤広）》が坐していた。彼らは互いに非難し合ってすべてが明るみに出た。そして（岡本）大八はまず財産を没収され、（次に）妻を救う者がなかったわけではないが、妻とともに生きながら火刑に処せられることが宣告された。彼《（岡本大八）》はこのような恐るべき拷問にもイエズスとマリアのいとも聖なる御名を呼び求めながら真のキリシタンの魂で耐えた。

ドン・ジョアン（晴信）もまた領国を没収され、追放の刑に処せられ、程々の一族の者を連れただけで甲斐の国に預けられた。（以下略）

これによれば、大八は火刑となったが、晴信は甲斐《かい》国へ流された。ところが、同年報によると、「（国を）統治したいという欲望」に駆られた有馬直純と長谷《はせ》川《がわ》藤広《ふじひろ》らは、ドン・ミゲル（直純《（有馬）》）と（長谷川）左兵衛《（藤広）》の代理人たちは、ドン・ジョアン《（有馬晴信）》に不利な証言をすることに大いに努め、再度公方《（徳川家康）》に告発し、斬首すべきだとの宣告を公方から獲得した。

というように、晴信をさらに追い詰める運動を家康に対して行い、家康は晴信に斬首を言い渡した。同年報によると、板倉重宗《しげむね》が刑の執行を任されたが、切腹を勧める重宗に対して晴信は信仰によって切腹はできないと断り、家臣に自らの首を打たせている。問題は、晴信の死後、次のようなことが起こったことにあったようである。

有馬殿《（晴信）》の埋葬の場に赴くと、（不思議なことに）死者追悼の祈りを歌う司祭、修道士、伝道使《カテキスタ》たちのような声が、大勢の者に聞こえた。それはキリシタンたちを非常に驚かせ、大いに噂し合った。

　この出来事に公方《（徳川家康）》は憤慨し、キリシタンの敵にも唆《そそのか》されて無慈悲となり、絶えず全力を尽くし異教徒たちによってなされる極悪非道の行為にも見て見ぬ振りをするようになった。すぐ命令を下して、彼《（有馬晴信）》の一族の者を捜させ、十四名を見出した。（彼らが）キリストの信仰を告白すると、（公方）の前に引き出し、（これまで）受けた好意によって死は許すと言って、財産を没収した。また布告を出して、キリストの証聖者たちに対していっそう厳しい措置を取《（ママ）》らせた。それは、すべての領主に追放人の何ぴとも迎え入れてはならないと禁ずるもので、追放人一人一人の姓名を書いて送り届けた。これらの者とジュリアと呼ばれる幼い女児の勇敢さについては、その個所で述べることにする。

　上《カミ》の諸国の信頼に値する多くの人々からは、公方のこの憤慨は、これに続く疑念の起源《はじまり》であると書き送ってきた。フィリピンからノヴァ・エスパーニャに向けて発つスペインの船は大いに危険な嵐に遭遇するのが常であり、そのため多くのスペイン人はこの島（日本）の海岸線を知り、そうした場合には避難できる港を探したく思っていた。そこで昨年一六一一年に、数人の日本人を伴って天下《テンカ》の主（徳川家康）への使節《（セバスチャン・ビスカイノ）》を乗せたスペイン船が江戸に到着した。船の船長は希望する港を探し、測量する許可を求め、許可を得るとさっそく既述の船の水先案内人にすべてを詳細に記帳させた。それが行われている間、一六〇〇年に豊後にほとんど無人で漂着したオランダ船に乗っていた一人の異端（プロテスタント）のイギリス人水先案内人（ウィリアム・アダムズ）が、港の探索はヨーロッパでは（侵略）戦争の下準備だと嘘の助言をした。公方はすぐ激怒し、この話を非常に激昂して語った。これが原因なのか、他にも何か原因があったのか、公方は何ぴともキリシタンになってはならぬと命じ、それには違反すれば大いなる重刑に処するという条件が付されていた。また、この疑念だけで、すでに有馬ドン・ジョアン（晴信）殿の死以前に将軍《ショウグン》である彼の長子（徳川《とくがわ》秀忠）が同じ命令を出し、さらに多くのキリシタンを殺害する処置を講じていた。

同年報の記述によれば、晴信の死後、その死を讃《たた》えるような噂が広まったことに家康が警戒感を示したということのようである。これを契機に、家康は晴信の一族を捜索して財産を没収のうえ追放するとともに、その一族を受け入れぬよう諸国へ命じたが、この警戒感が伏線となり、セバスチャン・ビスカイノの船が日本の沿岸を測量したことの意味をめぐってのウィリアム・アダムズの発言も家康の警戒心を増幅させ、禁教の決断をさせたようである。

キリスト教に対置される神国・仏国思想

中村孝也によると、セバスチャン・ビスカイノの船は、かつて慶長十四年（一六〇九）に漂着したドン・ロドリゴ・デ・ヴィベーロに対し、家康が慶長十五年（一六一〇）に「イスパニア本国に対して、ノバ＝イスパニアより日本に渡航する船のため朱印状を授けた」ことの「答礼として」やって来たものであったが、その時に家康が与えた「復書」案が以心崇伝の『異国日記』に留められている［中村二〇一七］。次の『異国日記〈上〉』がそれである（『影印本異国日記』、本文に記されている文字の配置や改行の注記は省略）。

日本国　源（徳川）家康　復章
濃毘数般国主　麾下
来翰薫閲、再三罔措、況又方物、如目録領之、恵意褎々、喜気津々、先々年、貴国之商士、罹暴風難、舟楫摧損、不意適来吾邦、不堪恵遠之思、修整一巨舩帰之、幸無恙而著岸之告報、満懐不浅、貴国与吾邦、弥結隣交、而毎歳商舩往来、互可通国宝者、為世為人、何善政如焉哉、抑、吾邦者神国也、自開闢以来、敬神尊仏、々与神、垂跡同而無別矣、堅君臣忠義之道、覇国交盟之約、無渝変者、皆誓以神為信之證、能守正者必得賞、叨成邪者必得罰、霊験新如指其掌、仁義礼智信之道、豈不在於茲乎、貴国之所用法、其趣甚異也、於吾邦無其縁欤、釈典曰、無縁衆生難度、於弘法志者、可思而止、不可用之、只商舶往、而売買之利潤、偏可専之、貴国之商舶来朝之時、雖到着何之国々津々浦々、聊不可有異儀、兼日域中益加厳命、宜安心莫訝吾邦土、宜備別幅投贈之、采納惟希、炎暑已酷、順序保嗇

慶長十七龍集壬子夏六月　日

御朱印

これが家康の朱印状として発せられたことは、以心崇伝が『本光国師《ほんこうこくし》日記』の元和二年六月十四日条で「一同日。為　御使者《（年寄衆の）》曽我又左衛門《（尚祐）》被来。濃毘数般《（ノビスパン）》へ渡海之　御朱印認様如何と御尋候。　大御所《（徳川家康）》様之時。濃毘数般へハ御音信之書簡之御朱印ハ被遣候。渡海之　御朱印ハ不参候と覚へ申候と申渡候。」（『新訂本光』第四）と回顧していることから確かである。

そこでは「吾邦者神国也、自開闢以来、敬神尊仏、々与神、垂跡同而無別矣、堅君臣忠義之道、覇国交盟之約、無渝変者、皆誓以神為信之證、能守正者必得賞、叨成邪者必得罰、霊験新如指其掌、仁義礼智信之道、豈不在於茲乎」とあり、日本が神国《しんこく》であること、神を敬い、仏を尊んでおり、仏と神は垂迹《すいじゃく》の関係にあって差異はないこと、武将の間での約定《やくじょう》なども神への誓約として交わされ、その者の心がけ次第で信賞必罰《しんしょうひつばつ》であること、そのような日本では儒教《じゅきょう》的な道徳が存在することが強調され、「貴国之所用法、其趣甚異也、於吾邦無其縁歟」として、キリスト教は日本の習俗と異なり、日本とは無縁のものだとしている。

五野井隆史によれば、家康の禁教令は段階的に発令・実行されたようだが［五野井一九九〇］、以心崇伝の『異国日記〈上〉』によると、以心崇伝は慶長十八年（一六一三）十二月二十一日の夜に「於江戸新城　大御所《(徳川家康)》様被　仰出伴天連追放之文製之」しており、それは大鷹《おおたか》檀紙《だんし》に清書《せいしょ》され、「将軍秀忠《(徳川)》様之御印也、日本国中諸人可存此旨之　御諚也」（将軍秀忠様の御朱印である、日本国中のあらゆる人がこの命令の内容を知るべきだとの将軍秀忠様のお言葉である）」という次第であったとある（『影印本異国日記』）。その「伴天連追放之文」の内容を海老沢有道の読み下しによって示すと次の通りである（「排吉利支丹文」、海老沢有道校注、『日本思想大系25　キリシタン書　排耶書』）。

> 乾《けん》を父となし坤《こん》を母となし、人その中間に生じ、三才これに定まる。それ日本はもとこれ神国なり。陰陽不測《ふそく》、名づけてこれを神と謂《い》ふ。聖《せい》の聖たる、霊の霊たる、誰か尊崇せざらん。いはんや人の生《せい》を得る、ことごとく陰陽の感ずる所なり。五体六塵、起居動静、須臾《しゅゆ》も神《しん》を離れず。神《しん》は他に求むるものにあらず、人々具足し、箇々円成す。すなはちこれ神の体なり。また仏国と称す。よるところなきにあらず。文に云《いわ》く、「これ神明応迹《しんめいおうぜき》の国にして大日《だいにち》の本国なり」。法華《ほっけ》に曰く、「諸仏世を救ふは大神通に住し、衆生《しゅじょう》を悦《よろこ》ばせんための故に、無量の神力を現《げん》ず」。これ金口妙文《きんこうみょうもん》。神と仏とその名異なりてその趣き一《いつ》なるは、あたかも符節《ふせつ》を合《がっ》するが如し。上古、緇素《しそ》、おのおの神助を蒙り、大洋を航して遠く震旦《しんたん》に入り、仏家の法を求め、仁道《じんどう》の教へを求むること孜々屹々《ししきつきつ》。し

かうして内外の典籍を負ひ将来す。後来の末学、師々相承《そうじょう》、的々伝授し、仏法の昌盛なる、異朝に超越す。あにこれ仏法東漸《とうぜん》にあらずや。ここに吉利支丹《きりしたん》の徒党、たまたま日本に来《きた》る。ただに商船を渡して資財を通ずるにあらず、みだりに邪法を弘め、正宗を惑はし、以て域中《いきちゅう》の政号を改め、おのが有となさんと欲す。これ大禍の萌《きざ》しなり。制せずんばあるべからざるなり。

日本は神国、仏国にして神を尊び仏を敬《うやま》ひ、仁義の道を専らにし、善悪の法を匡《ただ》す。過犯の輩《ともがら》あれば、その軽重《きょうじゅう》に随ひ、墨劓剕宮大辟《ぼくぎひきゅうたいへき》の五刑に行ふ。礼に云《いわ》く、「喪多くして服五、罪多くして刑五」。罪の疑ひあれば、すなはち神を以て証誓をなす。罪罰の条目を定め、犯、不犯の区別、繊毫《せんごう》も差《たが》はず。五逆十悪の罪人は、これ仏神、三宝《さんぼう》、人天《にんでん》大衆の棄捐《きえん》するところなり。積悪の余殃《よおう》、逃《のが》れ難《がた》し。或いは斬罪、或ひは炮烙《ほうらく》、罪を獲《う》ることかくの如し。勧善懲悪の道なり。悪を制せんと欲すれど悪積み易《やす》し。善に進まんと欲すれど、善保《たも》ち難《がた》し。あに炳誡《へいかい》を加へざらんや。現世なほかくの如し。後世冥道閻《めいどうえん》老《ろう》の呵責《かしゃく》、三世《さんぜ》の諸仏も救い難し。歴代の列祖を祭らず、畏るべし畏るべし。

かの伴天連《ばてれん》の徒党、みな件《くだん》の制令に反し、神道を嫌疑し、正法《しょうぼう》を誹謗《ひぼう》し、義を残《そこ》なひ、善を損《そこ》なふ。刑人あるを見れば、すなはち欣び、すなはち奔《はし》り、自ら拝し自ら礼す。これを以て宗の本懐となす。邪法にあらずして何ぞや。実に神敵仏敵なり。急ぎ禁ぜずんば後世必ず国家の患《うれ》ひあらん。ことに号令司《つかさど》る。これを制せずんば、かへつて天譴《てんけん》を蒙らん。日本国のうち寸土尺地、手足を措《お》くところなく、速《すみや》かにこれを掃攘《そうじょう》せん。強《し》ひて命に違《たが》ふ者あれば、これを刑罰すべし。いま幸ひに天の詔命を受け、日域《じついき》に主《つかさど》り、国《こく》柄《へい》を秉《と》ること、ここに年あり。外《そと》五常の至徳を顕はし、内《うち》一大の蔵教に帰す。この故に国豊かに民安んず。経に曰く、「現世《げんぜ》安穏《あんおん》、後生善処《ごしょうぜんしょ》」。孔夫子また曰く、「身体髪膚《はっぷ》、父母に受く。あへて毀傷《きしょう》せざるは孝の始めなり」。その身を全うするは、すなはちこれ神を敬ふなり。早くかの邪法を斥《しりぞ》けば、いよいよわが正法昌《さか》んならん。世すでに澆季《ぎょうき》に及ぶといへども、ますます神道仏法紹隆《しょうりゅう》の善政なり。一天四海、よろしく承知すべし。あへて違失するなかれ。

慶長十八竜集《ろうしゅう》癸丑《きちゅう》臘月日（『影印本異国日記』により詰める）

御朱印（『影印本異国日記』により補う）

日本は神国、仏国であることが強調されるとともに、キリスト教を「邪法」且つ「神敵仏敵」であるとし、将来必ず国家の災《わざわ》いとなるキリスト教を日本から「掃攘」しなければならないと述べ、命に従わない者への「刑罰」も明記されている。神そのものについては陰と陽との間に生じるものとする以外、まだそれほど明確な論理が提示されているわけではないが、日本の独自の信仰体系を仏教と儒教の論理を駆使《くし》しつつ、それらに神の存在を組み合わせることで、キリスト教の論理に対抗させようとする姿勢が顕著である。

この「伴天連追放之文」が出されて以降、それまでキリスト教への親近感を示し続けてきた本多正純や板倉勝重らが、引き続いてそのような態度をとることは事実上、不可能となった。

元和二年（一六一六）四月に危篤に陥《おちい》った家康はどのような最期を迎え、いかなる形でその魂を鎮《しず》めることになるのか。その方策の検討は、このような前提の下に行われたのである。

第三章　徳川家康の神格化と久能山上の祭祀

徳川家康の病没と神道による神格化の決定

さて、依然家康に目通りができていない梵舜であったが、元和二年（一六一六）四月十五日、秀忠の御用があるとのことで、登城するようにとの書状が以心崇伝から届いた。梵舜は日記の同日条に「則令登城、神道・仏法両義、御尋之所也」と記している（『史纂舜』第五）。さらに、翌四月十六日のこととして梵舜は「相国《(徳川家康)》之御事、以神道之義、神位ニ駿州久能ヘ遷座之義ニ相定、被仰出也」と日記に記している（『史纂舜』第五）。秀忠は、覚悟を決めたのか、家康が最期を迎えた場合、家康を神道によって神として祀ると決断したのであった。

そして遂に、その時を迎えた。元和二年四月十七日、家康はこの世を去った。梵舜は「相国《(徳川家康)》巳刻過ニ御他界也」（『史纂舜』第五）、慈性は「ひるまへ《(昼前)》大御所《(徳川家康)》様御遠行」（『史纂慈』第二）、山科言緒は「前大樹《(徳川家康)》今日巳刻ニ御他界也」（『大日古　言緒』下）としているから、死亡時刻は巳刻《みのこく》（午前十時頃）であったと考えてよい。

また、山科言緒は日記の元和二年四月十七日条で「御サウレイハ不可有之由承、御烏帽子・狩衣之由《着躰之由》。承了」とし、さらに「神龍院《(梵舜)》旅宿へ冷泉黄門《(為満)》・予《(山科言緒)》・水無瀬一斎《(親具)》同道罷向処ニ、前大樹《(徳川家康)》様神ニ祝申候ハ御サウ礼ハ不可有之由被申了」としていて、家康の姿が烏帽子《えぼし》・狩衣《かりぎぬ》であると聞いたと記すとともに、葬礼は行われないと聞いたとし、葬礼のない理由を梵舜に尋ねたところ、梵舜は「神ニ祝申候ハ御サウ礼ハ不可有之由」を述べたという（『大日古　言緒』下）。

駿府以外に家康の訃報が伝わった時期は、青蓮院門跡《しょうれんいんもんぜき》の尊純法親王《そんじゅんほっしんのう》が自らの日記の元和二年四月二十日条で（『尊純法親王御記抜書』宮内庁書陵部所蔵原本）、

　一、去十七日午刻、相国（徳川家康）他界之由、自
　　妙門（常胤法親王）仰給、志广ニ御言伝

と記している例が、管見の限り前引の「義演准后日記《ぎえんじゅごうにっき》」と並んで最も早い例である。三日後には京都に伝わっていたことになる。壬生孝亮《みぶたかすけ》の日記も元和二年四月二十一日条で「廿一日、辛酉《かのととり》、晴、今月（元和二年四月）十七日巳尅《みのこく》、駿河大御所《家康公》他界之由、在注進云々」と記しており（『孝亮宿祢記』四、宮内庁書陵部所蔵取要本）、また「元和二年四月二十八日付細川忠利宛細川忠興書状案」にも「一　相国様（徳川家康）御他界之由（四月十七日歿）、絶言語候事」とあるから（『大日本近世史料　細川家史料』一、一二四号）、死亡時刻の情報に異同はあるものの、家康の訃報は秘匿されず、瞬時に諸国を駆け巡ったものと思われる。

神龍院梵舜による久能山上の祭祀

梵舜によれば、彼の日記の元和二年四月十七日条に「相国《(徳川家康)》巳刻過ニ御他界也、夜入府中之御城ヨリ久能御城ヘ御移、金地院《(以心崇伝)》・予《(梵舜)》俄罷越、雨降也」とあるように、家康の遺体は雨の中をその日の夜のうちに久能城（久能山）へ移された（『史纂舜』第五）。梵舜は、雨中の移動の面々を詳述していないが、山科言緒は日記の元和二年四月十八日条で「一、寅刻ニ前大樹クノ《(久能)》へ収申、御供ノ衆、南光坊《(天海)》・金地院《(以心崇伝)》・神龍院《(梵舜)》・本多上野《(介、正純)》・松平右衛門《(正綱)》・板倉内膳《(重昌)》・アキモト《(秋元泰朝)》但馬抔《など》也」とし（『大日古　言緒』下）、梵舜も日記の元和二年四月十八日条で、同日夜までの久能山上における打ち合わせと普請《ふしん》のことを記す中で「当山《(久能山)》御移之所、地形ヲ年寄衆本多上野《(正純)》・土井大炊頭《(利勝)》殿・安東《(藤)》帯刀《(直次)》・鳴《(成)》瀬隼人《(正成)》・松平右衛門《(正綱)》・板倉内膳《(重昌)》・秋本《(元)》但馬《(泰朝)》、巳《い》上《じょう》七人、各評議ニテ定、夜入迄普請也」としているから（『史纂舜』第五）、この七名と以心崇伝、天海、梵舜だったものと思われる。土井利勝は将軍秀忠の名代、成瀬《なるせ》正成《まさなり》は徳川義直《よしなお》の名代、安藤直次《あんどうなおつぐ》は徳川頼信《よりのぶ》（頼将《よりまさ》、頼宣《よりのぶ》）の名代であった（『史纂源』第一）。なお、以心崇伝は「元和二年四月二十二日付板倉勝重宛以心崇伝書状案」で「相国様《(徳川家康)》之儀。中〳〵可申様も無之仕合ニ候。十七日夜《(元和二年四月)》。久能へ移シ御申候。本上野殿《(本多正純)》。土井大炊殿《(利勝)》。安藤帯刀殿《(直次)》。成瀬

久能山東照宮楼門（著者撮影）

隼人(正成)殿。松平右衛門(正綱)殿。内膳(板倉重昌)殿。秋但馬(秋元泰朝)殿。中山備前(信吉)殿。弁南光坊(天海)。拙老(以心崇伝)も罷越候」と記しているから（『新訂本光』第四）、徳川頼房《よりふさ》の名代の中山信吉《なかやまのぶよし》も加えると（『史纂源』第一）、少なくとも当初は合計十一名が山頭に赴《おもむ》いたことになる。ほかにどのような者が久能山へ向かったと思われるかは、後ほど検討する。

さて、その久能山上における普請の結果、梵舜の日記の元和二年四月十九日条の記述によると、まず次のような施設が造られている（『史纂舜』第五）。

> 仮殿作、座次三間四方ニ立ツ、井〔斎〕垣・鳥居・双灯炉ニツ立、次遷座也、亥刻、左右絹幕ヲ引也、延導〔筵道、以下同ジ〕絹布ヲ敷也、仮

殿ヨリ廿五間斗也、絹布廿二帖、延導絹布十端也、

すなわち、三間四方（約五・四五メートル四方）に座があり、斎垣《いがき》と鳥居、二つの双灯炉《ふたとうろ》を備えた仮殿《かりどの》が造営され、亥刻《いのこく》（午後十時頃）に遷座が行われたとある。左右に絹で幕が張られ、遷座の道筋には白絹が敷かれた。仮殿から二十五間ばかりとあるから、約四十五・四五メートルを絹の幕で引き、用いられた絹の布は二十二帖、道筋に敷いた白絹の布地は十端であったという。その仮殿から御霊が遷座するのだが、その遷座する先には社殿があったはずである。その社殿とそこでの祭儀について梵舜は、同じく日記の元和二年四月十九日条で次のように記している（『史纂舜』第五）。

（底本ナシ、内本ニヨリ補フ）久能本社事、

御社西、

御弓、御矢、楯、鉾、此役者狩衣、

（イ本物）神前西、散米、加賀守 御鏡、弥兵衛 御幣、榊原内記持也、レイ予 鈴、御輿、供奉 烏帽子上下

御弓、御矢、楯、鉾、同、

右此作法也、御幣ハ榊原内記（清久、のち照久）持之、鈴ハ予（梵舜）振之也、閑々儀式、灯明已下ヲシメシ遷座

也、
次内陣出来之時、悉掃地〔除〕申付、次鏡ヲ内々陣ヘ納之、散米悉以太麻ヲ秡之、御鏡ヲ予
奉納也、
次御神供一膳、後菜六膳也、後菜卅六味也、皆精進也、
次机立、軾絹ヲ敷、備〔供、以下同ジ〕神供也、内記ヘ作法申付也、
次三種加持、
次三種太秡、百廿座誦之、
次祝戸〔詞〕降文、
謹白、元和二年卯月十九日亥時、撰定天吉日良辰乎、太政大臣従一位源朝臣家康〔徳川〕公乃
御形像〔儀〕乎、駿州有度郡久能乃奉葬高嶺仁、備御神供・後菜乎、此状乎安介久鎮座弖、天下
静謐、弥繁昌、長久乃基乎守利坐与、恐美毛奉申、辞〔ママ〕別仁申佐久、自然参集中仁不心不
浄乃者在止毛、御広幾御心恵於以天、守護幸給倍止、恐美恐美毛申須、
次二拝、
次拍手、
次退下、
次奉幣、両段再拝、榊原内記作法之義、教申也、

次年寄衆各一拝、本多上野（正純）・土井大炊（利勝）・安東（藤）帯刀（直次）・鳴（成）瀬隼人（正成）・松平右衛門（正綱）・板倉内膳（重昌）・秋本（元）但馬（泰朝）、於内陣在之、予可然之由申入也、
其夜各府中へ帰也、

本社には弓矢や楯《たて》、鉾《ほこ》を持った狩衣着用の役者がおり、神前には米と鏡、幣《へい》、鈴、輿が用意され、それぞれ榊原清久《さかきばらきよひさ》や梵舜らが手分けして奉持している。幣を榊原清久が持ち、梵舜が鈴を振る中、灯りが消され、遷座となった。梵舜によって内々陣に奉納された鏡が御霊代であろうから、それに対して精進の供物が捧げられ、その作法を梵舜が榊原に指示している。その後、加持祈禱が行われ、祝詞《のりと》が読み上げられた。文中に「太政大臣従一位源朝臣家康（徳川）公乃御形像（儀）乎、駿州有度郡久能乃奉葬高嶺仁」とあるから、家康の遺体が久能山に葬られたことは間違いないだろう。大河直躬は「遺骸は地中深く葬られ、その前面か、あるいは真上に、さきの三間四方の仮殿が造営されたと考えるのが適当であろうと思う」としている［大河一九七二a］。だとすると、家康の遺体が葬られた仮殿付近から、御霊は鏡に遷され、絹の道を通って本社に遷座したものと思われる。

この時に造営された本社について、以心崇伝は「元和二年四月二十二日付板倉勝重宛以心崇伝書状案」で「右之御神所。猶以御社頭御拝殿。其外御造営御普請等。きらひやかに出来

候而。其後各社参候様ニ。先其間ハ久能之山下ニ御番被付置。人之出来御法度ニ候。」と記しているから、見た目にも立派なものが急ぎ造られたようであり、その後の造営工事期間中は人の出入りを禁じる措置がとられた（『新訂本光』第四）。社殿の造営について、梵舜は日記の元和二年四月二十二日条で次のように記している（『史纂舜』第五）。

　次久能御社作之事、大工大和（中井正清）ニ被仰付義也、次社殿之事、大和方申来、注文遣也、
　一、本社大明神造、千木《ちぎ》・堅魚木《かつおぎ》アルヘシ、次拝殿、次巫女屋、次神楽所、次舞殿、次御厩、次御蔵アセクラ（校倉）也、次神籬、次楼門、次材木之事、次杣入之事、已上十四之数歟、

これは、梵舜が久能山における社殿の造営工事について、秀忠が中井正清《なかいまさきよ》に命じたことと、中井から造営のことを申し伝えられたので、自らも中井に注文を申し遣わした時の内容を記したものである。

大河直躬は、この記述のうち、本社の建築様式を指して梵舜が「大明神造《だいみようじんづくり》」と記していることに注意を喚起している。すなわち、大河は「大明神造という社殿の様式の名称は、日本建築史上では他に用例が見当らず、したがってその示す内容を確実に知ることはむづかし

い」としながらも、「筆者の梵舜は吉田神道を伝える吉田家の一族であり、当時、豊臣秀吉を祀る豊国廟の供僧であったことと、また大明神といえば豊国大明神がその代表的存在であったことを参考にすると、豊国廟に用いられた「石の間づくり」のような様式を指すものと推定される」とし、「「石の間づくり」は、現在は東照宮にちなんで「権現づくり」と呼ばれることが多いが、当時の「権現づくり」は別の社殿形式をさしていた」といい、「この梵舜の原案に従ってつくられたと考えられる現在の久能山東照宮の本社の建築様式についてみても、石の間づくりであることのほかには、とくに他の神社本殿と異なる間取や屋根や建築構造の様式を見出せない」から、「もし、大明神造を直接に豊国廟本社のような様式という意味に理解すると、そこには石の間づくりであることのほかに、装飾性の豊かさということやそのほかの要素も含めて考えることができよう」としている［大河一九七二a］。また、大河は実際には巫女屋が造営されず、文中にはない本地堂《ほんじどう》が造営されたことにも注意を促し、「梵舜による当初の社殿群の構成についての案と後の造営で実現された社殿の構成との相異は、これ以後の造営にとってかなり重要な問題を含んでいる」とする［大河一九七二a］。

いずれにせよ、本格的な造営工事はこれからであったが、その後、梵舜らは二拝《ぐぶ》・拍手をして退き、次に梵舜が榊原に指南して奉幣が行われた。そして、久能山まで供奉してきた者のうち七名がようやく拝礼し、彼らは未明にかけて下山して駿府に戻っている。

久能山下山後の天海の行動と京都の情勢

以心崇伝は「元和二年四月二十二日付板倉勝重宛以心崇伝書状案」で、「厳重之御作法共相済候而。廿日之暁《(元和二年四月)》。各帰府候。右之御年寄衆。何も拙老《(以心崇伝)》所へ御出候而。朝食参。従其西之丸へ各出仕ニ而候。我等《(以心崇伝)》も同前ニ出仕申候。」としているが（『新訂本光』第四）、『本光国師日記』の元和二年四月二十日条には（『新訂本光』第四）、

一同廿日之暁。年寄衆。金地院《(以心崇伝)》。各同時ニ駿府へ帰。
一同廿日之朝。於金地院《(以心崇伝)》振舞風呂在之。本上州《(本多正純)》。安帯刀《(安藤直次)》。成隼人《(成瀬正成)》。松右衛門佐《(松平正綱)》。板内膳《(正、板倉重昌)》。秋但州《(秋元泰朝)》。土井大炊助《(頭、利勝)》。酒井雅楽頭《(忠世)》。安藤対馬《(重信)》。長谷川左兵衛《(藤広)》。茶四郎次《(茶屋四郎次郎清次)》。栄任。中山備前《(守、信吉)》。福阿弥。道春《(林)》。伊丹喜之助《(康勝)》。加藤助右衛門。中井大和《(守、正清)》。《(ママ)》甲斐庄《(正房)》喜右衛門。右之衆来臨也。

という記述がある。これによると、以心崇伝は下山してきた者たちを風呂と朝食でもてなしたようである。その振舞を受けた面々が久能山上にいた面々であろうから、前述の十一名よ

りも多数であったことがうかがわれる。また、実際には『イギリス商館長日記』の一六一六年六月十六日条・和暦で元和二年五月十三日条に（『日本関係海外史料　イギリス商館長日記』訳文編之上）、

私（リチャード・コックス）は我々の通詞をセミ殿（佐川信利）及びタカモン殿（松浦重忠）のところにも派遣して、彼等に帰国の祝辞を述べ、かつ彼等の御手隙のさい私は訪問しに行きたい旨を告げさせた。セミ殿は私に、老皇帝（徳川家康）が二六日（一六一六年五月二十一日・元和二年四月十七日）以前に死去したことは確かであること、彼（佐川信利）は彼○老皇帝（徳川家康）。が埋葬される場所も見たこと、またションゴ様○（徳川）秀忠。は人々が彼○老皇帝。の死去したのをその目で見ることができるよう態々そうしたことを伝えさせた。

とあるように、肥前国平戸《ひらど》の松浦家の家臣である佐川信利《さがわのぶとし》も久能山における家康の埋葬場所を見たと述べており、この後しばらく四月二十二日から四月二十五日かけて将軍秀忠や家康の子供たち、そして女中らの参詣が続くから（『史纂舜』第五）、諸大名の関係者も久能山へ登山した可能性はある。

だが、ここでは四月二十日朝の以心崇伝の振舞対象者の中に、天海と梵舜がいなかったことに注意を喚起したい。梵舜については、以心崇伝の日記の元和二年四月二十日条に「一同

日。神龍院（梵舜）卯月廿日之状。久能ゟ来。今度　御遷宮無事ニ相済。満足之由之書中也。札を付。籠具へ入置。則返書遣ス。」とあるから（『新訂本光』第四）、下山せずに久能山に残っていたことが確認できる。梵舜がその後の参詣者への対応などにもあたってから、駿府に帰ったのは元和二年（一六一六）四月二十五日であった（『史纂舜』第五）。ということは、久能山から下山した者のうち、以心崇伝の振舞を受けなかった人物は天海のみということになる。これは何を意味するのであろうか。

いずれにせよ、梵舜が以心崇伝に満足の意を示していたように、ひとまず久能山における家康の祭祀は無事に終えることができた。祈禱のための装束すら駿府に持参していなかった梵舜だが、何とかこのように大規模な天下人の祭祀を執行したのである。そのことはいち早く各地にも知らされた模様だが、青蓮院門跡の尊純法親王は日記の元和二年四月二十八日条に次のようなことを記している（『尊純法親王御記抜書』宮内庁書陵部所蔵原本）。

一、相国（徳川家康）御訪無之、仍自諸家不及使者之沙汰云々、相国御改名
　源尊《高》院殿従一位《品》大相国大居士神儀
　元和二年四月十七日巳刻被薨
　即日収久野（能）云々

この段階で家康は久能山において神として鎮まっていたが、神号についてはのちの東照大権現号に関心が集まるあまり、従来の研究では東照大権現号が宣下される以前の家康の神格がいかなるものかについては不明であった。しかし、尊純法親王は院殿大居士《いんでんだいこじ》という最高の戒名《かいみょう》に「神儀」の語を付した名を記しており、それを「相国（徳川家康）御改名」と称している。「改名」は戒名のことを指すのかは不明だが、これは従来知られていた増上寺などで用いられた戒名とは異なるものであり（『大日本史料』第十二編之二十五の元和二年五月十七日条）、また尊純法親王のみがこのように称したというわけでもなく、少し文字に異同はあるが、壬生孝亮の日記の元和二年四月二十八日条にもこの「改名」のことが記されている（『孝亮宿祢記』四、宮内庁書陵部所蔵取要本）。

駿河大御所（徳川家康）改名源高院殿従一品大相国居士神儀
（元和二年）四月十七日巳尅他界

ということは、東照大権現号の宣下よりも前に、京都では独自に家康の「改名」を行うことで菩提《ぼだい》を弔《とむら》おうとしていたことになろう。このことは、のちの東照大権現号の登場過程における宮中の立場を考察するうえでも重要な事柄であろうと思われる。

第四章　徳川秀忠による家康の神格の決定

神龍院梵舜への尋問

元和二年（一六一六）四月二十四日、徳川秀忠は駿府から江戸へ出立《しゅったつ》し、梵舜は四月二十五日に久能山から下山して駿府城下へと戻ってきた（『史纂舜』第五）。ところが、梵舜は日記の元和二年四月二十六日条で「土井大炊（利勝）、金地院（以心崇伝）へ書状ニテ、予（梵舜）江戸へ罷越之由候間、俄令用意、未刻ニ上原一宿」と記しており（『史纂舜』第五）、土井利勝から以心崇伝を通じて休む間もなく江戸へ下向するよう命じられている。四月二十七日には三嶋で以心崇伝と合流した（『史纂舜』第五）。いっぽう、秀忠は四月二十七日に江戸へ帰還している［藤井一九九四］。梵舜が江戸に到着したのは元和二年五月一日で、日記には「武州江戸之本城之町屋、駿河町屋ト云所ニ宿借」とある（『史纂舜』第五）。

その二日後の五月三日、梵舜は以心崇伝の振舞からの帰路、本多正純・土井利勝・安藤重信と会っているが、その後、梵舜の旅宿に、公儀からの内談のための使者として星野《ほしの》閑斎《かんさい》と林《はやし》永喜《えいき》が訪ねてきた。次の史料は、その時の模様を記した『舜旧記』の元和二年五月三日条である（『史纂舜』第五）。

本多上野（正純）・土井大炊助（頭、以下同ジ）（利勝）・安東（藤）対州（重信）、金地院（以心崇伝）依振舞、帰路ニテ及面也、次閑斎（星野）・永喜（林）両人、公義（儀、以下同ジ）ヨリ御内談之御使ニテ、権現ト大明神ト上下之劣烈（差別カ）尋被申也、上下之差別ハ無之由申也、サレトモ権現ハ、諾尊・冉尊両神之号也、明神ハ鳥備申候ヘハ、明神潔斎参詣自由也、殊相国（徳川家康）官位相当之神也、尤大明神可然之由申渡也、

星野と林のもたらした公儀の内談とは、家康の神号について、権現号と大明神号との間に上下や優劣の差はあるのかという問い合わせであった。梵舜は、両者の間に差はないと答えたが、「サレトモ」としたうえで、権現号は伊弉諾尊《いざなぎのみこと》・伊弉冉《いざなみの》尊の神号であり、明神号は供《く》物《もつ》なども自由で徳川家康の官位にも相当する神であること、家康には大明神号が適しているいと申し渡したという。

ここで梵舜は、権現号と大明神号とが比較されていることにもう少し敏感になるべきであった。すでに家康の祭祀を唯一宗源《ゆいいつそうげん》神道によって自ら執行していながら、家康の病没から十七日目に、突如として権現号が話題に上ってきたことの背後に何が起こっているのか、梵舜は警戒するべきであったろう。そして、少し時間が経過してから、さすがに梵舜もおかしいと思ったようで、この時の問答の模様を、駿府城下の浅間神社の神職である新宮左近に書き送っている。その時の史料が、『大日本史料』第十二編之二十五では「狩野亨吉氏所蔵文書」

として翻刻・引用され、現在は一般財団法人石川武美記念図書館成簣堂《せいきどう》文庫に所蔵されている次の「梵舜書状」である。

「(端裏書)
神竜院(梵舜)」

一書申候、

当月三日(元和二年五月)ニ閑斎(星野)ト永喜(林)両人、我ホ旅宿へ被参相尋趣候、

一権現ト大明神トハ勝劣候ヤト尋候、予(梵舜)返答云、権現神代之名神、伊弉諾、伊弉冉両神之号候、余之《ヨノ》神ニ此号無之事、次両人(星野閑斎・林永喜)申サレ候ハ、山王権現、箱根権現トハ申ゾト尋候、予返答云、山王ハ日吉之事候、日吉権現トハ当家ニ此号覚不申候、箱根ハ定而冉尊ニテアルヘキヤ、是ハ不存候由申候、殊ニ権現ニハ、始テ神号付マイセ(ラ脱カ)ラレ候事、先例不存候、殊ニ魚鳥五辛已下不備候ヘハ、勝劣モアルヘキカト申候、

一大明神之号先例数度ニ候、殊　相国様(徳川家康)官位相当候、魚鳥五辛不苦備申候ヘハ、大明神号可然候由申候、右之理ハ如此、兎角　上意次第之由申上候、

一第一久能ニ本社立申候ヘハ、日光ハ次ニ罷成候由ニテ、南光(南光坊天海)モ方々御内衆ヲモ頼申才覚候由候、是非ニ権現候ヘハ、仏家ノ理運之由ニ罷成とて、種々申沙汰候、増上寺御訪

ニ取紛、先ニ沙汰モ閣候、相替事候者、後便ニ可申候、以上

この書状には端裏書《はしうらがき》に「神竜院」とあって差出《さしだし》が梵舜であることは明らかである。宛名はないが、一般財団法人石川武美記念図書館成簣堂文庫に所蔵されている「神龍院梵舜書状」五通として包紙で一括されており、三通が新宮宛、一通が新宮に託された榊原清久宛（これが含まれているということは、新宮は梵舜から託された書状を榊原に渡さなかったと考えられる）、残り一通が本書状であるから、本書状も新宮宛と推定される。また、本書状には日付もないが、文中に「当月（元和二年五月）三日ニ」とあるから、元和二年（一六一六）五月中の書状であることは動かないであろう。

ここからは、前引の『舜旧記』における記述よりも詳細に、星野・林との問答の様子がわかる。星野と林は、権現号と大明神号の由来や両号に差異はないという梵舜の返答をうけ、さらに権現号について、山王権現、箱根《はこね》権現と称するではないかと問いかけたようである。これに対する梵舜の答えは、山王は比叡山《ひえいざん》の麓《ふもと》にある日吉社《ひえしゃ》に祀られる神だが、日吉権現という神号は吉田家では知らず、箱根権現はきっと伊弉冉尊のほうではないのかとしつつ、これもわからないというものであった。そして、とくに権現という神号をお付けするという先例は知らず、供物に制限があるから、そういう意味では大明神号との間に優劣はあるので

はないかと付け加えている。さらに梵舜は、大明神号をお付けする先例は数回あり、とくに徳川家康の官位との相当（釣り合い）も適切で、供物に制限もないことから、大明神号がよいのではないかと述べ、あとは上意次第であるとした。

追い込まれる神龍院梵舜

梵舜は、権現号と大明神号との決定的な差違や権現号とは何かという問題に答えられなかったというべきであろう。そして、星野と林の背後に天海のあること、また、久能山のみならず日光の問題も絡んでいることについては、おそらく五月三日以降にさまざまな方面からの情報が入り、あとで気づいたものと思われる。梵舜としては、久能山に本社が建立されるのだから、「日光ハ次」だという認識の下、天海があらゆる方面に働きかけていることや、ぜひ権現号でということならば、家康の神格は仏教の神になってしまうと話題になっているとは聞いていたものの、この時点でそれ以上の認識はなかった。だから、星野と林からの質問にも「上意次第」と答えたのである。

梵舜は、増上寺での法要に取り紛れて、神号の決定は遅れているようだと述べ、何かあれば連絡すると結んでいる。増上寺での家康の法要は中陰法要《ちゅういんほうよう》であり、その結願《けちがん》は元和二年

（一六一六）五月三十日であったから（『新訂本光』第四）、梵舜としては五月中の動きはないと考えていたのだろう。

梵舜は、この書状を記す前、五月四日には土井利勝に対して星野と林への答えを話したようであるが（『史纂舜』第五）、入れ替わるように天海と慈性が五月六日に江戸城へ登城している（『史纂慈』第一）。秀忠は梵舜の答えをふまえ、天海らと神号の件について協議したのであろう。

梵舜は、どこか安心し過ぎていたようである。『舜旧記』の元和二年五月十一日条では「次金地院（以心崇伝）ヨリ呼来、京都伊州（板倉勝重）ヨリ禁中作法神道之義、吉田ヨリ主之執行、自余申分不謂之由申来、殊神体遷宮ハ、吉田数度仕之由、書状ニテ申来也」と記し（『史纂舜』第五）、以心崇伝経由で板倉勝重からもたらされた宮中における吉田家の神道作法の優位性を確認するのみであった。問題は宮中ではなく、幕府内で進行していたにもかかわらずである。

そして、五月中の動きはないであろうとの梵舜の読みは見事に外れてしまう。元和二年（一六一六）五月二十六日、秀忠は「御城へ南光坊（天海）ヲ被為召、大御所様（徳川家康）ヲ権現御斎可被成候、頓而上洛候へとの事被仰出」た（『史纂慈』第一）。あわてた梵舜は、自らの日記の元和二年五月三十日条に（『史纂舜』第五）、

板倉内膳《(重昌)》・南光坊《(天海)》・永喜《(林)》三人、久能御神号望申ニ上洛也、俄佐吉ヲ差上、書状委細ニ吉田ヘ申上也、則両伝奏《(広橋兼勝・三条西実条)》迄宛之由、可然之由申上也、加様《(斯)》申所ニ此三人板倉周防《(重宗)》下迄被待延引也、

と記し、板倉重昌・天海・林永喜が神号の勅許を求めて上洛することを京都の吉田家へ急報するとともに、彼らの上洛は板倉重宗の江戸下向を待つために延引となったものの、吉田家には武家伝奏宛に申し入れを行うよう使者を遣わした。その後、三名は、元和二年（一六一六）六月十一日に上洛の途に就く（『史纂舜』第五）。

だが、さらに梵舜を追い詰める知らせが届いた。なんと吉田家の当主兼治《かねはる》が病没したのである。『舜旧記』《(元和二年六月)》によれば、その知らせは元和二年六月十五日に「次吉田ヨリ伝介ト云者来、左兵衛佐《(吉田兼治)》、当月五日死去之由申来也」という形で届いた（『史纂舜』第五）。五月三十日に遣わした使者の趣は、おそらく兼治には伝わらなかったであろう。いや、実はすでに梵舜は、日記の元和二年五月五日条に「次左兵衛佐兼治《(吉田)》死去之由申来也」と記しており（『史纂舜』第五）、誤報であったとはいえ、兼治の死亡説を得ていたから、兼治の病状を知っていた可能性が高い。だとすれば、星野・林と質疑応答した後の梵舜の動きは、やや緊張感に欠けていたといわざるを得ない。

梵舜は吉田家の当主ではない。吉田家の唯一宗源神道は、駿府に滞在していた梵舜に祭祀の執行が命じられたことにより、久能山における徳川家康の神格化に関与できたかと思いきや、いま天海による攻勢にさらされている。

梵舜は、五月五日の段階で兼治の病状を知って諦《あきら》めていたのか、それとも打つべき手を知らなかったのかは不明だが、吉田家として天海の新たな動きに対応できる手立てを早く講じるべきであった。五月三日に星野と林を迎えてから、五月三十日までの梵舜の動きの鈍さと、当主の病没という不幸が、徳川家康の神格化における唯一宗源神道の存在感を減じたことは確かであった。

しかし、まだ梵舜は秀忠から帰洛の暇《いとま》を賜っていなかった。兼治の訃報を得ても京都へ戻ることはできなかった。梵舜が秀忠と対面できた日は元和二年六月二十日で、同日の梵舜の日記には「今日、土井大炊助（頭、利勝）ヨリ可登城之由申来、罷出、則御対面、銀子卅枚・単物二ッ・帷二ッ令拝領也」とある（『史纂舜』第五）。六月二十二日、梵舜は江戸を発ち、途中駿府へ立ち寄るなどして七月三日に京着している（『史纂舜』第五）。

帰洛後の梵舜と吉田家による反論

翌七月四日、梵舜は休む間もなく、武家伝奏の広橋兼勝邸を訪ねているが、その時の模様を日記に次のように記している（『史纂舜』第五）。

早朝広橋大納言（兼勝）へ参、単物一ッ・帷一ッ令持参也、久能之義、一々尋也、依而公義（儀、以下同ジ）、別而執奏事候間、当家（吉田家）申分者立間敷之由候、依時不申達義、是非理一円之体也、

梵舜は広橋に、久能山における祭祀と神格の取り扱いについて細かく尋ねた。広橋は、公儀がとくに執奏していることなので、吉田家の申し分は立たないだろうとのことで、場合によっては吉田家への申し達しはないとのことであった。

この時、梵舜が広橋に手渡したと思われる文書の写しが現存している。次の「久能御社之事幷日光ニ被建寺社之事」（『兼倶密奏之写其他』天理大学附属天理図書館吉田文庫所蔵、天理大学附属天理図書館本翻刻第一三一〇号）である。

一、今度久能御社之事、　相国様(徳川家康)任御遺言、神位、公方様(徳川秀忠)神道之義ヲ以テ神位ニ遷座之依御淀、鎮座候、既神地ヲ地引之時モ御年寄衆御出候而被仰付、卯月(元和二年)十九日ニ御神位座則其時ヨリ御神供已下神道作法ニ備申事、于今無退転、同月廿二日(元和二年四月)、将軍様(徳川秀忠)厳重御社参、其外御年寄衆御馬廻衆已下、各御伴也、末代迄万歳之処ニ、南光坊(天海)不謂族巧申、仏名菩薩号頻ニ望申事、無其利(理)、前廉ニ府中之御城ニテ御讃歎之時、不被申上事越度也、次、久能江御形像御移、十七日(元和二年四月)ヨリ十八日十九日一両日之内ニモ　公儀へ不被申上、剰暫後ニ申入事、無其謂、仏名菩薩権現号、無先例欤、日本神国也、争神代風儀、不可遠候哉、痛哉、悲哉、右之通天台へ被仰付者、神道弥相絶之道也、加様申候而、御社預申度ト不非申事候
遷宮神体為当家仕事、往古如此、殊諸社勧請之綸旨、延喜五年之度、日本六十余州へ三千一百卅二神、於吉田斎場所調、神体諸国勧請歴(然)前證文也、此○御理備上分申度之義也

一、日光ニ被建寺社之事、　相国様御遺言之通候由、南光坊被申候処、尤可有其聞モ欤、仏名菩薩権現之事者、仏法之作法候間、如何様ニモ可為望次第欤

一、久能之遷座如先例、当家(吉田家)神道之遷宮被仰付者、日光之仏教者天台へ被仰付者、左右方神道仏教相立ハ天下弥泰平之基也、震旦・天竺・我朝可有此聞、久能・日光両方

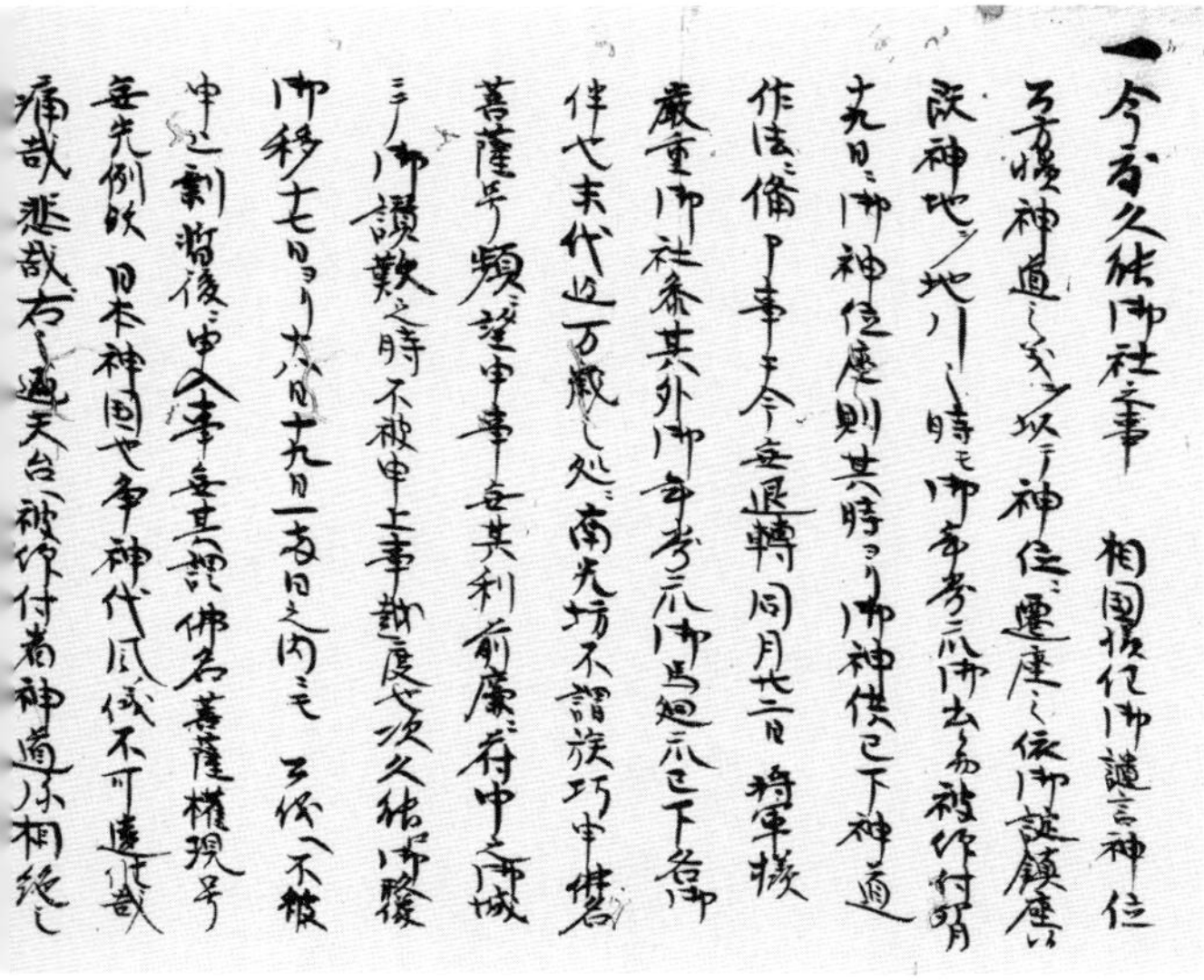

共南光坊望事、邪慾候欤、所詮久能御社者榊原内記《清久、のち照久》任御遺言、社家之社役被仰付者、理前訟訴候、一天四海神国也、此趣謹而預御取成度義也

梵舜が事態打開のために直接久能山のことで要路へ働きかけている場面は、管見のところ、七月四日の広橋との面会のみであり、その際に広橋から吉田家の申し分は立たないだろうと回答されていることから、この時に梵舜は何らかの主張を広橋に行ったものと推測される。文書の末尾が「此趣謹而預御取成度義也（この趣について謹んで取りなしをお願いしたい）」と結ばれているため、この史料の筆者は梵舜で、この史料は彼が武家伝奏の広橋に、吉田家の主張を考慮してくれるよう依頼し

終旨　延喜五年之度日本六十余州三千一百弐二神
於当廟場所調神体諸国勧請歴前證文也御箇
備上分申度之義也
一日光ニ被建寺社事　相国様御遺言之通、依南光坊
被申品処、若有其聞も候、仏名菩薩権現之事者
仏法之作法候間、如何様ニも可為望次第候
一久能之遷座如先例当家神道之遷宮被仰付者
日光之仏教者天台ニ被仰付者左右方神道仏教
相立ハ天下泰平之基也震旦天竺我朝可有之
間　久能日光毎方共南光坊望事邪魔候
不詮　久能御社者梵舜内記但御遺言社家之
社役被仰付者理前訟許候一天四海神国也之趣
謹而預御取成度義也

久能御社之事并日光ニ被建寺社之事（天理大学附属天理図書館蔵）

た際の文書の写しではないかと筆者は推測している。

　この史料は三箇条から成っている。敬語表現を省略して意訳すると、次のようになるのではなかろうか。

①久能山の社については、家康の遺言により、将軍秀忠が神道によって神として遷座すると決め、神位が鎮座している。すでに社地の地引の際にも年寄衆が出向いて指示し、四月十九日に神は鎮座し、その時から供物や祭儀も滞りなく行われている。四月二十二日には秀忠も厳かに参拝し、年寄衆や馬廻衆《うままわりしゅう》なども供奉していた。末永く祭祀が続くと思われたのに、南光坊天海が謂《い》われのない主張を行い、「仏名菩薩号」を

頻《しき》りに望むことに理はない。以前、駿府城で皆が悲嘆に暮れていた時、天海がその主張を述べなかったことは天海の落ち度である。次に、久能山へ家康の「形像」を移したが、四月十七日から十九日までの間のうちに天海が公儀へ意見を述べなかったことも謂われのないことである。「仏名菩薩権現号」は先例がないのではないか。日本は神国である。神代の風儀を争って違《たが》うべきではないのではないか。痛ましいかな、悲しいかな、右の通り天台宗に久能山のことを命じられては、神道はいよいよ絶えてしまう。このように述べるからといって、久能山の社を預かりたいと述べているのでない。遷宮と神体のことは吉田家として行うことであり、古く昔からこのように行ってきたのである。ことに諸社勧請の綸旨《りんじ》は諸国の神体を勧請してきたことを示す歴然の証文である。この道理を述べたいのである。

②日光に寺社を建てることは、家康の遺言の通りであるとのこと、南光坊天海が述べていることは、なるほどそのような聞こえもあるだろうか。「仏名菩薩権現之事」は仏法の作法であるから、どのようにでも天海の望み通りとすればよいのではないか。

③久能山への遷座については、先例のごとく吉田家の神道で遷宮を命じ、日光における仏教は天台宗へ命じれば、神道と仏教が並び立ち、天下はいよいよ泰平となる。内外への聞こえも立つであろう。久能山と日光の両方とも南光坊天海が望むことは邪欲で

はないか。結局、久能山の社は家康の遺言に任せて、榊原清久（のち照久）に社家の社役を命じることが当然である。日本は遍《あまね》く神国である。この趣について謹んで取りなしをお願いしたい。

この史料で梵舜は、天海が家康の神格について「仏名菩薩号」または「仏名菩薩権現号」での神格化を望み、久能山と日光の両方での祭祀の取り扱いをも望んでいると述べており、不明な点の多い天海の主張を知ろうとするうえで貴重な証言である。そして梵舜は、そのような天海の主張は家康の遺体を駿府城から移す前か、または四月十七日から四月十九日に久能山で祭祀が行われている間になされるべきであったのではないかとする。天海の立場に立つと、家康の病没直後や久能山での祭祀の最中に自らの考えを切り出すことは難しかったであろうし（梵舜はそのことをわかっているから、こう述べているのだが）、まずは久能山での祭祀を見ておきたかったということもあるかもしれない。あるいはまた、直《ただ》ちに主張を開陳できるほどに天海の考えが熟していなかったとも考えられる。

梵舜は、久能山の祭祀は神道で行われるべきだという自らの考えの正当性の根拠について、久能山における祭祀が梵舜によって執行されたという既成事実と吉田家の古くからの由緒と経験、そして家康の遺言に求めている。なかでも、家康の遺言については三箇所で登場させている。一つは、榊原清久に社家の社役を勤めさせよと命じた家康の遺言を掲げることで、神道による祭祀の正当性を主張している末尾部分である。この遺言は、まず「東照宮御奇瑞記」に「一　御遺言の事」として収録されているものが該当しよう（『久能山叢書』第二編）。

権現様（徳川家康）薨御の前日、元和二年四月十六日、榊原大内記（清久、のち照久）を　御前へ被為召「御他界被遊候えば、久能山へ可奉葬趣、御廟の地迄委細被　仰付、其方事新肴初物等常々差上げ志深きの思召候。御他界以後も愈久能に被在、如御（ママ）　在世御奉公可仕候。東国の分は、何も御被官大名の事に候えば逆意の輩有之間敷候。後々迄西国方無御心元被思召候、西国発乱無之様に可被為守候間、御宝塔西向に立、社僧四人召居、知行五拾石宛遣、御神前の勤行可仕」旨被　仰付候由。

家康の亡くなる前日の元和二年（一六一六）四月十六日のこととされているが、第二章で確認したように、家康が病没の前日に遺言できる状態であったかは疑わしい。しかし、ここでは清久を御前に召し出して、自らを久能山に葬るよう宝塔の向く方角も含めて命じるとともに、清久に家康存命中と同じように勤仕するよう申し付けたとある。この家康の指示自体は事実のようで、「寛永諸家系図伝」（『日光叢書　寛永諸家系図伝』第一巻）には、

元和二年四月
大権現《（徳川家康）》御不例之時、予《あらかじめ》有御遺言、曰、我《（徳川家康）》若有不諱者、則可築廟於久能山、榊原内記《（清久、のち照久）》平生仕我不怠、我捐館之後、使内記《（榊原清久、のち照久）》如元居久能、以掌神職事之可如事生也云々、本多上野介正純・松平右衛門大夫正綱・秋元但馬守泰朝・板倉内膳正重昌奉之、即与酒井雅樂頭忠世・土井大炊頭利勝・安藤対馬守重信相談、奉告
台徳院殿《（徳川秀忠）》而以　鈞命告照久《（榊原清久）》、且各皆奉
仰曰
台徳院殿於照久可有御懇意云々、

とあり、榊原清久（のち照久）への遺言は本多正純らに行われ、それが秀忠に言上されて、秀忠から家康の遺命として清久に伝えられたとある。また、次の「寛政重《かんせいちょう》修諸家譜《しゅうしょかふ》」巻第百一（『新訂　寛政重修諸家譜』第二）にも、

元和二年四月東照宮《（徳川家康）》薨御ありて、霊柩を久能山におさめたてまつるのとき、仰によりて祭祀の事をつかさどる。これ照久《（清久）》平生奉仕をこたらざるにより、萬歳の、ちこのことに

あづからしむべきよし、御遺言ありしにまかせらるゝところなり。二十五日《（元和二年四月二十二日カ）》台徳院殿久能山にまうでたまふのとき、照久が邸にいらせたまひ、近侍の臣多しといへども、東照宮ことさらにえらびたまひて、この事にあづかるは規模なりといふべし。照久にをいては御疎意あるまじきの旨、仰をかうぶる。三年《（元和）》日光山にうつしたてまつるのとき、霊柩にしたがひたてまつる。

とあって、秀忠が生前の家康の意向を尊重して、清久に久能山での祭祀を任せたことが特記されており、榊原家の墓所も久能山の麓に現存している。

いま一つの遺言は、天理大学附属天理図書館所蔵史料（前掲）の冒頭に「相国様《（徳川家康）》任御遺言、神位、公方様《（徳川秀忠）》神道之義ヲ以テ神位ニ遷座之依御諚、鎮座候」とある部分で言及されている遺言である。家康が自らの遺体を久能山に葬るよう遺言したこと自体は、前引の榊原清久への遺言を記した「寛永諸家系図伝」などでも言及されている。いっぽう、天理大学附属天理図書館所蔵史料では冒頭の遺言と末尾の遺言（榊原清久のこと）を書き分けているから、冒頭の遺言については別の話が想定されているはずである。すなわち、神としての家康が久能山に鎮座することについて、他ならぬ家康が遺言していたとすると、それをふまえて秀忠が「神道之義ヲ以テ神位ニ遷座」の「御諚」を下したという冒頭部分での梵舜の理解のもととなった事実は何かということである。

　まず秀忠の「御諚」は、梵舜が日記の元和二年四月十六日条で「相国《(徳川家康)》之御事、以神道之義、神位ニ駿州久能ヘ遷座之義ニ相定、被仰出也」と記していたことが該当しよう（『史纂舜』第五）。それでは、久能山に神として鎮座するとした家康の遺言についてはどうであろうか。梵舜は、家康に目通りできていないため、彼自身は遺言を聴いていないはずである。

　そして、梵舜が「日光ニ被建寺社之事、相国《(徳川家康)》様御遺言之通候由、南光坊《(天海)》被申候」と述べている点も重要である。伝聞だと明言しながらも、家康は天海に日光での寺社造営を遺言したそうなのだから、梵舜は天海に久能山での祭祀から手を引くよう主張しているのである。果たして家康は天海にそのような遺言をしたのであろうか。

以心崇伝の記す家康の遺言

　家康の側近くで遺言を聴き、書き留めているとされてきた人物は以心崇伝である。例えば、「元和二年四月十六日付板倉勝重宛以心崇伝書状案」（『新訂本光』第四）には、

　一先書如申。任御遺言旨。御躰をハ久能ニ納。神ニ御祝可被成由ニ候。好折節《時節》神龍院《(梵舜)》在

府被申候而。作法共被成御尋候。

一於増上寺御弔御中陰可被仰付ニ付而。頓而増上寺江戸へ可被返遣候旨候。御葬礼ハ有之間敷由ニ候。

とあり、まさに天理大学附属天理図書館所蔵で梵舜の書いたと思われる前引の三箇条の史料の冒頭部分と同じ表現が看取される。しかも、よい時期に梵舜が駿府に滞在していたため、作法のことなどをお尋ねになったとある。これは、『舜旧記』の元和二年四月十五日条に「辰上刻、金地院(以心崇伝)ヨリ公方様(徳川秀忠)御用トシテ書状来、則令登城、神道・仏法両義、御尋之所也」（『史纂舜』第五）とある秀忠からの下問のことを指していよう。また、増上寺で葬儀ではなく、中陰法要を営むように命じられたともある。このような遺言について、以心崇伝は板倉勝重に「先書如申」と記している。その「先書」に該当すると思われるものが「元和二年四月四日付板倉勝重宛以心崇伝書状案」であり（『新訂本光』第三）、そこに記された次の内容が、これまで家康の遺言の内容を示す最も確からしい史料として扱われてきた。

一一両日以前。本上州(本多正純)。南光坊(天海)。拙老(以心崇伝)御前へ被為召。被仰置候ハ。臨終候ハ、、御躰をハ久能へ納。御葬礼をハ増上寺ニて申付。御位牌をハ三川之大樹寺ニ立。一周忌も過候

増上寺大殿（大本山増上寺所有、著者撮影）

大樹寺山門（著者撮影）

て以後。日光山に小キ堂をたて。勧請し候へ。八州之鎮守に可被為成との御意候。皆々涙をなかし申候。

「一両日以前」とあるから、元和二年（一六一六）四月二日か四月三日のことと推定されるが、なぜ以心崇伝が日付を曖昧にしているのかは若干気がかりである。内容は、家康が本多正純・天海・以心崇伝の三名を御前へ召し出し、仰せ置かれたことは、もし家康が臨終を迎えたならば、身躰は久能山へ納め、葬礼は増上寺で申し付け、位牌《いはい》は三河国の大樹寺《だいじゅじ》に立て、一周忌を過ぎた後、日光山に小さな堂を建て、そこへ勧請せよ、「八州之鎮守」になるであろうという意向であった、皆は涙を流した、というものである。

増上寺で行われる法要は、ここでは「御葬礼」となっている。しかし、前引の「元和二年四月十六日付板倉勝重宛以心崇伝書状案」（『新訂本光』第四）では「御葬礼ハ有之間敷由」となっていた。これまで「八州之鎮守」の「八州」については、関八州なのか日本国なのかという議論がなされていたが［倉地一九九六］、その他の文言について、細かな検討はほとんどなされてこなかった。第一章で見たように隠居所や竹千代の元服をめぐっても家康の考えは次々と変わっていたが、家康の遺言についても次第に変わっていった可能性を想定しておかなければならないのではなかろうか。

以心崇伝と天海の対立

おそらく以心崇伝は、板倉に書き送った内容に近い事柄を梵舜にも語って聞かせていたものと思われ、それが前引の梵舜による三箇条の史料にも反映されたのだと考えられる。したがって、以心崇伝も、梵舜と同じように天海を批判する。例えば、「元和二年五月十二日付板倉勝重宛以心崇伝書状案」（『新訂本光』第四）には次のようにある。

一、相国様《（徳川家康）》御ゆいこんの旨ニ而。久能へ納。神ニいわゝせられ。吉田《（兼治）》代ニ先神龍院《（梵舜）》在府故。作法共申沙汰被仕候。御神号ハ重而勅使可在之通ニ御座候キ。然所ニ南光坊《（天海）》何角存分之儀御座候而。少々出入共御座候ツル。拙老《（以心崇伝）》ハ。神ならは吉田可存儀と申候を。南光坊神道をも存知之様ニ被申候ツル。一円我等《（以心崇伝）》ハかまい不申候。（以下略）

敬語表現を省略して意訳すると、家康の遺言によって、家康の遺体は久能山へ納められ、神に祝われたが、吉田家当主の兼治の代わりに梵舜が駿府にいたため、神事の作法を行った。神号は追って勅使があるということだった。そこへ天海が何かと考えがあるとのことで、

「少々出入共」があった。以心崇伝は、神ならば吉田家が担当すべきだと述べたところ、天海は神道をも知っていると主張した。しかし、以心崇伝はまったく気にしていないという内容である。

また、「元和二年五月二十一日付細川忠興宛以心崇伝書状案」（『新訂本光』第四）では、先ほどの以心崇伝と天海との「少々出入共」の様子がより詳細に判明する。

一先面向ハ神ニ被為祝分ニ而候故。御仏事ハ御内々之様子ニ相聞へ申候。神ニ被為祝候ニ付而。拙老ハ吉田（兼治）可仕義と　御前へも申上。幸神龍院（梵舜）在府ニ付而。先取沙汰被仰付候。　御神号幷御位以下。従　禁中（後水尾天皇）被　仰出。其上勅使。上卿以下御下向。其時吉田神主被罷下。御遷宮以下之作法可有之との義ニ候処ニ。南光房（坊カ、天海）被申候様ハ。山王神道とて。別而存知之由候。吉田ハ山王の末社ニ而候なと丶。種々様々被申掠候故。何となく相延申候。拙老（以心崇伝）とからかい候様ニ。世上ニもさた有之由候。定而其地へも左様のさた可有之候。右之様子迄ニ候。御気遣候間敷候。かやう之義。自余へハ中〳〵不申候へ共。貴様ハ内証申候。吉田殿之事ニ候間。為御存知申事ニ候。此比上方ゟ書立参候由ニ候。拙老申候ことく。無相違相聞へ申候。拙老ハ何時も有様ならてハ申間敷候。吉田之神道と被相妨。山王之神道とやらんニ日本国が成可申か。かやうの珍敷義ハ前

代未聞と存候。併公義之御分別。如先規と被思召。御内談と此比相聞へ申候。（以下略）

これも敬語表現を省略して意訳してみよう。すなわち、遺言では表向きは神に祝うということであるので、仏事は内々の取り扱いであるということであった。以心崇伝としては、神に祝うことについては吉田家に任せるべきであると将軍秀忠にも申し上げた。幸い梵舜が駿府にいたので、まずは神に祝うことについて取り扱わせたとある。だから、第三章の冒頭で見たように、梵舜は元和二年（一六一六）四月十五日、秀忠から以心崇伝経由で召し出されて「則令登城、神道・仏法両義、御尋」を受けたのであり（『史纂舜』第五）、さらに翌四月十六日、梵舜は「相国《（徳川家康）》之御事、以神道之義、神位ニ駿州久能ヘ遷座之義ニ相定、被仰出也」と日記に記し、四月十九日以降の久能山上での祭祀も執行できたのであった（『史纂舜』第五）。

そして、以心崇伝によれば、神号と神位などは宮中から仰せ出され、そのうえ勅使と上卿《しょうけい》以下が下向し、その時に吉田家の当主も罷《まか》り下って遷宮以下の作法を行う予定であったところ、天海が申すには、山王神道というものを別に知っているとのことで、吉田の神道は山王の末社であるなどとさまざまに申しかすめるので、何となく結論は先延ばしになっている。天海と以心崇伝がからかい合っているように世間では話題になり、きっとそちらにも聞こえているかもしれないが、この程度のことなので、気遣いは無用である。このようなことは外ではなかなか述べることはないが、あなたには内証で言おう。吉田家のことだから、あなたも知っていることとして言うのだが、この頃、京都から書立《かきたて》が送られて来て（一一三頁掲出の『舜旧記』元和二年五月十一日条のことであろう）、神に祝うことは吉田家の取り扱いであるという以心崇伝の認識で間違いはないようである。吉田の神道を妨げて山王の神道などというものに日本国がなるのだろうか。このような珍しいことは前代未聞である。あわせて公儀においても先例のとおりと考えて、内談していると最近聞こえてきている、という。

ここからは、家康を神に祀ることについて、吉田家の作法以外にはあり得ないと考えていた以心崇伝の姿が確認でき、それに対して山王の神道という論理で対抗しようとする天海の姿が浮かび上がる。しかし、同時にここから判明することは、久能山における祭祀は、その場にたまたま梵舜が居合わせたために行われたものであるということ、しかもその祭祀については、後日、勅使や上卿が下向してくる際、吉田家の当主もやって来て、遷宮の儀式があらためて行われる予定であったということである。ということは、梵舜の執行した祭祀は、あくまでも仮の祭祀であり、未完であったことになる。天海の立場からすれば、まだ介入の余地はあるということになろう。しかし、天海のいう「山王神道」とは何なのか。ここでは、天海が「吉田ハ山王の末社ニ而候」と主張したらしいということ以外、わからない。

菅原信海によれば、「山王神道とは、天台宗における神仏習合思想をもととする神道である。即ち、日吉《ひえ》山王信仰と天台教学とを習合するいわゆる仏家神道説」であり、山王とは「須弥山《しゆみせん》を諸山の第一つまり山王とし、それと同じく『法華経《ほけきよう》』も諸経中の第一である」と考えられるいっぽう、「山王とは元来中国の天台山の鎮守の名とされている」ともいう［菅原一九九二a］。そして、大陸に渡った「最澄《さいちよう》が登った頃の天台山が、仏教の霊地としてばかりでなく、神仙のいます霊境として」捉えられ、「天台山には、神仙《しんせん》も祀られていた」ことから、「最澄は、天台山の神山王に倣《なら》って、比叡の山神を山王と称し奉祀《ほうし》したのではあるまいか」とし、「山王神道の教理内容は、鎌倉時代には成立していたであろう、とされる。それが室町時代に、唯一神道の擡頭《たいとう》によって、一時衰頽《すいたい》したが、江戸時代になって、慈眼大師天海が現れて再興した、といわれる」が、「この山王神道は、やがて天海創唱の「山王一実神道」として、新たな神道に発展していく」と説明される［菅原一九九二a］。

この説明により、最澄が比叡山をかつて自らの修行した天台山に見立てた可能性があること、そこで最澄も天台山の如く、比叡山に神を勧請したと思われること、そこでの法華経を重視した神仏習合思想は中世以降に形成されたと思われるが、唯一宗源神道に敗北した経緯があり、その再興と発展は近世の天海を待たなければならなかったことが認識されよう。だとすると、天海が唯一宗源神道の吉田家に対抗し、家康没後の神格化の過程で勝負に出ていることの意味も少しは了解されるのだが、その点について考察は後ほど行う。

前述のように、元和二年（一六一六）五月十一日に板倉勝重からの情報として、梵舜へ「禁中作法神道之義、吉田ヨリ主之執行、自余申分不謂之由申来、殊神体遷宮ハ、吉田数度仕之由」を伝えていた以心崇伝であったが（『史纂舜』第五）、上洛した板倉重昌・天海・林永喜の三名は、なかなか江戸へ戻ってこなかった。宮中が門前払いしたのならば、すぐに帰らざるを得ないだろうが、前引の梵舜に対する武家伝奏広橋兼勝の発言も考慮すると、そうでもなさそうである。「元和二年七月十九日付細川忠興宛以心崇伝書状案」で以心崇伝は、当時の心境を次のように記している（『新訂本光』第四）。

一神道之儀ニ南光坊（天海）。板内膳（重昌）なと上洛。于今無下向候。上方ニ而之取沙汰。定而烏丸殿（光広）ゟ可被仰入候。吉田（吉田兼英・萩原兼従）ゟも可有御左右候間。具ニ可被聞召候。色々之出入共候而。咲止成儀ニ候。（以下略）

以心崇伝には、いったい上方で何が起こっているのか、まったくわからなかった。当時の吉田家の当主は兼治の息兼英《かねひで》であったが、宮中の祭祀などは「吉田（兼英）家依未元服、為吉田代官萩原（兼従）奉仕之」という状況であった（『孝亮宿祢記』五、宮内庁書陵部所蔵取要本、元和四年十一月九日条)。天海たちの動きが上首尾であるのか、まだわからない。しかし、吉田家側の対応がうまくいっていないことは、さらに明らかであった。

第五章　徳川家康の遺言をめぐる真相

天海は何をどのように主張したのか

以心崇伝や梵舜が批難したように、なぜ天海は久能山における唯一宗源神道による祭祀が執行された後であったにもかかわらず、家康の神格化の方法をめぐり、新たな問題提起を行うことができたのだろうか。

確かに、久能山において梵舜の執行した唯一宗源神道による祭祀が未完であり、神号を宣下して遷宮を挙行する勅使・上卿と吉田家当主の下向を待たなければならない状況であったことは、天海の介入そのものを可能にする条件の一つではあったろう。しかし、その祭祀そのものを根底から否定しかねない天海の発言が許容されるには、その内容が秀忠など政権の枢要部も納得できるものでなければならなかったはずである。

天海が具体的にどのような発言をしたのかについては、いくつかの史料にその内容をうかがわせる記述がある。例えば、『三十輻』の「緒言」に安井《やすい》算哲《さんてつ》の記録をもとに編まれたとある『新蘆《しんろ》面命《めんめい》』上は、天海の発言について、次のような説明をしている（『三十輻』第二）。

南光坊（天海）高才利口、人の説を屈する事如神、権現様（徳川家康）を日光へ鎮座の時、吉田より勧請すべきよし申上候時、南光坊申され候は、勧請の伝は此方にあり、吉田が何を知てなどとこなし被申候、其伝は如何と尋候得共、忝も後陽成院様より伝来候由対申され候、是虚説にあらず、子細は大坂陣の時、秀頼《（豊臣）》討候様に院宣下され候へと権現様より再三御願なされ候へども事ゆかず、依之権現様殊之外腹立なされ、扨々悪き王なり、隠岐国へ移すべしと仰られ候へど、其時老中近習悪敷とはしりながら、御機嫌を恐れ一言申上る人なし、已に事珍事に可及所、南光坊すゝみ出、殿《（徳川家康）》大にあやまれり、今院《（後陽成上皇）》を隠岐国に移さば、譬如何程の大功を立給ふとも、朝敵といふ大罪不可遁、必々口外し給ふべからずと、大に諫ければ、思召とゞまりぬ、老中大に悦び、ついに天海をして色々きもいらしめ、終に院宣下されたり、依之院様《（後陽成上皇）》甚天海をよく思召入られ、何にても望次第に御褒美可有由仰られ候へば、此勧請伝を望けるとなん、賢き振まひ也、又日光を明神とすべきと何も神道者申候時、権現可然と天海申され候、此後具に詮議可仕由台徳公《（徳川秀忠）》仰られ候、依之老中天海へ明神は悪く、権現はよきと申証拠出され候へと再三尋申され候へ共、兎角云はず、ずんと終に只一言申されけるは、明神は悪し、豊国大明神を見やれ、あれが能かと一言申され候、明神遂に止候、権現に成候、箇様なる利口なる人也、天海は本宇都宮の人、蘆名の家に仕て足軽大将し、後に出家し、百三拾余歳に而死す、これによると、天海は家康を日光に鎮座させるところから論じ、吉田家が唯一宗源神道による勧請を提案したところ、天海は勧請の伝法《でんぽう》を持ち合わせていると主張し、吉田家の主張を根拠のないものとした。周囲は、天海のいう勧請の伝法の詳細を尋ねたところ、天海は伝法について後陽成上皇《ごようぜいじょうこう》から伝えられたものだといい、上皇と自身の関係から説き始めたという。すなわち、大坂の陣の際、家康は豊臣秀頼を討つために院宣を請うたところ、うまくいかなかったため、腹を立てた家康は上皇を隠岐《おき》に流そうとした。周囲は家康の怒りを恐れて誰も諫言《かんげん》できずにいたが、天海は、上皇を流罪にするなど朝敵《ちょうてき》となりかねず、そのようなことを口外するものではないと家康を諫《いさ》め、家康も思いとどまった。老中は悦んだが、天海も種々工作し、ついに上皇から院宣《いんぜん》が下された。これにより、上皇は天海を評価し、望み次第に褒美《ほうび》をとらせるという話になったところ、前述の勧請の伝法を所望したという。そして、家康を日光に鎮座させる際、明神号とすべきだと神道を知る者は考えていたが、天海は権現号であるべきだと述べた。徳川秀忠は詳しく詮議《せんぎ》せよと命じ、老中は天海に明神号は悪く、権現号はよいとする証拠を出すよう再三尋ねたが、天海は答えず、ただ一言「明神は悪し、豊国大明神を見やれ、あれが能か」と重々しく述べたという。明神号による勧請の話はなくなり、権現号によって勧請されることになったというもので、天海の利口さが強調されている。

よく読むと、前半と後半の話はつながっておらず、また大坂の陣（冬か夏かは不明）における院宣云々の話も立証は難しいだろう。この話のみで、天海による問題提起を可能とした理由を説明することは困難である。

また、『明良洪範《めいりょうこうはん》　全』の「例言」に幕臣の真田《さなだ》増誉《ぞうよ》が記録したとある『明良洪範』巻五には、次のような話が収録されている。

此頃天海僧正上京せらるゝ事有り、此事は神君《（徳川家康）》未御病気に在らせられざる時、天海僧正を召れ、法華止観の源義、山王神道の玄旨を聞せ給ひ、仰せられけるは、我《（徳川家康）》天下を掌握し、世を秀忠《（徳川）》に譲り、齢ひ七旬に余れば、一事として心に残る事なし、此上は山王一実の神道の奥儀を受て子孫の栄久を保たん事こそ願はしけれ、夫は偏に僧正の誨教によれる所也、伝へ聞く、大織冠《（藤原鎌足）》は藤氏の宗として今にその後裔栄へぬ、鎌足《（藤原）》を摂州河威《（安威）》に葬り、後一年を経て和州多武峯へ遷葬せしと也、彼例に因て、我死なば遺骸を駿河の久能山に葬り、一年を経て野州日光山に遷葬すべし、委細仰せ置れ、幾程もなく御病気づき薨じ給ふ、然るに南禅寺の崇伝《（以心崇伝）》長老遺命の趣にて、本多上野助《（介）》正純と相議して、吉田家庶流宗源の神道を学びし者を召て申談じ、唯一の化義を以て久能山に葬り奉る、翌十八日に台徳公《（徳川秀忠）》には神君の御病気中御側に侍りし者を召て拝させ給ふ、此時天海は左の上座に在り、崇伝は右の上座に在り、時に崇伝御遺命の如く昨夜久能山に葬り奉ると云、天海申けるは、長老《（以心崇伝）》御遺命と申さるれど、其式御遺命には違ひたりと云、崇伝色を起し、御遺命に違ひたるとは如何に、天海曰、御遺命は山王一実習合の神道也、昨夜の式は左に非ず、宗源の神道也と聞く、我《（南光坊天海）》命じ給ひしは然らず、崇伝曰、豊国《（大脱カ）》明神の近例を以て神に祝せん御遺命に依て葬り奉る、然れば唯一の式を以て祭り奉るに何ぞ違ふ事の有んや、天海曰、神君の尊慮は後裔の長久を願はせられしかば、豊国《（大脱カ）》明神の後の如く忽滅亡したる凶例を何ぞ願はせ給ふべき、鎌足公の跡を慕はせ給ふ也、宗源も習合も何ぞ長老知らるべきやと問答数遍に及ぶ、此時、本多正純傍に居たりしが進み出て曰、今日は陪侍の席と云、又哀傷し給ふ時なるに、争論を起す事甚以て不敬也、其罪軽からず、天海を遠島に処すべしとて其座を退かしむ、台徳公にも奥へ入給ふ、夫より天海は遠島の命を待居けるに、何の沙汰もなし、台徳公江戸に帰らせ給ひて後、天海の許へ御使を以申贈らせ給ふは、先日崇伝と問答に及し事、我《（徳川秀忠）》其意を弁へず、此度其意を聞度候へば、御身も江戸へ下向有べしと也、天海大に悦び、早速江戸へ来り、拝謁して神君御直に御遺命有し事共、委敷申上しかば、我《（徳川秀忠）》は神道を学ばざれば、其意を知ず、吾為に其意を語れよと上意故、天海申上らるゝには、神君は元仏道御心を尽させ給ひ、終に神道と其道一つ成る意味を御会得有し故、唯一を用ひ給ずして、山王一実の習合を尊崇在せられて御遺命有し也と申上るに、然らば御身（南光坊天海）上洛し、習合神道を請奉るべし、其本末を知せ給ざる事なればとて、板倉重昌を使者とし、刑部卿法印林永喜を副られける、天海上洛し、委細に奏聞せられけるに、習合の神道も異なる事あらず、殊に山王一実の神道なれば、天台宗の奥旨は我とする所然るべしと倫（綸）言有て、則習合の旧記を下し給はる、其上、神号宣下勅許有べき由、密詔を蒙りければ、天海大に悦び、内々諸司代板倉（勝重）に告て江戸へ達しける、

天海が上洛するところから話が始まっているが、これは在京する家康に天海が会いに行ったということであろうか。大意は、天海から「法華止観の源義、山王神道の玄旨」を聴いた家康は、年齢も七十を過ぎ、天下を掌握して将軍職も秀忠に譲ったことで、自分には思い残すことはない。ただ、あとは偏《ひとえ》に「山王一実の神道の奥儀」にふれ、子孫の栄久が保たれることを願いたいと述べた。これは天海の誨教《かいきょう》によるものだという。家康の台詞と思われるが、家康の伝え聞くところでは、藤原鎌足《ふじわらのかまたり》は藤原氏の祖であって、今もその後裔《こうえい》は栄えている。鎌足は摂津《せっつ》国安威《あい》に葬られた一年後、大和《やまと》国多武峯《とうのみね》に遷葬《せんそう》されたという。この例によって、自身が死んだら、遺骸を駿河国久能山に葬り、一年後に下野《しもつけ》国日光山に遷葬せよ。家康は委細を仰せ置かれて間もなく病気となられ、亡くなった。そうであるのに、以心崇伝が家康の

遺命だといって本多正純と相談のうえ、吉田家の庶流で唯一宗源神道を学んだ者を召し出して談合し、唯一宗源神道の教義で久能山に家康を葬り奉った。翌十八日に秀忠は、家康の病中に近仕した者たちを召し出して拝礼させた。この時、天海は左側の上座、以心崇伝は右側の上座にあったが、時に以心崇伝が「昨夜ご遺命の如く葬り奉った」と言った。天海は「以心崇伝長老、ご遺命と言うが、唯一宗源神道はご遺命とは違う」と言った。崇伝が色をなして「ご遺命と違うとはどういうことか」と言うと、天海は言う、「ご遺命は山王一実習合の神道である。昨夜の祭式はそうではない。唯一宗源神道だったと聞く。私に命じられたことはそうではない」と。以心崇伝が言う、「豊国大明神の近例によって、神に祝おうというご遺命に依って葬り奉った。そうであるので、唯一宗源神道の祭式で祭り奉ることに何の相違があるのか」と。天海が言う、「神君家康のお考えは後裔の長久を願われていたので、豊国大明神のように忽《たちま》ち滅亡した凶例をどうして願われるだろうか。鎌足公の跡を慕われていたのである。唯一宗源神道も習合神道も以心崇伝長老は知っているのか」と。

問答は数遍《すうへん》に及んだ。この時、本多正純は傍《そば》にいたのだが、進み出て、「今日は拝礼の陪侍の席である。また哀傷なさる時であるのに、争論を起こすことは甚だ以て不敬である。その罪は重い。天海を遠島に処するべきだ」と言ってその座を退かせた。秀忠も奥へ入御した。

それより天海は遠島を覚悟していたが、何の沙汰もない。秀忠が江戸に帰った後、天海のもとに使者を遣わして伝言されるには、「先日、以心崇伝と問答に及んだことを私は理解できていない。今回、その意味を聞きたいので、天海も江戸へ下向せよ」ということであった。天海は大いに悦んで早速江戸へ来て拝謁し、神君家康が天海に直接遺命したことなどを詳しく言上したところ、秀忠は「私は神道を学んでいないので、その意味がわからない。私のためにその意味するところを語れ」と上意があった。そこで天海が「神君家康は元々仏道に心を尽くされ、終には神道と仏道が一つになる意味を会得されたので、唯一宗源神道を用いられず、山王一実の習合神道を尊崇されて遺命された」と述べたところ、秀忠は「そうであるならば、天海が上洛して習合神道を請け奉れ。秀忠はその本末を知らないので」と述べ、板倉重昌を使者とし、林永喜を副えられた。

天海は上洛して委細を奏上したところ、習合の神道も異なる事はなく、とくに山王一実の神道なので、天台宗の宗旨を基としていることは当然であるとの綸言があって、すなわち習合の旧記を下賜された。その上、神号を宣下し、勅許するだろうとの密詔も下ったので、天海は大いに悦び、内々京都所司代の板倉勝重に告げて江戸へ連絡した。

この話では、天海が家康から遺言を聴いていたことが前提としてあり、いっぽうの以心崇伝も別の遺言を聴いていたとあるから、両者の正面衝突の様相となっている。すなわち、天海の教えの影響で、家の存続を願う家康は「山王一実の神道の奥儀」を頼みとし、藤原鎌足の例に倣って、自らも一年後に久能山から日光山へ遷葬されることを望んでおり、生前からその意向を天海に語っていたことになっている。いっぽう、以心崇伝も豊国大明神の例に倣って神格化されたいとの家康の遺言を聴いていたことになっており、だから久能山では唯一宗源神道の祭式が採用されたということになっていた。

しかし、この話では、久能山での祭儀が四月十七日のみであったかのような記述がなされており、秀忠の面前での天海と以心崇伝との衝突も四月十八日となっている。また、その十八日に行われたという「台徳公《徳川秀忠》には神君の御病気中御側に侍りし者を召て拝させ給ふ」たことの意味がわからない。四月十八日の時点で家康の遺体は駿府城にないから、この場で発生した問答は、久能山上でのことということになる。しかし、これらのことが史実と相違することは、本書におけるこれまでの検討や後述の内容で明らかである。また、天海と家康との間で天台宗の奥義の伝授はあったとする論者がいるが［菅原二〇一三］、天台宗の奥義の伝授とされる事柄は大坂冬の陣のための密談の場であって山王（一実）神道の伝授もなかったとする論者もおり［辻一九五三］、いまここで論断することはできない。さらに、この話における以心崇伝の主張にあるような、豊国大明神の例に基づいて唯一宗源神道の祭式を採用したとある点も、そのような議論の痕跡を当時の史料からはうかがうことができない。むしろ前章の検討によれば、久能山上において唯一宗源神道の祭祀が執行された要因は、たまたま梵舜が駿府城下にいたからであった。

だが、天下人の神格化に関する直近の先例が豊臣秀吉のみであったことは事実であり、以心崇伝が家康の亡くなる直前に太政大臣への任官を進言した背景には、現任の太政大臣であった秀吉が豊国大明神として祀られた例を意識した可能性があることは前述した。すなわち、もし当時、天下人家康の神格化が比較的早い段階から現実味を帯びて検討されていたならば、秀吉の例を意識しないことのほうが想定しにくいということである。

この話において、天海と以心崇伝との間に共通点があるとすれば、どちらも自身の聴いたとする遺言は当人しか知らないということになっている点である。また、この話における秀忠の立場に立てば、どちらの話も唐突であり、真偽の確かめようがなく、その意味で差はなかったはずである。両者の話の質に差があったとすれば、『新蘆面命』と『明良洪範』の両方にあったように、滅亡した家の神である豊国大明神に倣ってよいのかという問題提起の有無の差でしかなく、神格化を視野に入れていたのならば、そのようなことはさすがに家康の病没までにかなりの時間があったのだから、家康を含む当時の政権枢要者たちも認識し、ある程度の結論を出していただろう。したがって、この『明良洪範』に収録された話も、天海と以心崇伝との論争の実態を示す史料としては採用できない。

天海の発言をめぐる林羅山の証言

いっぽう、生前の家康に仕え、久能山上における祭祀にも立ち会っていた林羅山《はやしらざん》は、『羅山林先生外集』巻六之七（国立公文書館所蔵林家旧蔵本）で次のような話を記している。

元和二年四月十七日巳の時　大相国《（徳川家康）》駿河の城にて薨逝したまふ、御年七十五にならせたまへハ、百不足の八十限にかくれましますとも申へき、兼て仰せられしハ、ひつきをは久能山に納へし、精神ハ日光山に在て八州の護神となり、天下を治め、子孫を補佐すへしと御遺教あれは、やかて久能山に葬り奉り、かりに御廟をかまへ、瑞籬をたて、石壇をつき、長日の礼奠ますかことし、をくりける御馬の三日まて草の葉をさへはます、山中の草木もみる色をうしなふ、かの甲斐の黒駒の科長の陵に哀鳴し、深草の桜の墨染にさけり、古も今さらの様になり、闔国老妣をうしなふかことし、四海物の音をも鳴さす、都に薨奏ありけれは、
内裏・仙院《（後水尾天皇・後陽成上皇）》大におとろかせたまひて、吊賻詔使すてに首途せんとする所に神にならせたまふよし聞えけれは、詔使も下らす、触穢もなしとて恒例の行事やむ事なかりき、

始ハ宗源の神道にて、
我国上古の風儀にまかせ、卜祝のものとりおこなふへかりしを、常ニ仏法を好ミましませハ、いかてか三宝を忌にくむ神にならセたまふへきにや、豊国の社をしてこほちすてたまハんやうにいつも仰られしなと天海(南光坊)僧正しきりに訴申されけれは、将軍家(徳川秀忠)けにもとおほされて、さらは両部習合和光同塵の神になしまひらセ、朝に申、御神号を贈らセたまふへしとそ、使節都へのほりけれは、主上(後水尾天皇)春秋富セましまます、公卿僉儀ありて、大権現にならセたまふ、明年(元和三年)四月、下野国日光山に遷宮あるへきにさたまりぬ

家康の病没をうけ、後水尾天皇と後陽成上皇は驚いて弔問使を派遣しようとしたが、神に祀られるとのことであったので、使者も遣わさず、触穢《しょくえ》もないとのことで恒例の祭祀も行われた。当初は唯一宗源神道で神格化されるはずであったが、天海は生前の家康が仏法を好んでいたとし、どうして三宝《さんぼう》を忌《い》み憎む神にならればならないのかと述べ、生前の家康は豊国社を壊してしまおうといつも仰っていたと述べたところ、秀忠はなるほどと仰って、ならば「両部習合和光同塵の神」として祀り、朝廷に申し上げて神号を贈っていただこうということになり、使者が上洛したので、天皇は年齢を重ねておられ、判断能力があり、公卿も協議して家康は大権現となられた。そして、明くる元和三年（一六一七）四月に日光へ遷宮と

なることが決まったという内容である。

　ここで天海は、秀忠に対して生前の家康の信仰から説き起こしたことになっており、天海の話を聴いた秀忠は、ならば「両部習合和光同塵の神」になるべきだと述べ、朝廷に神号を奏請したことになっている。この話の特徴は、梵舜や以心崇伝が述べていたような、また前引の『新蘆面命』や『明良洪範』にあったような、山王（一実）神道か唯一宗源神道かであるとか、大明神号か権現号かという二項対立的な話になっていない点である。

　というのも、もし秀忠が家康を「両部習合和光同塵の神になしまひらセ」と述べたならば、確かに家康は唯一宗源神道の神ではなくなるが、山王（一実）神道の神でもなくなるからである。「両部」とは、胎蔵界《たいぞうかい》と金剛界《こんごうかい》のことだから、これは真言宗系の両部習合神道の神ということになる。だとすると、生前の家康が豊国社を壊してしまおうと述べていたと天海に言わせているくだりについては、なぜ必要だったのかがわからない。唯一宗源神道を否定するために必要な話だったのか。同時代人の証言としては貴重だが、これ以上の内容の立証は難しい。

徳川秀忠が以心崇伝を冷遇した意味

しかし、その天海が唯一宗源神道を攻撃した具体的方法はともかく、家康の没後、彼の神格化の方法をめぐって以心崇伝との間で論争となったことは、慈性の日記の元和二年四月二十日条に「御城《駿府城》にて大僧正《天海》と国師《マヽ》伝長老《以心崇伝》と、大御所様《徳川家康》ヲ神ニ斎候へとの御遺言ニ付而［　］《ママ》問答候也」とあることからも確かである（『史纂慈』第一）。

浦井正明は、慈性の日記の元和二年四月二十三日条に「南光坊《天海》と同心申候而、するか御城へ罷出、御目見申上候」とあること（『史纂慈』第一）、その翌日に秀忠は江戸へ向けて出発していることから［藤井一九九四］、秀忠の気持ちはこの時に変わったのではないかと推定している［浦井一九八三］。おそらくその通りであろう。果たして、以心崇伝や梵舜に対し、天海が事後に抗弁することができ、なおかつその抗弁に秀忠も納得してしまう状況とはいかなるものであったのか。

従来の研究では、第四章で見た『新訂　本光国師日記』第三の「元和二年四月四日付板倉勝重宛以心崇伝書状案」で以心崇伝が書き留めていた家康の遺言が、最も確からしい内容をもつものであり、それに対して天海の主張は根拠に乏しく、また天海の聴いたという家康の遺言は存在しないのではないかという見解も根強かった。いっぽう、近年このような見方に対して、天海の主張には一定の根拠があり、『上池院日記』などを論拠としながら天海も独自に家康の遺言を受けていたのではないかと見る説も提示されている［菅原二〇一二］。しかし、天海も独自に家康の遺言を聴いていたとする史料については、遺言を聴いたとするのみか、または内容を記していたとしても、後述する『東照社縁起』の真名本《まなぼん》・仮名本《かなぼん》を含め、それらの史料自体、かなり独自の検討を要する史料であるという難点がある。だから、先行研究においては、天海の主張に対する疑義が根強くあったのである。

いっぽう、これまで筆者が気がかりだったことは、例えば、「元和二年六月二十八日付細川忠利宛細川忠興書状案」（『大日本近世史料　細川家史料』一、一二八号）で「金地院《（以心崇伝）》　御前弥遠ク成申候由、笑止千萬ニ存候、いよ〳〵遠だち可申被存候事」と記されたり、「元和二年七月十日付細川忠利宛細川忠興書状案」（『大日本近世史料　細川家史料』一、一二九号）で「伝長老《（以心崇伝）》　御前江被出候へ共、遠々敷由候、次第ニ遠のき可申候事」とされるように、以心崇伝が、家康没後すぐに秀忠から遠ざけられるという事態がなぜ起こったのかということであった（なお、以心崇伝の政治生命が完全に絶たれたわけではない）。

菅原信海も指摘していることだが［菅原二〇一二］、もし以心崇伝の書き留めた遺言が正しく、天海が完全に虚偽を弄《ろう》していたならば、むしろ逆の事態となっていなければならないはずだが、現実にはそのようになっていないのである。

また、以心崇伝と並んで家康の側近であった本多正純も、四月四日の「一両日以前」に、以心崇伝の書き留めた遺言を天海とともに家康の枕もとで聞いていた。しかし、家康の没後直《ただ》ちに、正純が以心崇伝と同じ憂き目に遭ったのかというとそうでもない。確かに正純はのちに秀忠から改易されるが、それは元和八年（一六二二）のことであり、家康没後、約六年間は持ちこたえていたのである。すなわち、次の「元和八年十月六日付魚住伝左衛門尉宛細川忠利書状案」（『大日本近世史料　細川家史料』九、一一四号）には、

一、本上州（本多正純）、先書ニ如申上、最上へ為御仕置被遣候、未被罷帰内昨日（元和八年十月五日）被仰出候ハ、駿河ニ被居候時ゟ　公方様（徳川秀忠）御意ニ不入事共多候へとも、佐渡（守、本多正信）御奉公被申上、其上相国様（徳川家康）御側にも被召仕候条、御知行之御加増も被仰付、心をも被直候哉と御懇ニ被召仕候処、至于今御奉公ぶり不可然候間、佐野（下）宇都宮（河内郡）被召上候通被仰出候、最上之内秋田堺ゆりと申所ニ而、四五萬石ほと被遣由ニ御座候、本多大隅（守、忠純）殿ハ今まてハ身上不苦候、如何候ハんも不存候事、

とあり、秀忠は正純について、駿府で家康に仕えていた時から気に入らない点はあったけれども、父本多正信の奉公ぶりと家康に近仕したことに免じて知行を加増し、心根が治るかと思って親しく召し使ってきたが、今に至っての奉公ぶりは不適切であるから（その内容は「元和八年十月二十一日付魚住伝左衛門尉宛細川忠利書状案」、『大日本近世史料　細川家史料』九、

一一五号に詳しい)、下野国宇都宮の所領を召し上げ、減封・転封するという処断を下している。秀忠は家康の生前から正純に不満を抱いていたし、また家康没後の権力構造の変化も当然あったと思われるけれども、秀忠は正純を直ちに冷遇はしなかった。大名への処遇と僧侶へのそれとを比較することは適切ではないかもしれないが、筆者は、秀忠が正純と同じく、以心崇伝に内心不満を持っていたとしても、直ちに御前から遠ざけるような行動を示すには、それなりの理由があったのではないかと推測している。

そもそも、以心崇伝の書き留めた家康の遺言があったにもかかわらず、なぜ天海は久能山での祭祀が終わった直後に、家康の神格化の方法をめぐって以心崇伝と論争したのか。いや、なぜ論争できたのか。秀忠の面前であったにもかかわらず、天海には何の咎めもなかったのである。以心崇伝が秀忠から遠ざけられたということは、以心崇伝の側に何らかの問題があったと考える方が妥当ではないか。

以心崇伝の記した家康の遺言の再検証

すなわち、家康の神格化をめぐる「大御所様《(徳川家康)》ヲ神ニ斎候へとの御遺言」(『史纂慈』第一、元和二年四月二十日条)とはいかなるものであったのかについて、以心崇伝の書き留めた遺言そのものをも対象としながら、一から検証しなおす必要があるのではなかろうか。

　そのような観点から検討してみると、まず元和二年（一六一六）四月十六日に以心崇伝が板倉勝重に報知していた遺言の内容が正しかったことは、次の「元和二年五月二十一日付細川忠興宛以心崇伝書状案」からもうかがわれる（『新訂本光』第四）。

　一当地増上寺ニて御弔御法事共御執行候。当月（元和二年五月）十七日ゟ相初。晦日（元和二年五月）ニ結願之由ニ候。拙老（以心崇伝）も日々見廻ニ参候。大名衆ゟ御香典なとハ御法度にて。何も不納由ニ候。拙老式之香典さへ納不申候。

　ここでは、遺言でも言及があったように、増上寺では中陰法要が営まれ、それは元和二年五月十七日から始まり、五月三十日に結願の運びとなっていること、香典も受け取っていないことがわかる。また次に示すように、元和二年六月十二日、以心崇伝は土井利勝から、大樹寺における法要では将軍から使者を遣わす方がよいのか、香典はどのようにすればよいのかを尋ねられている（『新訂本光』第四）。

　一同日。土井大炊（頭、利勝）殿ゟ大樹寺ニ而御弔候者。公方（徳川秀忠）様ゟ御使をも被進。御香銭なとをも可被遣かとといニ来。

これに対して、以心崇伝は「元和二年六月十二日付土井利勝宛以心崇伝書状案」で「御位牌立申御寺之儀ニ候間。不混自余御事ニ候」と述べており、大樹寺は位牌を立てる寺院であるから、特別の対応が必要であると答えている。これは、家康が四月四日の「一両日以前」、本多正純・天海・以心崇伝に、大樹寺で位牌を立てよと遺言していたことをふまえた対応であろう。

以心崇伝が聴き、その後の文言の変容をもふまえて書き留めていた遺言は、その限りにおいて間違いのないものであったとするならば、なぜ以心崇伝のみが直ちに秀忠から遠ざけられたのか。そして、天海も、以心崇伝が書き留めた遺言については本多正純とともに聴いていたのである。その天海が山王（一実）神道のことを声高に叫べば叫ぶほど、天海の方が浮き上がるはずであるのに、事実はそのようになっていない。

このような事態を整合的に説明し得るためには、もはや新たな仮説が必要なのではなかろうか。すなわち、まだ後世の私たちは認識できていないけれども、秀忠・以心崇伝・天海の三者は知っているというような、三者が共通して議論を闘わせる土台となり得るまったく別の家康の遺言の存在を想定してみるということである。

そうでなければ、元和二年四月二十日に秀忠の面前で、以心崇伝と天海が家康の遺言をめぐって正面衝突し、その結果、以心崇伝のみが遠ざけられ、天海の言が容れられたという事態は説明できないのである。もちろん、この場合も、家康が天海に別途、遺言をしていた可能性は依然として残される。なぜなら、家康晩年の命令や遺言が次々と変化し得るものであったことは、以心崇伝の日記から明らかであるからである。

新たな家康の遺言の発見

その意味で筆者には、以前から気がかりな史料が存在していた。しかし、これまで筆者はその史料をうまく解釈できず、位置づけられずにいたのである。その史料とは、次の「徳川紀伊和歌山家譜」南龍公年譜・元和三年丁巳・公十六歳（『大日本史料』第十二編之二十六）である。

是春、将軍(徳川秀忠)召直次(安藤)諭曰、初太公(徳川家康)遺命曰、留於久能山三年、受頼信(徳川頼将、のち頼宣)奉祀、然後改窆於日光山、然予(徳川秀忠)哀病、恐不能保三年、欲以今年改窆於日光山、不知頼信意何如、直次還具白之、公(徳川頼将、のち頼宣)攬涙曰、唯命是従、三月(元和三年)、遂改窆於日光山、

これは『大日本史料』第十二編之二十六の元和三年三月十五日条で〔参考〕として掲出されているものだが、内容は、元和三年(一六一七)の春、秀忠が安藤直次を諭《さと》して言ったことには、はじめ家康が遺命で述べたことは久能山に三年留まり、息子の頼信による祭祀を受け、その後に日光山へ「改窆《かいへん》(改葬)」せよということであった。しかし、秀忠は自分が病気がちで、あと三年元気でいられるかどうか不安である。今年すなわち元和三年をもって日光山に家康を改葬したい。頼信がどのように思うかわからない、と。直次は戻って頼信に秀忠の言葉を伝えたところ、頼信は涙して言った、ただ命令に従うのみであると。そして、元和三年三月、遂に日光山へ家康を改葬した、というものである。

この話は、まず家康が没後三年、久能山に留まり、その後に自身を改葬せよと述べたとある点で、従来知られていた遺言とはまったく内容の異なるものである。しかも、久能山で祭祀を行う人物はのちに紀伊国和歌山へと移るものの、家康没後には駿河国駿府の五万五千石を加増された頼信で(『史纂源』第一)、秀忠が自らの健康状態を理由に、三年ではなく一年で久能山から日光山へ家康を改葬すると頼信の家老直次に述べ、直次から話を伝えられた頼信は涙して秀忠の意向に従うと述べたとある。紀州徳川家の家譜に記された話ではあるが、どのように取り扱ってよいものか、筆者は即断できず、そのままとしていた。おそらく『大日本史料』の編者も同じ心境だったのではなかろうか。だから〔参考〕という形での掲出になったものと思われる。

しかし、この話は、徳川将軍家の家族間でのやりとりが記されているという点では、従来とまったく視点が異なり、また時期に照らして、登場人物の名や立場にも誤りがない。本書の問題関心からは、この史料を正しく理解することが必要なのではないかと考え、この新たな家康の遺言を記した関連史料の有無を検討してみた。すると、原題を『御年譜草稿《ごねんぷそうこう》』という、尾張徳川家初代当主の徳川義直《よしなお》が編んだ『御年譜』の草稿本にあたる『東照神君年譜』十（国立公文書館所蔵謄写本、請求番号一五八―三一六、冊次は十一冊目）に、次のような記述があることを見出した。

十五日（元和三年三月）、秀忠（徳川）君欲改葬于日光山
霊柩出久（能）野至善徳寺　初秀忠君召安藤直次于武府、伝命于頼将（徳川頼信、のち頼宣）君曰、神霊（徳川家康）欲三年享頼将之奉祭、而後移于日光山、然三年守成難豫定期、万一為事所阻、恐反有乖　神意、因欲以今年、改遷于日光山、頼将君涕泣奉命、終擧事、神主榊原大内記（清久、のち照久）、導師僧正天海（南光坊）、本多上野介（正純）、土井大炊頭（利勝）、松平右衛門佐（正綱）、板倉内膳正（重昌）、秋元但馬守（泰朝）、成瀬隼人正（正成）、安藤帯刀長（ママ、直次）、中山備前守（信吉）従霊柩
辛巳十六日、霊柩至三嶋　留一日

癸未十八日、霊柩至小田原　留一日
乙酉二十日、霊柩至中原
丙戌二十一日、霊柩至武州府中　留于此一日
戊子二十三日、霊柩至仙波　留于此三日
壬辰二十七日、霊柩至忍城
癸巳二十八日、霊柩至佐野
甲午二十九日、霊柩至鹿沼　至四月三日留于斯地
（元和三年）四月大
戊戌四日、霊柩至日光山
壬寅八日、（ママ、斂カ）歛霊柩於廟塔
戊申十四日、移神於仮殿　宣命使阿野参議藤原実顕
庚戌十六日、移神於正殿　宣命使中御門参議藤原宣衡・奉幣使清閑寺参議藤原共房
辛亥十七日、祭礼

すなわち、元和三年三月十五日条の、秀忠が家康を日光山に改葬したことを述べた箇所における小書《こがき》の部分は、『大日本史料』第十二編之二十六に所引の「徳川紀伊和歌山家譜」南

龍公年譜・元和三年丁巳・公十六歳の話と関連しており、秀忠が江戸城に安藤直次を召し出し、頼将に命を伝えて言うには、「神霊」すなわち家康は三年間、頼将の祭祀を受け、その後日光山に移りたいと思っていた。しかし、三年という期間を守ってあらかじめ時期を定めることは難しく、万一事を阻《はば》むことがあると、かえって神意に対して恐れ多い、よって今年をもって日光山に改遷したいと思う、と。頼将は泣いて秀忠の命を奉じ、ついに改遷が行われたとして、供奉の面々を列記している。そして、家康の霊柩《れいきゅう》が日光へと運ばれていく行程が記されるのである。

ここでは、前引の「徳川紀伊和歌山家譜」のいう秀忠の健康状態への言及はない。しかし、秀忠の命令と家康の遺言については、ほぼ同じ内容と考えてよいだろう。紀州徳川家と尾張徳川家の記録が家康の新たな遺言について同じように言及していることをどのように考えるべきであろうか。

問題は、この秀忠が言及し、頼信（頼将）も承知していたとされる家康の遺言が存在したのかということになろうが、それについては、この『東照神君年譜』十（国立公文書館所蔵謄写本）をさらに遡って検討すると、元和二年四月七日条に次の記述を見出すことができる。

四月小（元和二年）

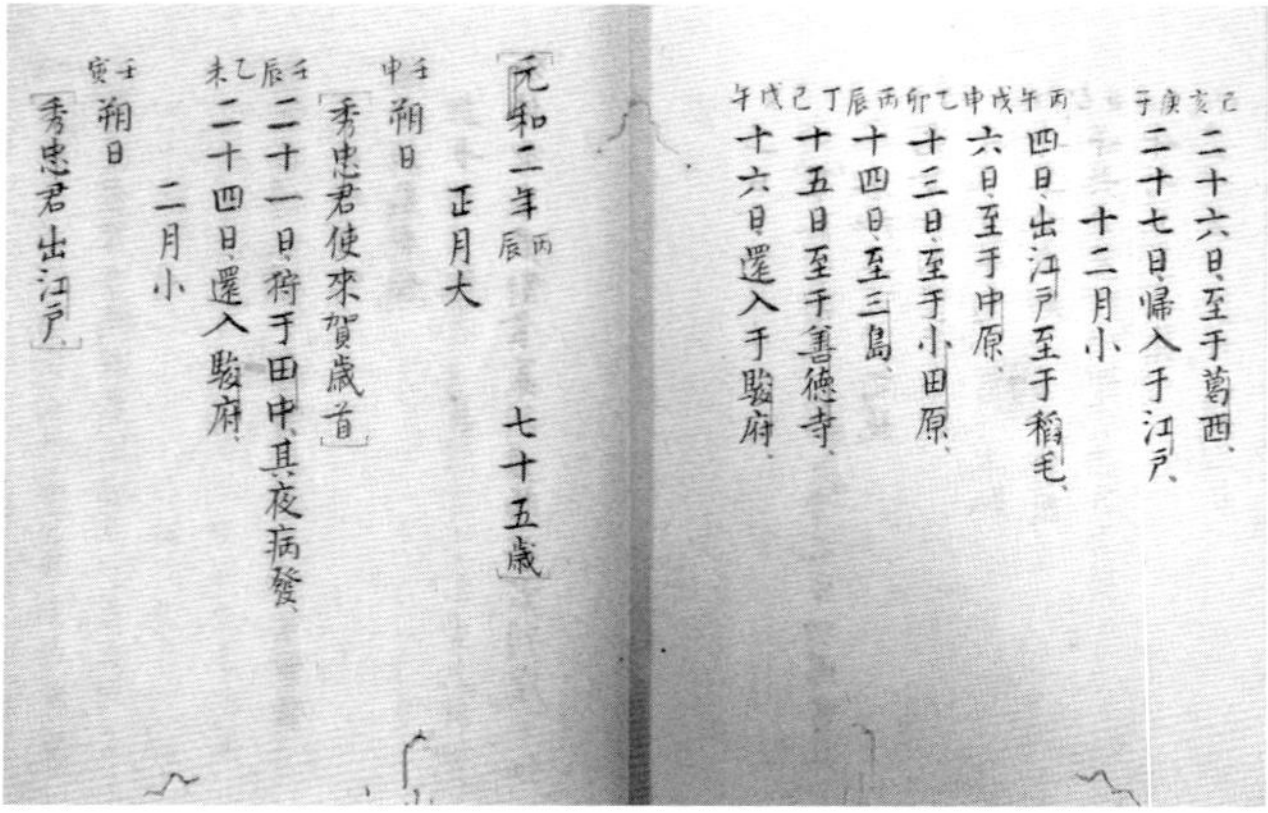

己亥 二十六日、至于葛西、
庚子 二十七日、帰入于江戸、
十二月小
丙午 四日、出江戸至于稲毛、
戊申 六日、至于中原、
乙卯 十三日、至于小田原、
丙辰 十四日、至三島、
丁巳 十五日至于善徳寺、
戊午 十六日還入于駿府、

元和二年丙辰
正月大　七十五歳
壬申 朔日
秀忠君使来賀歳首
壬辰 二十一日狩于田中、其夜病發、
乙未 二十四日還入駿府、
二月小
壬寅 朔日
秀忠君出江戸、

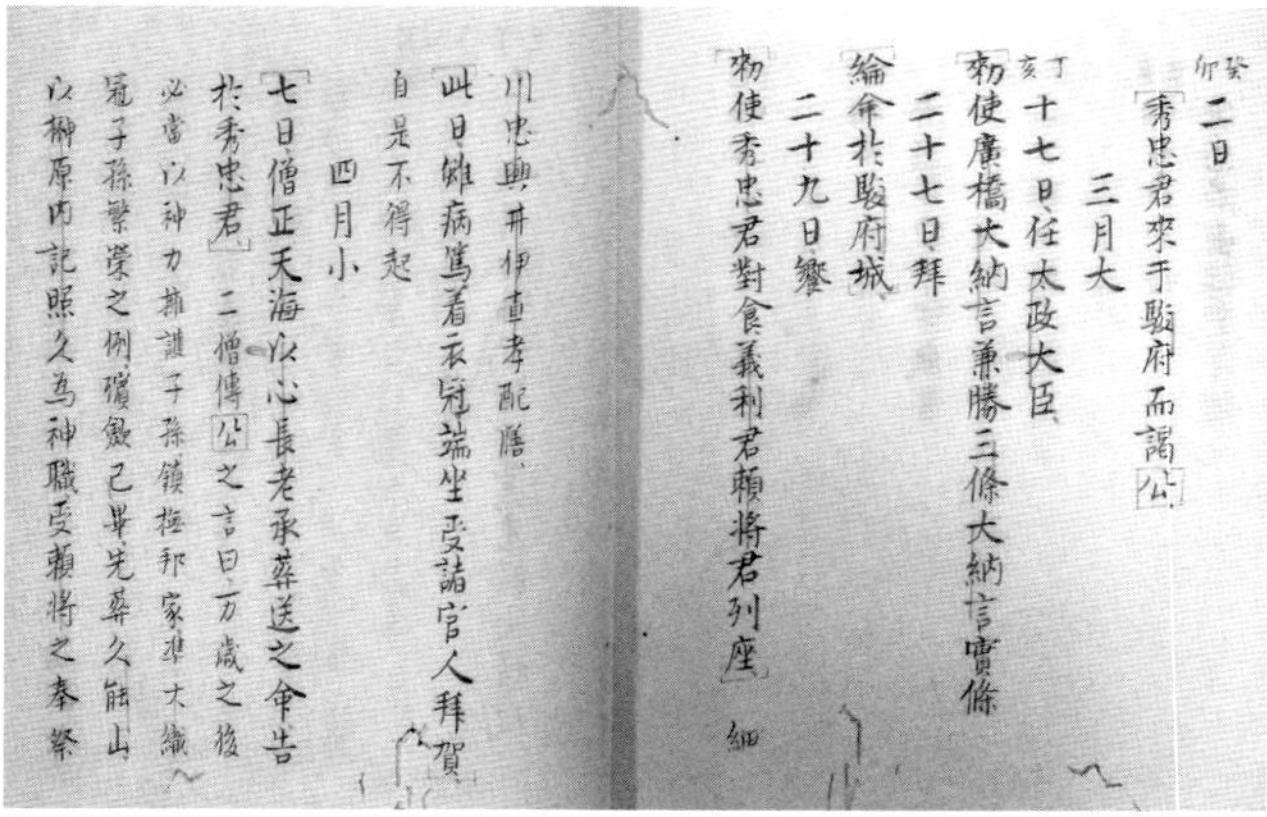

癸卯 二日
秀忠君来于駿府而謁公、
三月大
丁亥 十七日任太政大臣、
勅使廣橋大納言兼勝三條大納言實條
二十七日拜
綸命於駿府城、
二十九日饗
勅使秀忠君對食義利君頼將君列座、細
川忠興井伊直孝配膳、
此日雖病篤着衣冠端坐受諸官人拜賀
自是不得起
四月小
七日僧正天海以心長老承葬送之命告
於秀忠君 二僧傳公之言曰万歳之後
必當以神力擁護子孫鎮撫邦家來大織
冠子孫繁榮之例、殯斂已畢先葬久能山
以榊原内記照久為神職受頼將之奉祭

▶一七一・一七四頁翻刻部分

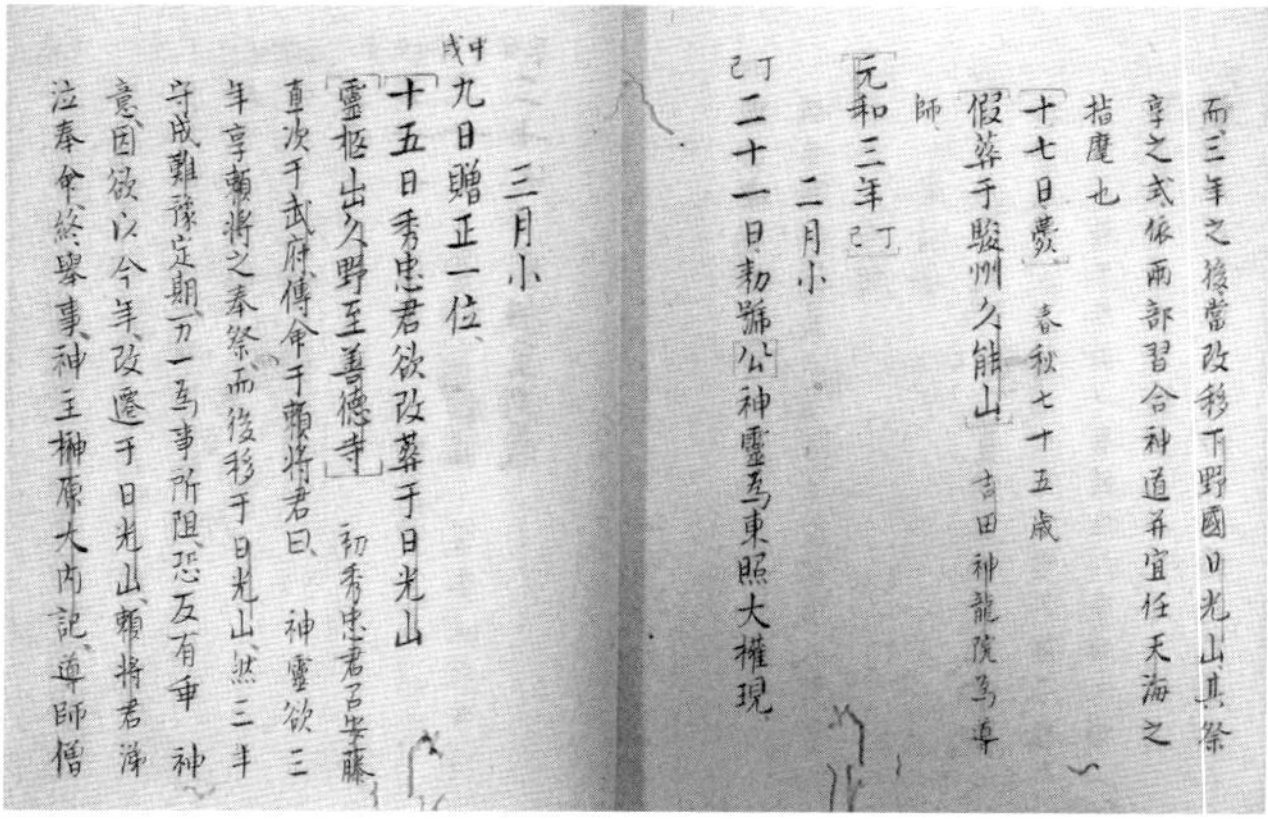

而三年之後當改移下野國日光山、其祭
享之式依兩部習合神道并宜任天海之
指麾也
十七日薨 春秋七十五歳
假葬于駿州久能山 吉田神龍院為導
師
元和三年丁巳
二月小
丁巳 二十一日勅賜公神靈為東照大權現
三月小
甲戌 九日贈正一位、
十五日秀忠君欲改葬于日光山
靈柩出久野至善德寺、 初秀忠君召安藤
直次于武府傳命于頼將君曰、 神靈欲三
年享頼將之奉祭而後移于日光山、然三年
守成難豫定期、万一為事所阻、恐反有乖 神
意、因欲以今年改遷于日光山、頼將君涕
泣奉命、終畢事、神主榊原内記、導師僧

▶一六九〜一七〇頁翻刻部分

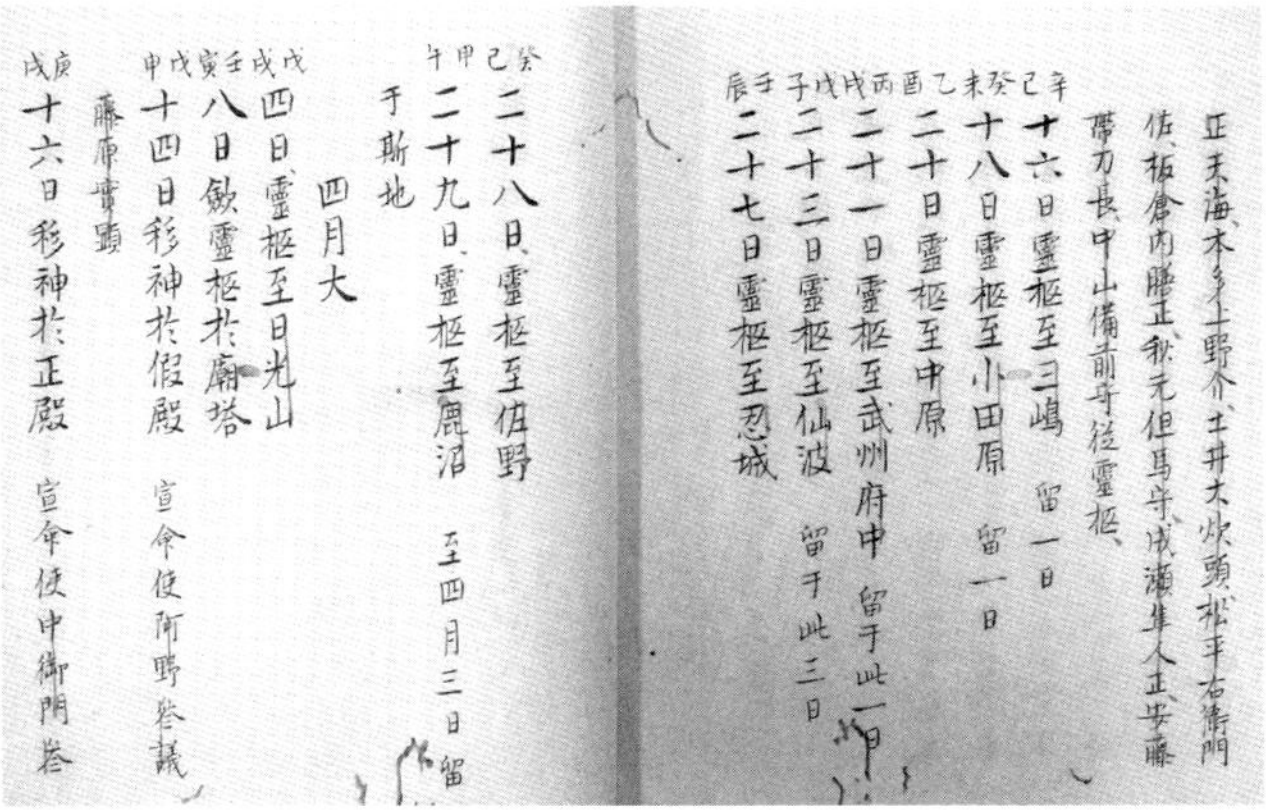
正天海、本多上野介、土井大炊頭、松平右衛門
佐、板倉内膳正、秋元但馬守、成瀬隼人正、安藤
帯刀長、中山備前守従霊柩、
辛巳十六日霊柩至三嶋　留一日
癸未十八日霊柩至小田原　留一日
乙酉二十日霊柩至中原
丙戌二十一日霊柩至武州府中　留于此一日
戊子二十三日霊柩至仙波　留于此三日
壬辰二十七日霊柩至忍城
癸巳二十八日、霊柩至佐野
甲午二十九日、霊柩至鹿沼　至四月三日留
于斯地
四月大
戊戌四日、霊柩至日光山
壬寅八日斂霊柩於廟塔
戊申十四日移神於假殿　宣命使阿野参議
藤原実顕
庚戌十六日移神於正殿　宣命使中御門参

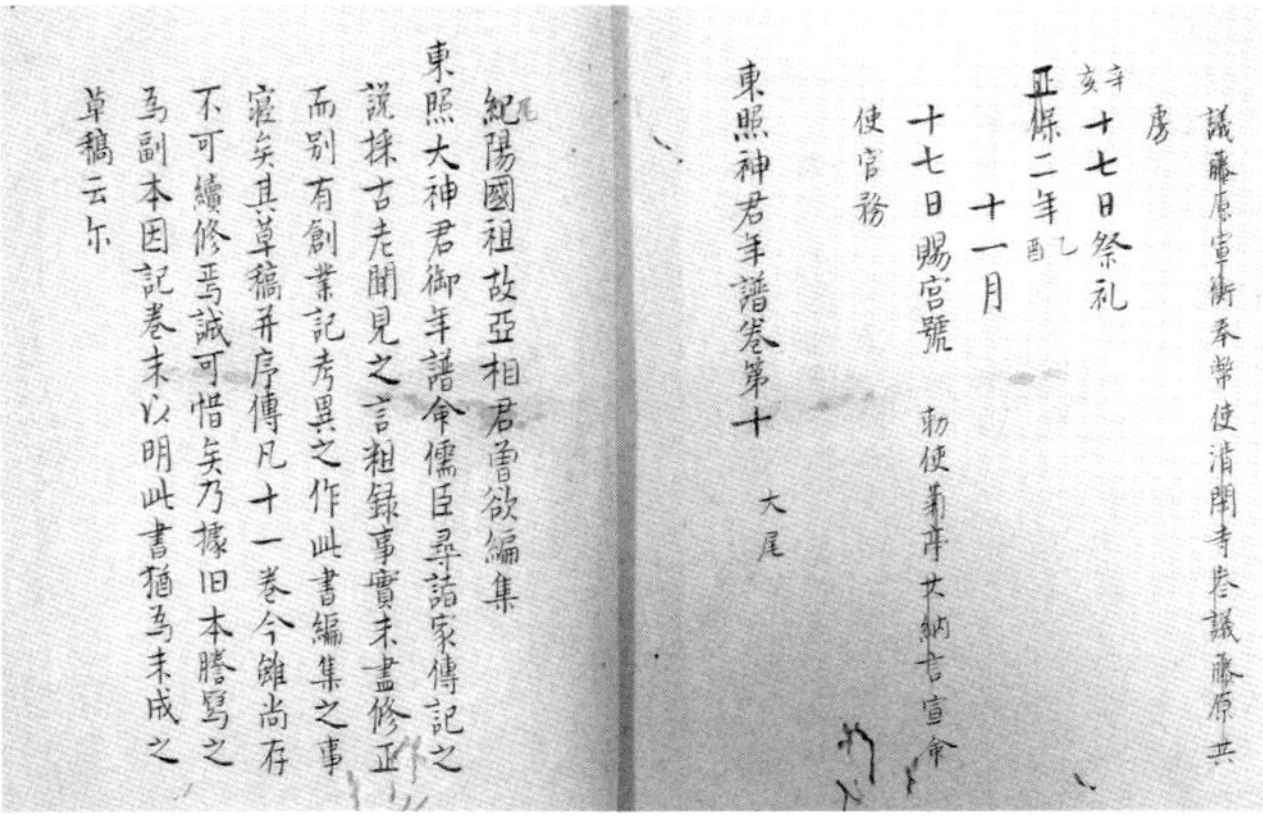
議藤原宣衡、奉幣使清閑寺参議藤原共
房
辛亥十七日祭礼
正保二年乙酉
十一月
十七日賜宮號　勅使菊亭大納言宣命
使官務
東照神君年譜巻第十　大尾
紀陽國祖故亜相君嘗欲編集
東照大神君御年譜、命儒臣尋諸家傳記之
説、採古老聞見之言、粗録事實、未畫修正
而別有創業記考異之作、此書編集之事
寝矣、其草稿并序傳凡十一巻、今雖尚存
不可續修焉、誠可惜矣、乃據旧本謄寫之
爲副本、因記巻末、以明此書猶爲未成之
草稿云尓

◀一六九〜一七〇頁翻刻部分

東照神君年譜10（国立公文書館蔵、著者撮影）

七日、僧正天海(南光坊)・以心(以心崇伝)長老承葬送之命、告於秀忠君(徳川)二僧(天海・以心崇伝)伝公(徳川家康)之言曰、万歳之後、必当以神力擁護子孫、鎮撫邦家、準大織冠(藤原鎌足)子孫繁栄之例、殯歛(ママ、斂カ)已畢、先葬久能山、以榊原内記照久(清久)為神職、受頼将(徳川頼信、のち頼宣)之奉祭而、三年之後、当改移下野国日光山、其祭享之式、依両部習合神道幷宜任天海之指麾也

十七日、薨　春秋七十五歳

仮葬于駿州久能山　吉田神龍院(梵舜)為導師

すなわち、元和二年（一六一六）四月七日、天海と以心崇伝が家康から葬送の命令を承って秀忠に告げたといい、その内容は小書で記されている。二人の僧侶は家康の言葉を告げて言う、亡くなった後は、必ず神力をもって子孫を守り、国家を鎮撫《ちんぶ》するであろう。藤原鎌足の子孫が繁栄している例に準じて自分を斂葬《れんそう》し、まず久能山に葬り、榊原清久を神職とし、頼将の祭祀を受け、三年後、あらためて下野国日光山へ移すべきである。その祭式は両部習合神道により、よろしく天海の指麾《しき》に任せるべきである、と。

驚くべきことに、ここからは、元和二年四月七日、天海と以心崇伝が、これまで知られていなかった家康の新たな遺言を二人で秀忠に告げていたことがわかるのである。この新たな遺言の内容は、前引の秀忠が久能山における祭祀の期間を三年とあるところを一年としたい旨、頼信（頼将）に告げたという話の前提となるものである。

すなわち、この新たな遺言によると家康は、元和二年四月七日までの段階で、藤原鎌足の遺体が多武峯に移されたとされる例をふまえて、自らの遺体を久能山に葬った後、三年後に日光山へ移すよう命じており、その際、両部習合神道での祭祀執行を指示し、それを天海に任せているのである。

これまで知られていた遺言もそうであったが、なぜ久能山と日光山であるのか、その理由の説明はない。理由については諸説あるが、一次史料からの説明は困難である。なお、この時、多武峯社は慶長十九年（一六一四）七月の洪水で破損していたが、生前の家康は造営を命じ、同年八月には仮殿遷宮が行われ、元和三年（一六一七）九月から秀忠によって造営が開始されており、元和五年（一六一九）十一月十五日に正遷宮を迎えているから（『大日本史料』第十二編之十四・第十二編之二十八・第十二編之三十二）、多武峯社の復興は家康の遺言・病没と並行して進んでいたことになる。

両部習合神道については、前引の『羅山林先生外集』巻六之七における林羅山の証言にも「両部習合和光同塵の神になしまひらセ」とあったから、その点で一致している。以心崇伝の日記の元和二年四月七日条には、この件に関する記述はなく、このことは我々に、『新訂本光国師日記』が全てを記述しているわけではないという視点を持つ必要性をも示唆しているように思われる。

以心崇伝の敗北の原因

さて、この新たな遺言を以心崇伝も聴き、さらに天海とともに秀忠へ元和二年（一六一六）四月七日に伝えていたとすると、同年四月二十日に秀忠の面前で、以心崇伝が唯一宗源神道による家康の神格化を主張したならば、それはおかしいということになろう。

このような以心崇伝の主張を捉えた天海は、仮に元和二年四月七日前後に山王（一実）神道による神格化の遺言を家康から別途受けていたとしても、久保田収によって「このころは、天海の神道については、未だ語るべき多くのものがなかつたのであらう」といわれており［久保田一九七三］、本音としては山王（一実）神道による神格化を望みながらも、天台宗の密教（台密《たいみつ》）はもともと最澄が空海《くうかい》に学んで構築したものだともいわれているから［三崎一九九二a・一九九四］、両部習合神道で妥協できる余地があり、ひとまずこの新たな家康の遺言を根拠に唯一宗源神道による神格化を否定することに注力したものと推測されるのである。そして、両者の言動を比較した秀忠にあってみれば、両部習合神道による神格化を望む家康の遺言を聴いて自身に報告しておきながら、唯一宗源神道での神格化を主張する以心崇伝の言動は、家康の遺言を否定するものと聞こえたであろう。

いっぽう、以心崇伝は、当時の価値観に照らし、神格化するならば唯一宗源神道によるべきだとの観念から解放されていなかった可能性がある。事実、久能山上での当初の祭祀は、梵舜によって唯一宗源神道の祭式で行われた。しかし、それは以心崇伝も日記で述べていたように、たまたま梵舜が駿府にいたからであり、あくまでも急ぎ神格化しなければならない場面での、緊急避難的な措置であった。だから、前引の『東照神君年譜』十の元和二年四月七日条も「仮葬于駿州久能山　吉田神龍院(梵舜)為導師」と記し、久能山上における祭儀は「仮」のものだという認識を示していたのだと思われる。徳川義直によって編まれた記録であるだけに、事態の認識は正確であったということであろう。以心崇伝が秀忠の信用を失った原因があるとすれば、この新たな家康の遺言を知りながら、それとは異なる発言を後日したからだったのではなかろうか。

なお、徳川義直の編んだ『御年譜』（国立公文書館所蔵謄写本、請求番号一四九―一二一、原題『家康公御年譜』）は細かな経緯を省略し、元和三年三月十五日条に「十五日欲改葬于日光山以公(徳川家康)之遺命也」とのみ記している。また、近年公刊された尾張藩の編になる義直に関する『源敬様御代御記録』の元和三年三月十五日条でも「依　御遺命、　権現様(徳川家康)　御尊骸野州(下野国)日光山(都賀郡)江　御改葬ニ付、此日久能山(駿河国有渡郡)・灵(霊)柩供奉、成瀬隼人正(正成)相勤之」というように「改葬」と表記しているから（『史纂源』第一）、久能山から日光山へ移された霊柩内に家康の遺体があったのか否かを考えるうえでも、義直や尾張藩が日光山への「改葬」と記している点は、重要な証言の一つとなっているように思われる。

第六章　東照大権現号の誕生

京都での周旋を急がせる徳川秀忠

元和二年（一六一六）六月十一日、神号の勅許を求めて上洛の途に就いていた板倉重昌・天海・林永喜だが（『史纂舜』第五）、まず板倉重昌が六月二十三日に京着した（『孝亮宿祢記』四、宮内庁書陵部所蔵取要本、以下の本章で使用する『孝亮宿祢記』はこれに同じ）。

いっぽう、彼らの上洛に先だち、次の『孝亮宿祢記』の元和二年五月十八日条が記すように、すでに京都では所司代の板倉勝重を通じ、関白二条昭実・武家伝奏両名に徳川家康の神号に関する秀忠の意向が伝えられていた。

> 十八日、丁亥《ひのとい》、晴、参二条殿《（昭実）》、今日両伝《（広橋兼勝・三条西実条）》奏幷板倉伊賀守《（勝重）》ホ祇候二条殿亭、其儀■《（墨消）》将軍
> 大御所《（徳川家康）》神号之事、自大樹《（徳川秀忠）》被仰入云々

これは、第四章で見たように、元和二年五月二十六日に秀忠が「御城へ南光坊《（天海）》ヲ被為召、大御所《（徳川家康）》様ヲ権現御斎可被成候、頓而上洛候へとの事被仰出」る（『史纂慈』第一）より八日も前のことであり、実際にはこれよりも早い時点で秀忠から勝重に指示されていたであろうか

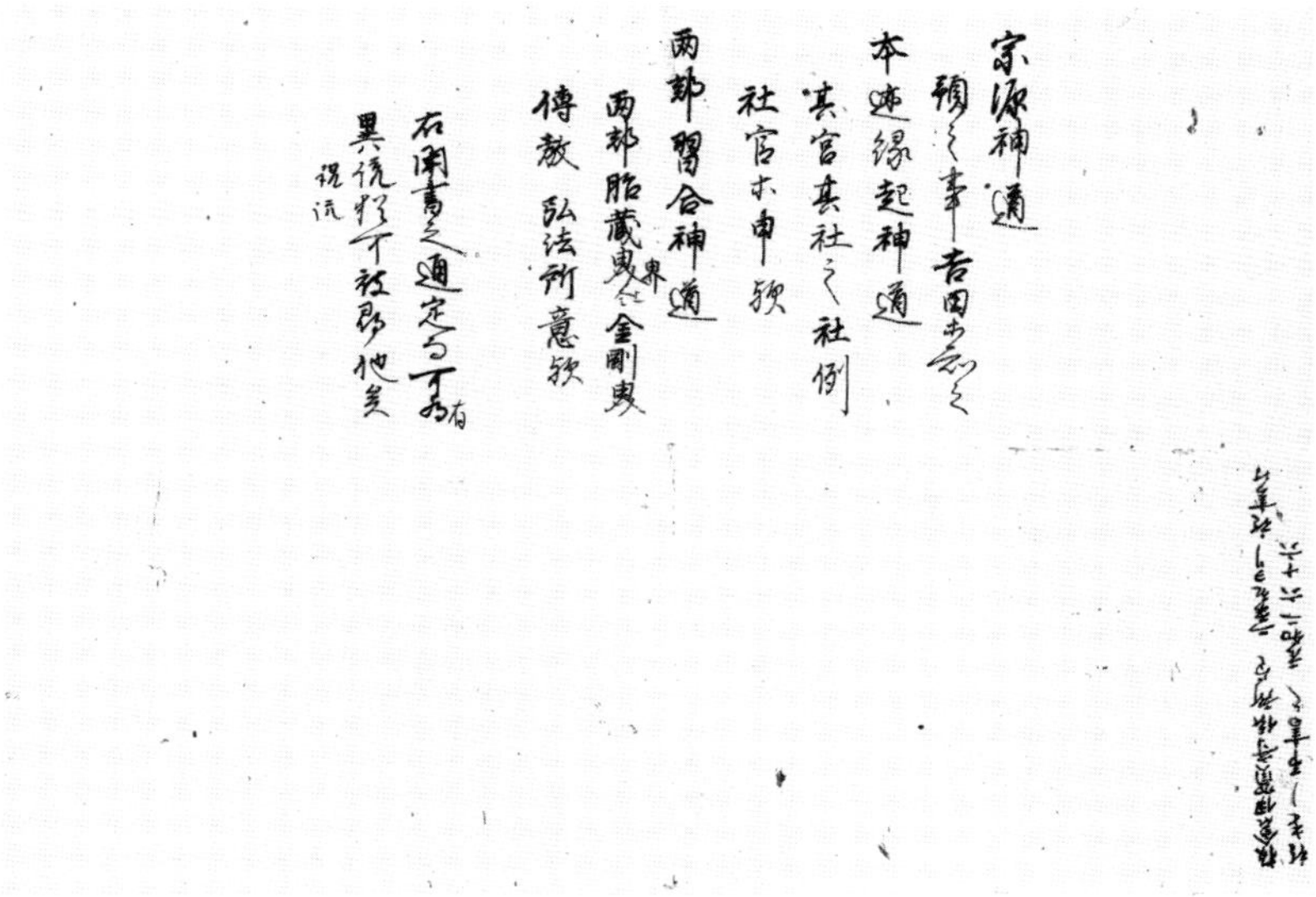

東照社建立及堂供養関係文書２所収史料（宮内庁書陵部蔵）
右下に「板倉伊賀守依所望　二条殿ヨリ被書付、被遣了、予書之、元和二　六　十六」とある。板倉伊賀守は京都所司代板倉勝重、二条殿は関白二条昭実、予は壬生孝亮である。

ら、五月三日に梵舜へ大明神号と権現号との差異を尋ね（『史纂舜』第五）、五月六日に天海と慈性を江戸城へ登城させてから（『史纂慈』第一）、秀忠は直ちに京都での周旋《しゅうせん》を開始させていたことになる。

重昌・天海・永喜の三名が京着する以前の折衝《せっしょう》として重要なことは、六月十五日に関白二条邸で武家伝奏両名と板倉勝重が何らかのことを協議していることだが（『孝亮宿祢記』元和二年六月十五日条）、その協議内容をうかがわせる史料が、図版として掲出した史料である。

これは、宮内庁書陵部に所蔵される壬生家文書のうち「東照社建立及堂供養関係文書」二に含まれるものだが、端書に「板倉伊賀守（勝重）依所望、二条殿（昭実）ヨリ被書付、被遣了、予（壬生孝亮）書之、元和二　六　十六」とあるから、筆者は六月十五日の協議の議題に関連するものと推測している。

これによると、唯一宗源神道、本迹縁起《ほんじやくえんぎ》神道、両部習合神道のそれぞれがいかなる性格のものであるのかが列記されているのであるが、当時、家康の神格化の方法論を議するにあたり、これら三つの神道理論が朝幕間で比較検討されていたことがうかがわれる。なかでも、前章の分析との関連で重要なことは、山王（一実）神道の文言はなく、やはり両部習合神道が議論の俎上《そじょう》に載せられており、しかもそれは最澄と空海の「所意」だとされていることである。家康を神格化しようとする秀忠は、確実に両部習合神道を意識しており、それはやはり前章で見た新たな家康の遺言があったからであろう。

後陽成上皇と関白以下による反対

しかし、三名の京着後、家康の神号に関する朝幕間の折衝は、なかなかうまく進まなかった。例えば、『孝亮宿祢記』の元和二年六月三十日条には次のようにある。

卅日、己巳《つちのとみ》、晴、参二条殿《(昭実)》、被仰云、昨日伝　奏《(広橋兼勝・三条西実条)》幷板倉伊賀守《(勝重)》祗候、其儀駿河相国《(徳川家康)》神号之事、又自公家院号可被進欤《由》事也、神号・人院号被下、無例由有仰

すなわち、関白の二条は、武家伝奏両名と勝重に対して、家康の神号については朝廷から院号を下すことを検討していると告げているのである。これは、第三章で見た『尊純法親王御記抜書』（宮内庁書陵部所蔵原本）において、

一、相国《(徳川家康)》御訪無之、仍自諸家不及使者之沙汰云々、相国御改名
源尊《高》院殿従一位《品》大相国大居士神儀
元和二年四月十七日巳刻被薨
即日収久野《(能)》云々

と記されていた院号のことを指している可能性があるが、そもそも、神号も人への院号も朝廷から下されることは異例なのだと、二条は念を押したようである。そうこうしているうち、天海が京着した。『平田《ひらた》職忠《もとただ》・職在日記』（宮内庁書陵部所蔵原本、以下の本章では所蔵機関名

などを省略するが、本書で引用する部分は平田職忠の日記である）の元和二年七月一日条には「朔日、南光坊僧正天海御上京」とある。三名は別行動をとっていたようである。永喜については、次の『平田職忠・職在日記』の元和二年七月二日条に、

二日、板倉伊賀守（勝重）殿江南僧正（南光坊天海）入来、板倉内膳正（重昌）　永喜（林）出合、神号以下之上意之段、伊州（板倉勝重）被申渡早

とあるから、すでに京着していたようである。そこでは、揃った三名に対して勝重から秀忠による「神号以下之上意」が申し渡されている。この「上意」の内容が気がかりだが、これは次の『平田職忠・職在日記』の元和二年七月三日条に、

三日、板倉伊州（勝重）江両伝奏広橋大納言（兼勝）殿・西三条（三条西実条）大納言殿被抂御駕、南僧正（南光坊天海）・板倉内膳（正、重昌）殿・永喜（林）一等ニ伝奏江　神号幷勅使・宣命可被申請之旨、上意之通被申上候也

とあるように、上洛してきた三名から、勝重邸に来駕した武家伝奏両名に対して「神号幷勅使・宣命可被申請之旨」が「上意之通《じょういのとおり》」申し上げられたというから、六月三十日に関白の二

条が、神号も人への院号も、朝廷から下されることは異例だと難色を示していたことに対し、秀忠は神号を望んでいることが明示されたということになろう。

この後、七月四日に天海は参内しているが（『孝亮宿祢記』）、その翌々日の七月六日に重要な出来事があったようである。『孝亮宿祢記』の元和二年七月六日条には次のようにある。

六日、乙亥《きのとい》、曇、雨降、今日　禁中諸家御寄合也、故■（墨消）相国（徳川家康）御遺言云、神灌（勧請）頂之事、被
仰置南光坊（天海）云々、又将軍（徳川秀忠）御執　奏之間、　宣命　勅使宣旨以下可有御沙汰由、自将軍
被申之云々、人々被申旨者、云遺言、云執奏、不軽事也、然而自法中神灌（勧請）頂之事者、
（○-為）沙汰之外之由有風聞

前章の分析をもふまえると、「故■（墨消）相国（徳川家康）御遺言云、神灌（勧請）頂之事、被仰置南光坊（天海）云々」とある点は、これまでよりも納得がいく。土御門《つちみかど》泰重《やすしげ》の日記の同日条にも「家康公遺言ニまかせ、南光坊（天海）ニ勧請一切之作法まかせおかれ候よし」とある（『史纂泰』第一）。おそらく、実際にそうだったのだろう。そのことをふまえ、宮中では「諸家御寄合」があり、「宣命　勅使宣旨以下可有御沙汰由」が秀忠から執奏されてきたことが議論された。この「諸家御寄合」は、山科言緒によると「五摂家其外ノ公家不残被召也」というものであったが、山科と土御門は

後陽成上皇からの召しにより、禁裏御所へは不参であった（『大日古　言緒』下）。

『孝亮宿祢記』によると、寄合では、家康の遺言、秀忠からの執奏、いずれも重いことだとされながらも、「自法中神灌頂（勧請）之事者、〇一為沙汰之外之由」という議論になっているようだとの観測が記されている。すなわち、仏教の僧侶が神勧請をするということはあり得ないということだが、この点、土御門が「白（白川）・田（吉田）我等ならてハ日本あるましきなと丶申候折節、無詮失面目候也（白川家や吉田家は、自分たちでなければ日本国の神道は成り立たないなどと述べている時に、仏教の僧侶が亡き大御所の遺言で神勧請をするとあっては、為す術がなく、面目を失うのである）」と述べていることも同義であろう（『史纂泰』第一）。やはり宮中では、唯一宗源神道の教義が強固に守られていたのである。秀忠の立場は、かなり苦しいものであったといわねばなるまい。

さらに幕府を追い詰めることになったのは、かつて秀吉を豊国大明神とした後陽成上皇が、この神号の奏請に疑義を表明していたことであった。図版に示した宮内庁書陵部所蔵の「東照社建立及堂供養関係文書」二に含まれる史料からもわかるように、上皇は吉田家の当主兼英の代理である萩原兼従《はぎわらかねより》に、「院御所（後陽成上皇）ヨリ吉田子萩原（兼従）ニ御尋、死テ五旬モ過サルニ、神位ヲ送（贈）ラルルコトモアルヘキヤ」と尋ねている。すなわち、家康が亡くなって五十日も経っていないのに、神位を贈ることなどあるのか、という問いかけである。このような姿勢の上皇で

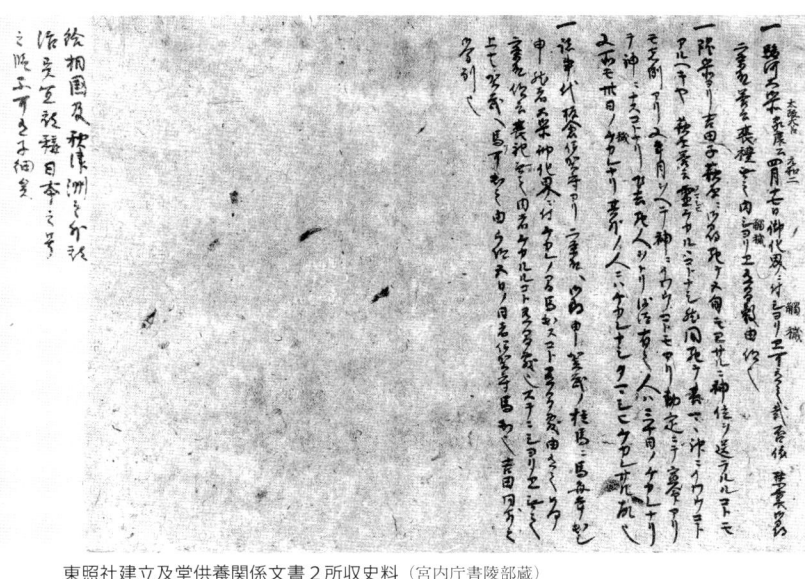

東照社建立及堂供養関係文書２所収史料（宮内庁書陵部蔵）
２箇条目に院御所（後陽成上皇）から吉田子萩原（萩原兼従）への「御尋」のことが記されている。

あるから、宮中の寄合にも山科や土御門を参加させなかったのであろう。

だが、この上皇の姿勢には、当時いまだに存在した後水尾天皇と後陽成上皇の不和も影響していたものと思われ［熊倉二〇一〇］、事実、この後も秀忠は、元和三年（一六一七）に両者の和解を図らなければならなかった。すなわち、土御門泰重が日記の元和三年八月十六日条で（『史纂泰』第一）、

十六日、戊申《つちのえさる》、仙洞（後陽成上皇）御見廻、
宿仕候、板倉伊賀守（勝重）従
将軍（徳川秀忠）御使被参候、当今（後水尾天皇）与仙

洞御和睦之事也、仙洞御返事、御存分之事五ヶ条ほと被申付候、御同心之由被仰出候、
今朝ヨリ好庵法印薬上申候、

と記していることがそれで、上皇は内容は不明ながら秀忠の使者として参院した勝重に「御存分之事五ヶ条ほと被申付」たというから、よほどの不和であった。この不和は、元和三年八月二十六日の上皇の病没まで融けなかったという［熊倉二〇一〇］。

秀忠の求める神号は、なかなか勅許されそうになかった。次の『孝亮宿祢記』の元和二年七月七日条によると、この時点ではまだ、神号を検討するならば、唯一宗源神道によるそれでなければならないという情勢であった。

七日、丙子《ひのえね》、晴、予（壬生孝亮）・忠利（壬生）参二条殿（昭実）、広橋大納言（兼勝）祗候、神号之事者、平野・吉田ホ可沙汰欤■（墨消）之由有御沙汰

両部習合神道による神格化の勅許

ところが、それから六日後の七月十三日、突如事態が動き出した。『孝亮宿祢記』の同日

条によると「両頭（広橋兼賢・柳原業光）祗候二条殿（昭実）、就其儀者、今度神号之事、可為権現之由　勅定之旨、被申之云々」とあり、関白二条邸に蔵人《と》頭が呼ばれ、神号については権現とするようにとの勅定が下ったと伝達されたのである。

当時、天海は七月十二日から七月十八日まで比叡山にいたのだが（『平田職忠・職在日記』）、この七月十三日の勅定について、次のような書状で江戸の年寄衆に知らせている（『平田職忠・職在日記』元和二年七月十四日条）。

十四日　江戸へ以次飛脚、右之通被申越候
状之趣　以飛脚申云、抑神通（ママ、道カ）之儀、上意之通板倉伊州（勝重）令入魂、去三日（元和二年七月）両伝奏（広橋兼勝・三条西実条）へ申入候処
ニ、昨日至于十三日（元和二年七月）、従伝奏（広橋兼勝・三条西実条）　叡慮之様承候、両部習合神道ニ而勧請珎重ニ思
召候、神号・宣命・勅使ホ之儀、可被仰付旨ニ候、今程於　禁中神号被成御撰
候間、相定候ハヽ、罷下可申上候、此ホ之趣、宜預御披露候、恐惶謹言
七月十四日（元和二年）　南光坊僧正
天海
本多上野介（正純）殿
安藤対馬守（重信）殿
酒井雅楽頭（忠世）殿
但此状十五日（元和二年七月）下者也

土井大炊助（頭、利勝）殿

　書状は七月十四日付であり、七月十三日に武家伝奏から叡慮《えいりよ》の趣が伝えられ、「両部習合神道ニ而勧請弥重ニ思召候（両部習合神道で神勧請をすることは結構なことだと思し召されている）」とのことで、「神号・宣命・勅使ホ之儀、可被仰付旨」も伝えられた。そして、事態は「於　禁中神号被成御撰候」段階へと移行したことが告げられ、神号が定まったならば江戸へ下向して申し上げるとしている。前章で見た家康の遺言どおり、両部習合神道での神格化が決定したのである。

　なぜ急にこのような動きとなったのかについては後ほど考察したいが、次は、どのような神号を定め、いかに神格化するかが問題であった。神号を宣下するとなると、さまざまな準備が必要となってくる。とくに唯一宗源神道によらない神格化であるから、遷宮などもどのような手順で行えばよいのか、よるべき知識が不足していた。『孝亮宿祢記』の元和二年七月十六日条によると、

> 十六日、乙酉《きのととり》、晩雨降、両局（壬生孝亮・押小路師生）参二条（昭実）殿、　神号之時、遷宮以下之事（墨消）■書立之窺申殿下、即進伝（広橋兼勝・三条西実条）奏、内々迁宮（遷宮）方之事為覚悟也

とあって、壬生孝亮と押小路《おしこうじ》師生は関白の二条邸に出向き、神号を宣下するとなったからには、遷宮の書立について指示を仰いでいる。関白は、書立を武家伝奏に渡し、遷宮のことについて内々覚悟しておくようにと指示している。

また、宮中の実務担当者のみならず、他ならぬ天海もまた実は焦っていたはずである。事実上、唯一宗源神道によらずに、一から祭祀の体系を創り上げなければならなかったからである。壬生孝亮は当時の天海の様子を次のように書き残している（『孝亮宿祢記』元和二年七月十九日条）。

十九日、戊子《つちのえね》、晴、参二条殿（昭実）之処、南光坊（天海）有祇候、神号遷宮之事、有御物語、予（壬生孝亮）。（遷宮）旧記共令覧南光坊、即南光坊同道参広橋大納言（兼勝）、彼旧記懸御目

天海は関白邸を訪れていたが、そこで孝亮と出会った。遷宮の話題となり、壬生官務家が古代・中世以来代々蓄積してきた「旧記共」を天海に見せ、それを持って天海とともに武家伝奏の広橋兼勝邸へ出向き、三者で旧記の内容を検討している。この時に検討した「旧記共」がどのようなものであったのかはわからないが、『孝亮宿祢記』の元和二年七月二十一

日条には次のようにある。

廿一日、庚寅《かのえとら》、晴、参南光坊《（天海）》、宇佐宮治安二度迁宮次第令見、南光坊猶於江戸可沙汰由
被申之

孝亮は天海の許へ出向き、「宇佐宮治安二度迁宮次第」を見せている。これは宇佐八幡宮の治安二年（一〇二二）に行われた遷宮の手順を検討したことを意味しており、天海は江戸にもその記録のことを知らせると述べているから、かなり参照されたものであろう。宮内庁書陵部には、「宇佐八幡宮正遷宮一会」と題する史料が十四冊本として所蔵されており（函架番号壬―三五七）、そのうちの一冊目と二冊目が治安二年のものである。二冊目の奥書には元和二年（一六一六）九月十四日に天海へ遣わしたものだと記されている。内容は、遷宮の次第において必要となるさまざまな儀式の日時定に関するもので、遷宮の儀式がどのような手順で行われ、いかなる儀式に宮中での日時定が必要なのかがわかる記録となっている。おそらく社殿の造営も視野に入れ、今後宮中に依頼せねばならない事柄を確認する意味合いもあったものと思われる。

神龍院梵舜の諦観と孤独

このように、宮中周辺では家康の神格化が両部習合神道で行われることが決まり、次の神号宣下と遷宮を目指して慌ただしく事態が推移していたが、同じく京都にいた梵舜は、神号が勅許の運びとなったらしいと聞いて、駿府の浅間神社の神職新宮左近に次のような書状を出している（「狩野亨吉氏所蔵文書」、『大日本史料』第十二編之二十五、一般財団法人石川武美記念図書館成簣堂文庫所蔵「梵舜書状」）。

尚々、今度者其元滞留之刻、御懇志過分御礼難申謝候、年内ニハ不凡弥兵衛を差可下候間、可申入候、次此書状榊原内記（清久、のち照久）殿へ頼申度候、遠路なから申入候、次久能御社遷宮已下も、此方よりハ有間敷かと存候、自然相替事御座候者、た、敷便宜ニ能御書付候て可被下候、以上、

七月（元和二年）朔日之御状、具ニ令拝見候、仍たい屋近江守殿ヨリ書状之事、被仰候間調進候、安儀候、彼方へ能々被仰可被下候、
一久能之御社御神号之事、従　禁中（後水尾天皇）被仰出候由候、仏名已下之事取々御沙汰候、
一日光ハ薬王菩薩之御事、従　将軍様（徳川秀忠）御執奏ニヨリ、不及先例　御勅許ニ候、大略久能

之儀も、南光坊（天海）望被申候、是非之由候、此方之義ハ、達而不及申候、上意次第ニ候間、於京都モ御理不申入候、重而遂好便可申入候、恐惶謹言、

神龍院

梵舜（花押）

（元和二年）七月廿一日

新宮左近殿

人々中

久能山の社について、神号のことが勅許されたらしい。神号は「仏名已下之事」であるそうだ。日光は「薬王菩薩之御事」として、秀忠から執奏されたので、先例によることなく勅許された。およそ久能山のことも天海が望んだのであろう。仕方のないことだ。こちらのことは申すに及ばず、上意次第なので、京都でもそれを断ることはないだろうとし、諦めの境地を書き送っている。追伸では、三月から六月にかけての駿府滞在期間中に世話になった礼などを述べるとともに、榊原清久への書状を託している。また、久能山の遷宮以下も、吉田家からは行わないだろうとの見通しを述べている。やはり久能山での遷宮は、同山での祭儀を区切りの所まで執行しておき、あとで吉田家当主が下向して行うことが当初は想定されていたのである。しかし、それも叶わなくなったということである。

さて、その梵舜が新宮左近に託《たく》すとしていた榊原清久宛の書状であるが、なぜかその原本が梵舜の新宮左近宛書状とともに伝存している。ということは、新宮は梵舜の書状を榊原に渡さなかったのである。次に引くものが、その梵舜が新宮に託したはずの榊原清久宛書状である。なお、『大日本史料』及び『成簣堂古文書目録』はともに日付を七月五日としているが、前引の新宮左近宛の書状の連れ合いであるから、正しい日付の読みは七月二十一日である（「狩野亭吉氏所蔵文書」、『大日本史料』第十二編之二十五、一般財団法人石川武美記念図書館成簣堂文庫所蔵「梵舜書状」）。

尚々、久能之御神号
勅許之由候、大略ハ仏法ノ作法之様ニ聞へ申候、不及是非候、従　公方様御執奏候間、此方態御理を不申上候、
以上、

幸便候条令啓候、其以来者不能面談、無音慮外迄《まで》候、仍其地之御社之事、御神号已下為
禁中（後水尾天皇）被仰出由候、尚此義従　公方様（徳川秀忠）御執奏候間、定而厳重之義と存候、前廉神道之作法ニ遷座候、此義ニも相難立由候、菟角仏法之望候間、神道之義ハ次と存候、乍去社家之儀ハ、貴様（榊原清久、のち照久）無相違様ニ申入候事候、自然当家之法度ニも被仰付候者、別而可申談候、其許之様子好便候者、左近殿（新宮）迄御状御しるし候て可被下候、奉頼存候、相応於御用者、可

遂仰候、恐惶謹言、

吉田神龍院

梵舜（花押）

（元和二年）七月廿一日

榊原内記様（清久、のち照久）

人々御中

まず、家康の神号について、勅許されたらしいことが伝えられるとともに、このことは秀忠の執奏によることなので、きっと厳重に執り行われたものと思われると述べている。そのうえで、今回の神号勅許のことで、四月には神道の作法で遷座の儀式を挙行したが、このことも意味がなくなってしまったとし、とかく仏法の希望があったことから、神道のことは次となってしまったものと思われるとしている。けれども、久能山の社家のことは間違いなく榊原清久とするよう申し入れるとし、もし仰せ付けられたら、また話をしようと述べている。追伸では、久能山の神号が仏法の作法で勅許されたとし、仕方のないことであり、将軍の執奏によることなので、こちらからわざわざ何かを言うことはないとしている。

なぜ、新宮が、榊原にこの書状を渡さなかったのかはわからないが、もはや手渡しても意味がないと考えられたのかもしれない。前章で検討した『東照神君年譜』十（国立公文書館所蔵謄写本）によれば、榊原は日光への改葬の際にも供奉《ぐぶ》しているから、彼にとってはそれほどの打撃でもなかったのかもしれない。打撃を被った者は梵舜のみであった。

東照大権現号の選定過程

さて、神号は権現号となることは決まっていたが、具体的な神号の選定はまだこれからであった。次の『孝亮宿祢記』の元和二年七月十七日条に、

十七日、丙戌《ひのえいぬ》、曇、晩雨降、自板倉伊賀守（勝重）窺申二条殿（昭実）、日光山ニ日光権現ト申神有之、然者今権現ハ可有之や、菩薩トハ可有如何哉之由窺申処、仰云、日光権現トアラハ重而権現トハ有間敷義也、菩薩ハ猶邂逅之由也云々

とあるように、板倉勝重は関白の二条昭実に、権現号で進めるとしても、すでに日光山には日光権現という神がいるそうであり、ならば今もう権現号はあるということなのか、菩薩とはどういうものなのかを尋ねた。関白は日光権現とあるならば、重ねて権現号を付けることはできないのではないか、また菩薩は稀なことだと答えている。勝重は、いわゆる日光三所

権現との関係を問うたものと思われるが、事と次第によっては権現号を付けられない恐れがあったことになる。

　しかし、一週間後の『孝亮宿祢記』の元和二年七月二十四日条を見ると、二条からの召し出しにより二条邸に出向いた孝亮は、二条から次のように、

　廿四日、癸巳《みずのとみ》、雨降、依召参二条殿（昭実）、　神号之事可書直由有仰、則書改之、　日本大権現　東光大権現

日本大権現と東光大権現の神号を書き直すべきことを指示されている。この時点で日光三所権現との兼ね合いをどのように解決したのかは不明だが、ひとまず権現号の案の作成が進められていることがわかる。なお、ここでいう「書直」とは、次の同じく『孝亮宿祢記』の元和二年七月二十七日条に、

　廿七日、丙申《ひのえさる》、曇、参二条殿（昭実）、神号之事清書、東光大権現　日本大権現如此前書ホ有之、板倉内膳正（重昌）■（墨消）祗候、御対面有之、雨降

とあるように、「清書」が命じられたということであろう。この両案は、次の『平田職忠・職在日記』の元和二年七月二十七日条によれば、

同日　被撰　神号
　　　日本　二条関白殿(昭実)ヨリ
　　　東光

とあって、二条昭実から出された神号案であった。とくに日本大権現号については、図版に示した宮内庁書陵部所蔵の「東照社建立及堂供養関係文書」二に含まれる史料で「相国及秋津洲之外被治矣、宜被称日本之号之段、不可有子細矣（亡き太政大臣の家康は、日本国のほか異域も治められており、よろしく日本の号を称さるべしと命ずることは、何ら問題のないことだ）」とされているように、豊臣秀吉の豊国大明神号（異域への兵威の拡大と「豊葦原中津国」という日本国の別称を強調した神号）がふまえられた可能性のある神号となっている。

また、次に引く『平田職忠・職在日記』の元和二年七月二十八日条からは、今出川晴季からも二案が提示され、計四案が蔵人頭《くろうどのとう》から武家伝奏の広橋兼勝を経て天海に渡され、天海がその四案を重昌に手渡していることがわかる。

東光大権現
日光山依可為勧請所宥用
光之字者也則同字同号
神君張所見之爲如此相圖
六十餘州可為大権現上者
何ゝ之子細哉 家三笠山
擬宰明神之 雖然春日
勧請之時被奉 此山擬宰
別稱 遷給是若神山神
成候 樹東四季之勝可
物生又神生園 勧請而
号東也 本地薬師之、

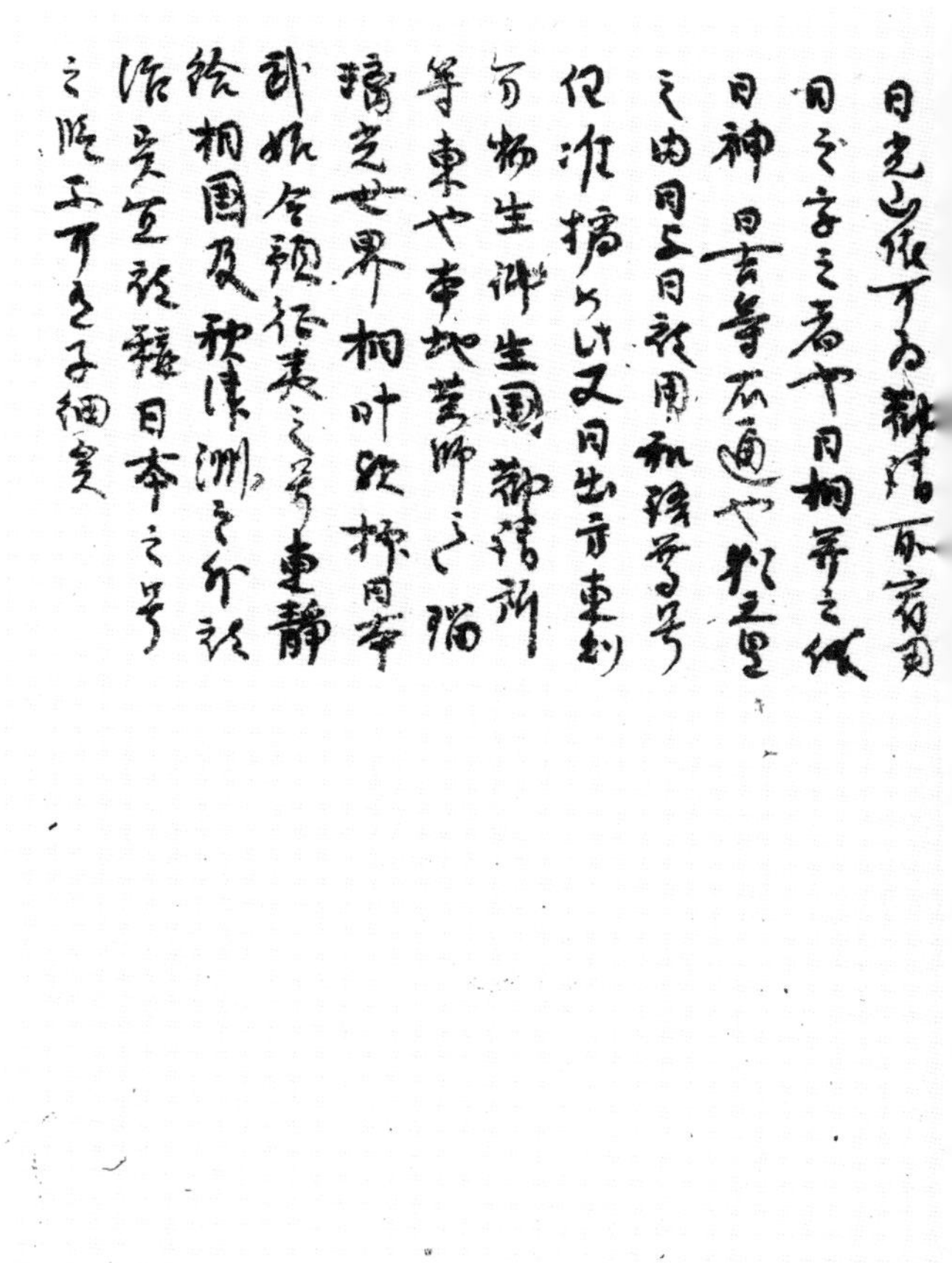

東照社建立及堂供養関係文書２所収史料（宮内庁書陵部蔵）
日本大権現号について、後ろから３行目より「相国及秋津洲之外被治旲、宜被稱日本之号之段、不可有子細矣」とある。

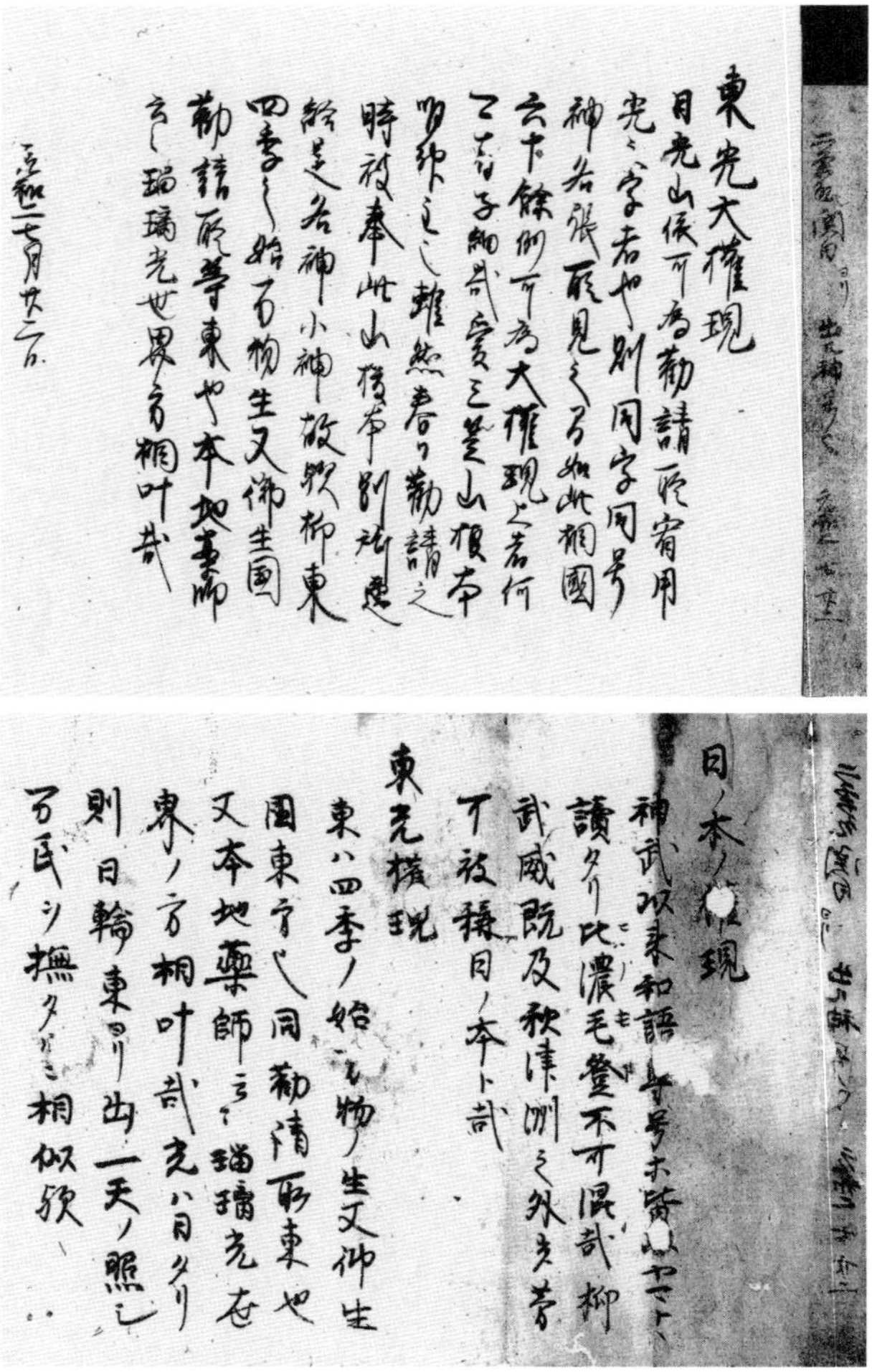

東照社建立及堂供養関係文書２所収史料（宮内庁書陵部蔵）
端裏書に「二条殿関白ヨリ出ル神号也　元和二　七　廿二」とある。二条殿関白とは二条昭実のこと。

廿八日　東照　今出川（菊亭）殿前右府公晴季公
灵（霊）威

右四通、貫首広橋頭弁（兼賢）殿・柳原弁（業光）殿有奏聞テ、広橋大納言（兼勝）殿江持参、南僧正（南光坊天海）請取之、
板倉内膳（正、重昌）殿江渡サル

書状写

先日以書状申入候、御覧候哉、無心元存候、抑　神号之儀、二条関白（昭実）殿・菊亭（晴季）殿各両
称宛被為撰候、両伝奏（広橋兼勝・三条西実条）被入御精、今廿八日（元和二年七月）相調被進候、神号書立之内、　公方様（徳川秀忠）御意
ニ入候ヲ被成御定候て被申越可有候、内々板倉内膳（正、重昌）・永喜（林）両人同事ニ雖（ママ、時カ）可罷下候、神
号相定候を、重而達　叡聞、可罷下候、随而爰元神社両部習合之神道ニ而勧請之儀依有
数多、無呉儀候、萬事板倉伊州（勝重）指図次第ニ仕候故、無事ニ相済大慶ニ存候、此旨可被
得御意候、恐惶謹言

七月廿八日（元和二年）　南僧正天海

酒井雅楽頭（忠世）殿
土井大炊助（頭、利勝）殿
安藤対馬守（重信）殿

又一通状ニ本多上野介（正純）殿・松平右衛門（佐、正綱）殿・秋本（ママ、秋元泰朝）但馬守殿
又一通状ニ藤堂和泉守（高虎）殿

さらに、天海は右記の年寄衆宛の書状で、神号の四案を重昌と永喜に託して秀忠に届けるので、秀忠に選んでもらうようにと述べ、秀忠の選んだ神号案を重ねて奏上してから江戸へ下向する予定であることを伝えている。また、京都では両部習合神道での神勧請の例が多くあって問題はないこと、万事、勝重の差配でうまくいったことを申し添えている。今回の家康の神格化について、あくまでも両部習合神道によるものであることが、他ならぬ天海によって重ねて強調されていることは興味深い。

神号案は、翌七月二十九日に重昌が京都を出発して、江戸へと運ばれた（『平田職忠・職在日記』元和二年七月二十九日条）。そして、『平田職忠・職在日記』の元和二年九月十一日条には「神号　東照大権現従幕下（徳川秀忠）御望ニ而次飛脚、（元和二年九月）十一日ニ到来」とあって、同日、秀忠による東照大権現号案選定の報が京都へ伝えられたのである。

この東照大権現号の意味するところは、勘進した今出川経季《つねすえ》による勘文《かんもん》が伝わっていないため、明らかではない。だが、元和三年（一六一七）二月二十一日に作成された東照大権現号の宣命では、家康について「振兵威於異域之外比、施恩沢於率土之間須、行善敦而徳顕留

日光東照宮陽明門勅額（著者撮影）
東照大権現号は、4つの神号案から徳川秀忠が選び、後水尾天皇から与えられた。考案者は、公家の今出川（菊亭）晴季である。

〈兵威を異域の外に振るひ、恩沢を率土の間〈国の果て〉に施す、善を行うこと敦くして、徳顕る〉」とし、「崇其霊氏東関乃東南」に祀るとしているから（「東照宮宣命写」宮内庁書陵部所蔵壬生家本）、関白二条昭実が「日本」の文字を勘進した際に「武威既及秋津洲乃外」としていたこと、「東光」については「東ハ四季ノ始、万物ノ生」所であり、家康の「御生国東方」であること、「勧請所東」であること、家康の「本地薬師」であって「瑠璃光世界ノ方」にも叶うこと、「光ハ日タリ、則日輪東ヨリ出、一天ノ照シ、万民ヲ撫タルニ相似欤」としていたことをふまえると

（「東照社建立及堂供養関係文書」二所収史料、宮内庁書陵部所蔵原本）、このような「日本」と「東光」の文字に込められた当時の関白の思念が、「東照」にも反映されていると考えるほうが妥当であろう。

なお、七月十七日に板倉勝重が既存の日光三所権現との関係を心配し、関白二条昭実からは権現号の重複に難色が示されていた点については、宮内庁書陵部所蔵の「東照社建立及堂供養関係文書」二十一に含まれる宣命案の中に、元和三年三月三日付の宣命案として「故柳営《（徳川家康）》乎東照乃大権現止勧請世留尓依弖忝是与里下津磐根尓大宮柱廣敷立氐吉曜良辰乎擇定氐以今月《（四月カ）》十七日可遷宮岐状（故柳営を東照の大権現と勧請せるに、依て忝くも是より下津磐根に大宮柱廣敷立て吉曜良辰を擇び定めて今月十七日を以て遷宮すべきさま）」を「三所権現」に報告するものがある。当時、日光三所権現の鎮座する下方に東照大権現が鎮座することを「三所権現」に挨拶することにより、同一地域での権現号の併存は可能だと解釈されたのかもしれない。

第七章　東照大権現という神格の段階的変容

天海による宮中への説得の前提

なぜ、元和二年（一六一六）七月十三日になって、後水尾天皇が両部習合神道での家康の神格化を勅許し、権現号の宣下も容認したのかについては、不明な点が多い。従来の研究では、当初の宮中が唯一宗源神道ではなく、また山王（一実）神道でもなく、両部習合神道による家康の神格化を勅許していたこと、そして他ならぬ家康自身も久能山から日光山への遺体の移動に際して、両部習合神道での祭祀執行を天海に命じていたことは認識されていなかったから、この観点からの研究は皆無であるといってよいと思われる。

したがって、詳しい検討はこれからなのだが、このような朝廷の両部習合神道への親和性については、菅原信海が中世以来の「日吉三聖と天照大神との同体説」を検討する中で「伊勢神道は両部神道の色彩が強いことから、天台系の山王神道が伊勢神道との関連をつけておく必要があったからではなかろうか」と指摘していることをふまえる必要があるだろう［菅原一九九二a］。

すなわち、菅原によると「天照大神とその本地である大日如来《だいにちにょらい》や毘盧遮那如来《びるしゃなにょらい》は、ともに太陽の性格でもって結びついており、更に両部神道の影響で、伊勢の内外宮を胎金両部の大日如来に比定している」といい、比叡山の日吉の神である「大宮権現《（日吉山王権現）》と天照大神との同体説は、その本地とされる釈尊と大日如来との同体説へと展開されている」という［菅原一九九二a］。

この「同体説」は、後にふれる天海のいう山王（一実）神道にとっても重要な教義の一つなのだが、それまでに伊勢神宮の内宮《ないくう》・外宮《げくう》と胎蔵界・金剛界との一致が伊勢神道において説かれていたとするならば、元和二年七月段階で、唯一宗源神道以外による家康の神格化に拒否感を示していた朝廷を関与させるべく、説得しようとする際、天海が伊勢神道と両部習合神道との関係に言及した可能性はあるだろう。

だが、前章で見たように、天海は元和二年七月四日に参内したことが確認されるのみで、七月十二日から七月十八日の間は比叡山にいたから、天海らによる説得の実態はほとんどわからない。いっぽう天海は、その後を見据えた行動を確実に起こしており、例えば元和二年七月二十七日に「南光坊《（天海）》正僧正被転任大僧正」ている（『平田職忠・職在日記』宮内庁書陵部所蔵原本、以下では所蔵機関名等を省略するが、ここで引用する部分は平田職忠の日記である）。これは、平田職忠によると二日前の七月二十五日に「青蓮院《（尊純法親王）》御門跡大僧正御辞退」（『平田職忠・職在日記』）があったからだが、大僧正を辞退した尊純法親王の証言に耳を傾けてみると、『尊純法親王御記抜書』（宮内庁書陵部所蔵原本）の元和二年七月二十五日条によれば、次のような次第であった。

一、来廿五日(五日)　正親町院廿五年為御追善御経供養、導師南光(南光坊天海)被仰出、就其、南光ヲ大僧正可有　勅許旨、内々　思召之間、予(尊純法親王)可成前官由、自女院(新上東門院、勧修寺晴子)御所女房之奉書到来、得其意之由、御請申了

すなわち、八月五日に予定されている正親町上皇の二十五回忌追善法要の導師として天海が指名されており、その指名をうけて任大僧正の勅許をすべく、尊純法親王の大僧正辞退が新上東門院《しんじょうとうもんいん》から打診されたというのである。これは、天海の宮中に対する影響力の大きさを如実に物語る事例であり、天海は女院をも動かし得る立場にあったのである。この天海の浸透力が、当初、唯一宗源神道による神格化のみに拘泥していた宮中を、両部習合神道での神格化に転換させた一要因であった可能性は充分に考えられよう。

日光における祭祀と天海の課題

その後、天海は着々と日光における祭祀の執行に向けて行動している。壬生孝亮は自らの

日記の元和二年九月十四日条に「宇佐宮八幡宮造営日時旧記。遣《借》南光坊《天海》大僧正、就神号之事、可[redacted]《と（墨消）》大樹《徳川秀忠》可懸御目之由也」（『孝亮宿祢記』四、宮内庁書陵部所蔵取要本、以下ここで使用する『孝亮宿祢記』の所蔵機関名等はこれに同じ）と記しているが、これは前章で取り上げた、天海が七月二十一日に孝亮から見せられた宇佐八幡宮の遷宮関係史料を秀忠に見せるため、その「宇佐宮八幡宮造営日時旧記」を孝亮から借り受けたのである。この時に孝亮が天海へ遣わした旧記の写しが、宮内庁書陵部所蔵の「宇佐八幡宮正遷宮一会」の二冊目にあたる。

また、元和二年（一六一六）十月には日光で「御宮御地形御縄張」が行われ、同年十一月には「御普請始」の運びとなっている（「御宮御地形御縄張御普請幷御造替御修復之節惣御奉行御手伝諸御役人覚」、『大日本史料』第十二編之二十五）。

そして、次の「元和三年四月二十二日付板倉勝重宛以心崇伝書状案」が伝えるように、元和三年（一六一七）四月十四日から四月十九日の間、秀忠の社参を得て日光で神事と法事が執行されたのである。

公方様《徳川秀忠》当月《元和三年四月》十二日ニ江戸を被為立。日光へ十六日《元和三年四月》ニ被成　御著座候。拙老《以心崇伝》式儀。十日《元和三年四月》ニ御先へ江戸罷立。日光へ十三日《元和三年四月》ニ参著仕候。十四日《元和三年四月》ゟ十九日迄之御神事。御法事。十八《元和三年四月》。十九両日ハ。公方様御社参。諸公家之出仕他儀無残所候。社頭造営以下。綺羅をミがきたる結構。中〱可申様無之候。所から見事さ。驚目迄ニ候。第一諸道具以下。種々様々之事共。急速ニ被仰付出来候儀。遠国彼是貴様《(板倉勝重)》第一人之御才覚。御手柄無比類儀。奇特千萬ニ存候。公方様。廿二日《(元和三年四月)》ニ日光を被為立候。今日廿二日《(元和三年四月)》。江戸へ被成還 御候。

その神事と法事に立ち会い、当時の日光の社殿を見た以心崇伝は「社頭造営以下。綺羅をミがきたる結構。中〱可申様無之候。所から見事さ。驚目迄ニ候（社頭の造営ぶりは栄華を極めた造りであり、なかなか言葉では表現することのできない見事さで、目を驚かせるものである）」と所感を述べている。大河直躬によれば「工事の開始から数えると約六ヶ月の工事期間で、建築工事が現在の常識では考え及ばぬほど早かった当時としても、かなりのスピード工事である」という［大河一九六五a］。もちろん、以心崇伝が「遠国彼是貴様《(板倉勝重)》第一人之御才覚。御手柄無比類」と述べたように、京都所司代板倉勝重らの尽力があってのことであったが、以心崇伝の立場からは天海の力を正当に評価することは難しかったであろうし、彼が日光に赴いたこと自体、以心崇伝の立場の複雑さを物語っている。後世の私たちは、これらの事業実現の前提条件を整えた天海の政治力の高さを看過してはならないであろう。

だが、当時の天海の立場に立ってみると、ようやく日光での神事・法事を無事に執行できたとはいっても、依然課題は山積みであった。とくに以心崇伝との関係でいえば、彼に対して天海が主張したといわれる山王（一実）神道での家康の神格化は実現できておらず、家康の神格化の方法論をめぐる朝幕双方の認識は、あくまでも両部習合神道による神格化であった。

天海にしてみれば、いかに両部習合神道の枠組みから脱却し、山王（一実）神道による神格化を遂げるかが課題であったと思われるのであり、また後世の私たちにとっては、なぜ天海が山王（一実）神道による家康の神格化にこだわったのかという問題も同時に浮上するのである。

なお、先行研究では、例えば菅原信海のように、天海の前後で山王神道と山王一実神道とを区別する見解があるが［菅原一九九二a・二〇一三］、いっぽう三崎良周のように山王神道と山王一実神道の間に「決定的に違う點《てん》は指摘できない」との見解を示す研究者もいる［三崎一九九四］。菅原と三崎の立場の相違は、天海の考案とされる秘式の儀式書である「一実神道秘決」に関する解釈をめぐっても顕著であり［三崎一九九四、菅原二〇一三］、いま本書で両者の説の当否を即断することはできない。また、かつて山王神道について、島地大等《しまじだいとう》が明治四十四年（一九一一）に「一實神道」と称して議論していたこともあわせて考えると［島地一九七八］、山王（一実）神道の呼称が妥当であると考え、本書ではそのように記述してきた次第である。

ところで、その島地大等が天海の神道思想について、明治四十四年に「いま眞言宗の方の兩部神道と、天台宗の一實神道とを比較するとどうしても一方は徹頭徹尾顯教だちで、一方は密教だちである。顯教だちであるからして、比叡山の一實神道と云ふものは、名の表すごとく『法華經』の思想が中心になつて居る。それから兩部神道の方はどうしても金胎兩部の『大日經』が据《すわ》りである。それが据りであるから隨つて面白いのは、一實神道の神の中心は國常立尊《くにのとこたちのみこと》となつて居る。それから眞言の兩部神道の方の神祇の中心は大日靈命《おおひるめのみこと》・天照大神、それで伊勢の天照大神・豐受大神《とようけのおおかみ》、内外宮と云ふものが中心になつて居る。これが東密の方の兩部神道の主張、それから一實神道は山王七社と云ふので全國に網を張つてしまつたが、山王七社の中心は何かと云ふと國常立尊となつて居る。國常立尊は世界をつくり出す最初の神、天神七代の最初、地神五代の最初が天照大神、各々中心を別にして居る所が大變興味がある所なのです」とし、「恰度《ちようど》、彼の兩部神道の方では金胎兩部の大日が中心になつて來て居る。内宮・外宮が金胎兩部の大日、斯《こ》う云《い》ふことになつて來る。ところがこの一實神道の方は、どうしても顯教が据りでありますから釋尊が中心、（比叡山の。引用者註）大宮さんが釋尊、（比叡山の。引用者註）二ノ宮さんが藥師如來、（比叡山の。引用者註）聖眞子が阿彌陀如來、卽ち釋尊が何處までも中心になつて居る。これは斯うなくてはならぬ。それから雜亂の神道になつて來ると、ずつと後の鎌倉時代になつて顯教・密教混亂の時代になると滅茶苦茶になつて來て顯教より釋すれば釋迦、密教より釋すれば大日、伊勢と山王とは一體なりと云ふやうになつて來たのであります。その流れを汲んだのが天海僧正即ち慈眼大師の神道であつて、實に徳川時代に復興した天海僧正の神道は東密・台密雑亂の神道であり決して純粋の一實神道ではない」〔島地一九七八〕とすでに指摘していたことは先行研究において忘却されている。今後はこの島地の指摘と、久保田収による「天海の神道については、未だ語るべき多くのものがなかつたのであらう」という指摘をもふまえて〔久保田一九七三〕、天海の行動を評価しなおさなければならないであろう。

元和期から寛永期の段階的な神格の構築

このような観点から天海の行動を再検討してみると、例えば、壬生孝亮は日記に「今度遷宮神宝御装束之事、自南光坊（天海）方可申付由所申也」（『孝亮宿祢記』四、元和二年十一月六日条）と記しているが、天海は孝亮に神宝・装束類の調進を指示しておきながら、日光における神事の前日、次のようなことを孝亮に告げている（『孝亮宿祢記』五、元和三年四月十六日条）。

神宝読合之事尋申南光坊（天海）之処、此事不及沙汰、只今日有読合分ニテ可有奉納云々

神宝御装束　宣旨持参、南光坊寺令渡之、砂金一褁《ふくろ》賜之

すなわち、孝亮は調進した神宝を奉納する前に、神宝の読み合わせについて天海に尋ねた。これは命じられた通りに神宝が調進されたかどうかを検品する意味合いがあったものと思われる。孝亮は奉納を厳密に行う方がよいと考えて、読み合わせの次第を天海に尋ねたのだが、それに対する天海の答えは「此事不及沙汰、只今日有読合分ニテ可有奉納」というものであった。厳密な読み合わせは必要なく、神事前日時点で読み合わせできる分を奉納すればよいというのである。これは例えば、寛政《かんせい》八年（一七九六）に幕府が『日光山諸国御宮其外諸堂社深秘覚帳』上（国立公文書館所蔵謄写本）を調え、装束について、

一、冬御装束　　品々
一、夏御装束　　品々
一、御宿衣　　弐領
一、御小袖　　弐領

というように確認し、社殿の深奥部に存在した神宝類についても一点ずつ確認のうえ、同じ

日光東照宮陽明門・鼓楼・鐘楼（著者撮影）
元和期に造営された社殿群は寛永期の大造替時に取り壊され、大造替によって豪華絢爛な建物が出現した［大河1965a］。陽明門は、寛永期の大造替時に建造された。

く『日光山諸国御宮其外諸堂社深秘覚帳』上に、

御宮殿

一、璽御箱幷大和錦御覆　一
一、御鏡幷雲台掛緒共　拾一面
一、御太刀幷大和錦御袋　四腰
一、御帳台　三基

（中略）

御内々陣

一、御榊幷台御掛衣共　弐通
一、神道秘密御箱幷覆掛衣共　四

（以下略）

と列記している姿勢と比較すると、大きな差があるといわねばならない。このような神宝・装束類について、元和期の状況がどのようなものであったのかは不明だが、前引の孝亮に対する天海の言動からは、元和三年（一六一七）段階の天海に、社殿の深奥部をどのような論理で構築するかについての計画はまだなかった可能性があろう。

この点、寛永十二年（一六三五）段階の幕府が、銀五百貫目を投じて神宝や御帳台《みちょうだい》を調進していることは『平田職忠・職在日記』からも明らかである。寛永十二年は、元和期の社殿の大造替《だいぞうたい》が開始される年であるから（『日光市史史料』第九集・秋元家文書）、日光東照社において家康の神格化を推進するための教義と論理は、元和三年（一六一七）から寛永十二年（一六三五）の約十八年間において、徐々に構築されていったと考えることが妥当なのではなかろうか。

そのような観点から、元和期から寛永期の日光東照社において、家康の神格がどのように扱われていたのかを検討してみると、元和三年四月の日光における神事・法事に先立ち、幕府の方針として史料上明らかなことは、壬生孝亮が日記の元和二年十二月二十三日条において、武家伝奏の広橋兼勝の青侍（公家に仕える侍）経由で告げられた江戸からの指示として（『孝亮宿祢記』四）、

早水長門守（速水、広橋家青侍）示云、一昨日、自江戸申来、薬師堂供養・開眼供養之事、遷宮以後可有之由

●日光東照社の深奥部と神体（219〜223頁）

本書のいう深奥部とは、現在の日光東照宮の御本社といわれるエリアにおける本殿に該当する。下野新聞の取材によれば、本殿の内陣には「御宮殿」と称するものがあり、そこに神体が安置されていると考えることが妥当であろうとする［下野新聞社編集局2016］。その「御宮殿」の様子の一端をうかがわせる絵図を紹介する。

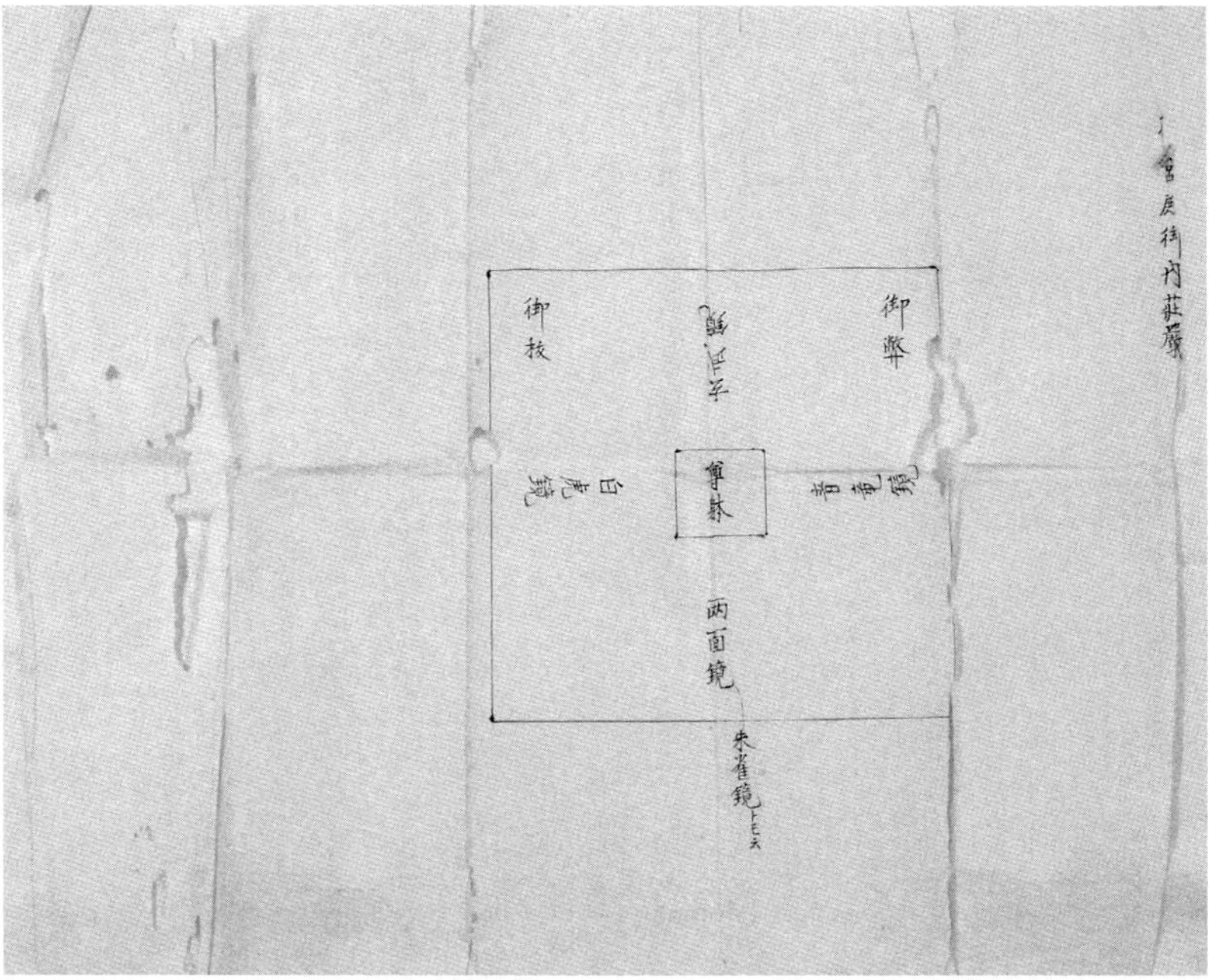

東照大権現縁起（350年祭記念佐藤寒山奉納）付属資料（日光東照宮蔵、著者撮影）
虫損が著しいが、右側に「御宮殿御内荘厳」とある。おそらくは、内々陣の御宮殿内部における神体その他の配置図であろう。「尊躰」の周りには、四神の鏡があったようである。

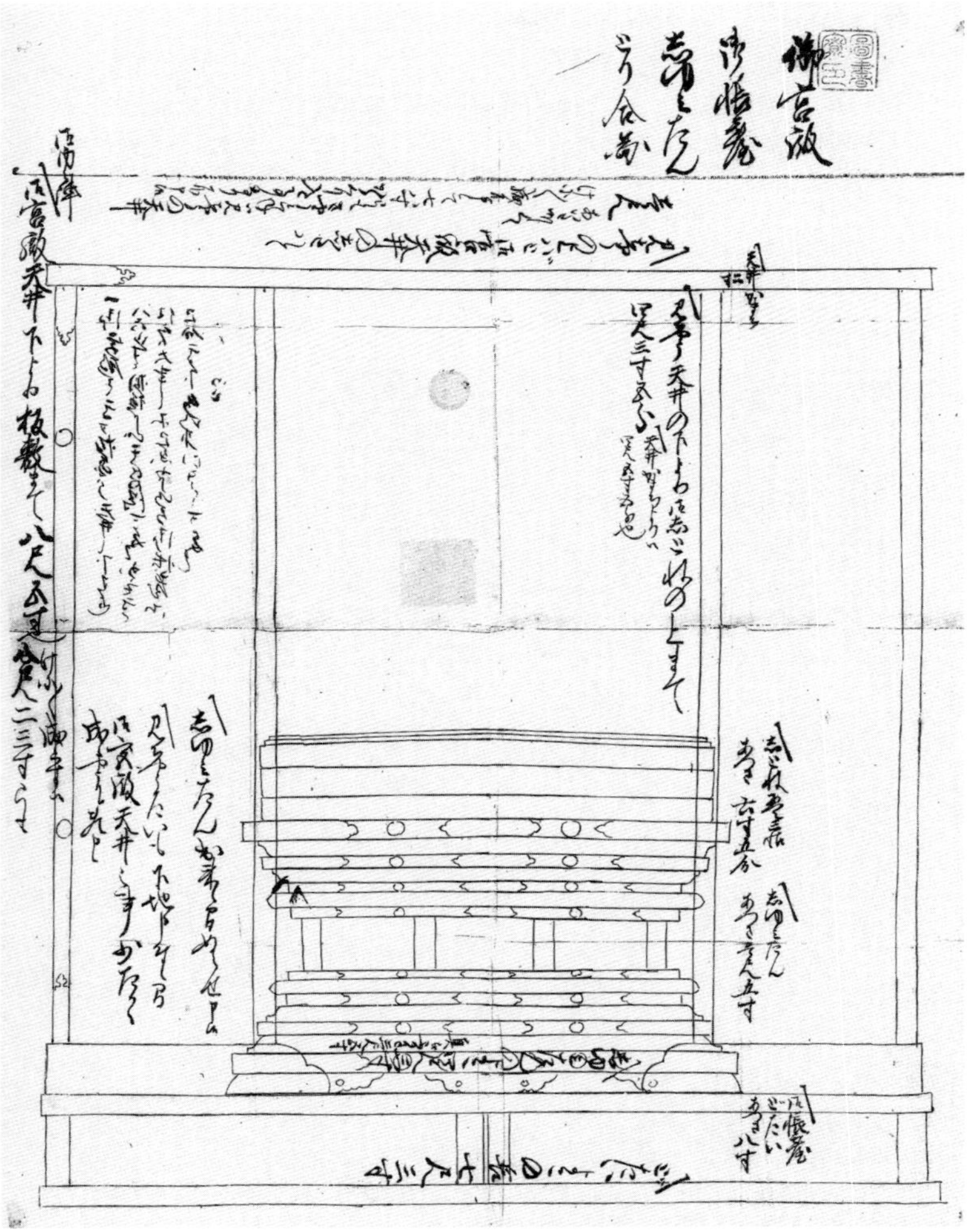

日光山東照宮御内陣御帳台須弥壇図（宮内庁書陵部蔵）
天部に「御宮殿御帳臺しゆミたんとり合圖」とある。

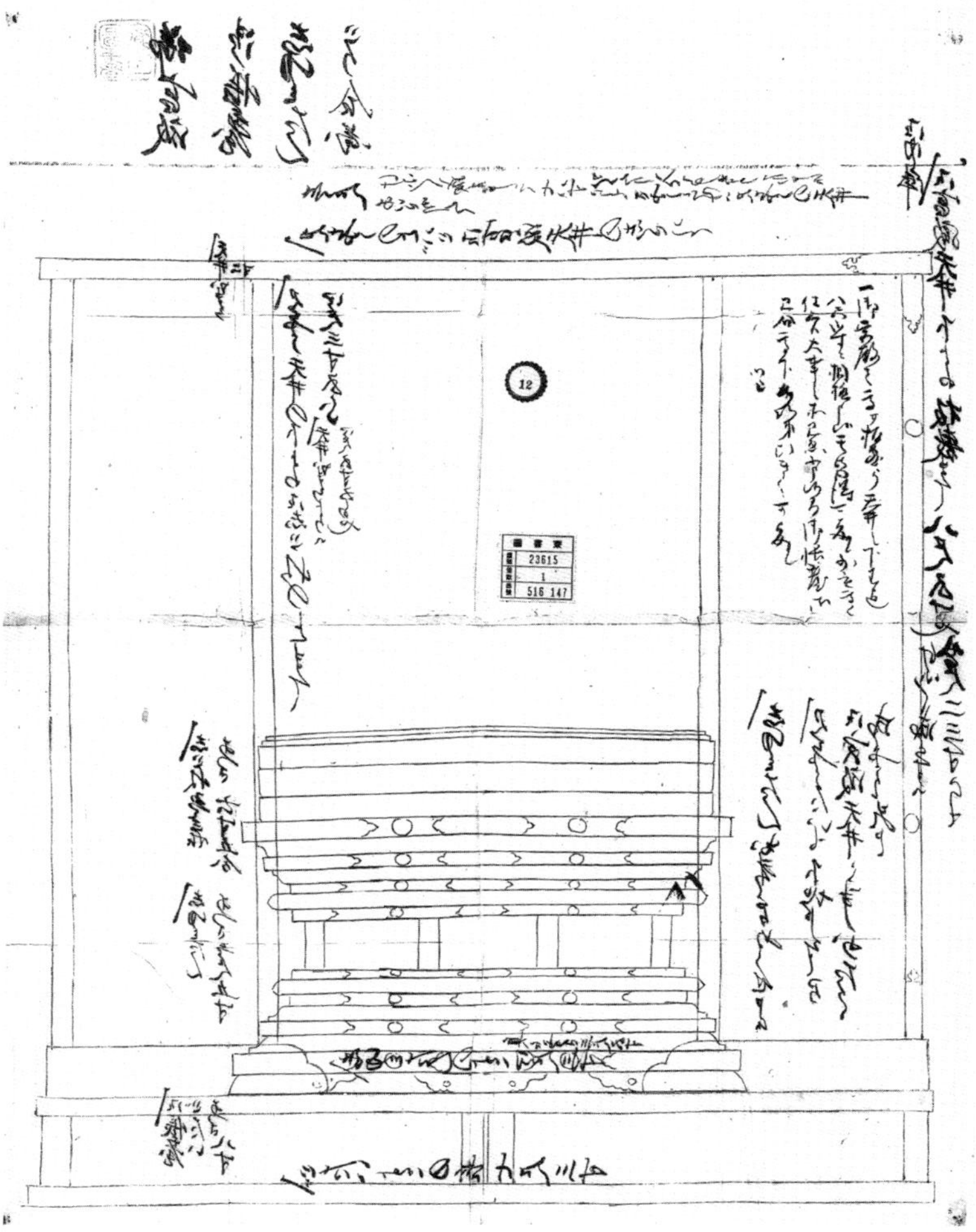

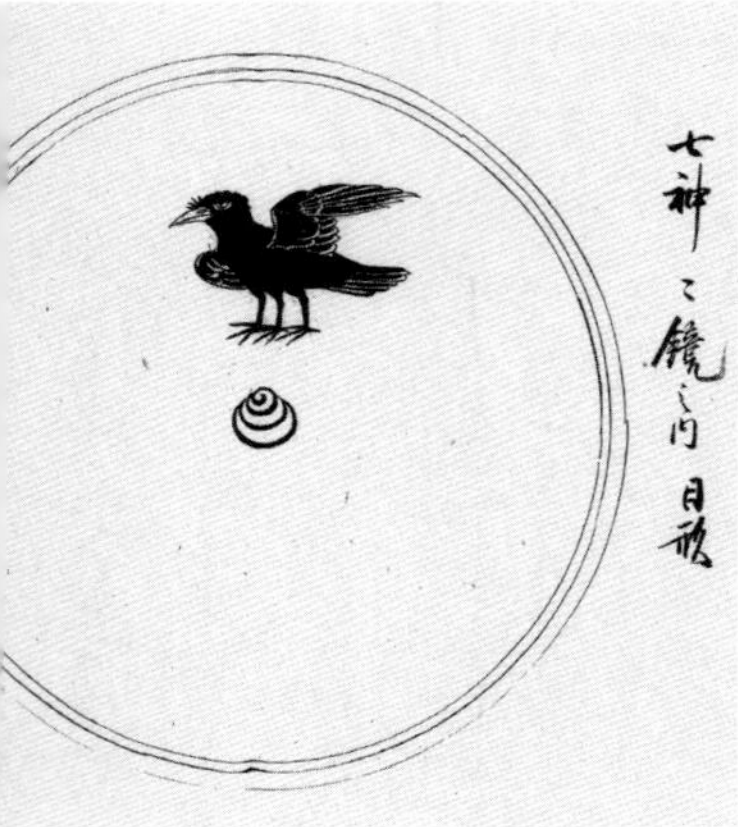
七神之鏡之内　日烏

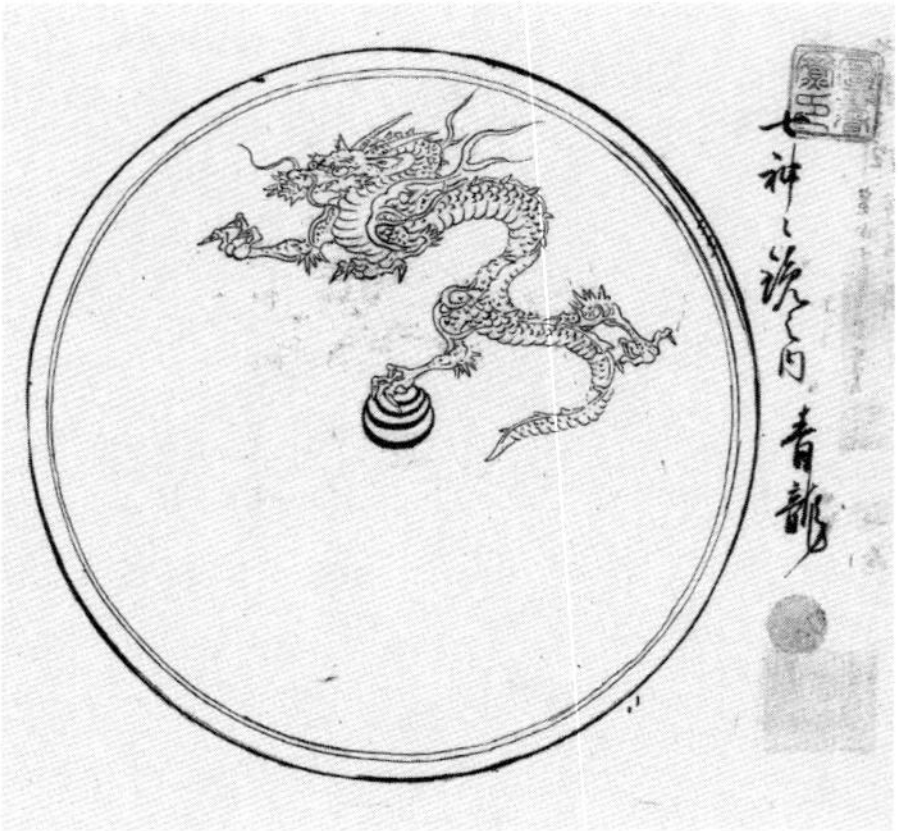
七神之鏡之内　青龍

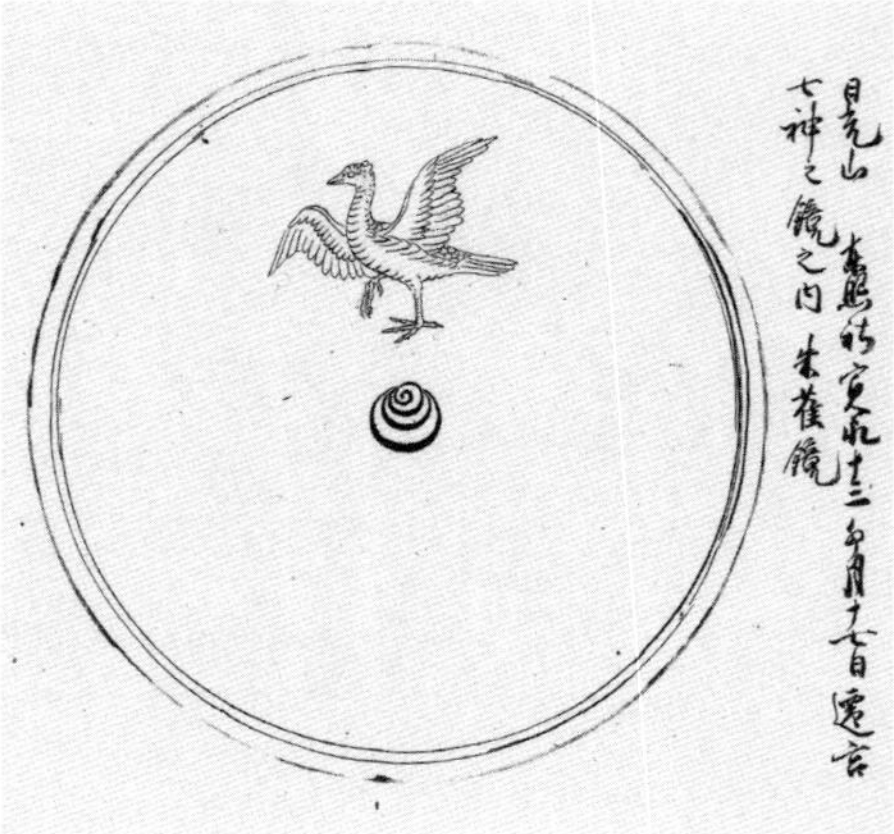
日光山　東照宮寛永十三年卯月十七日遷宮
七神之鏡之内　朱雀鏡

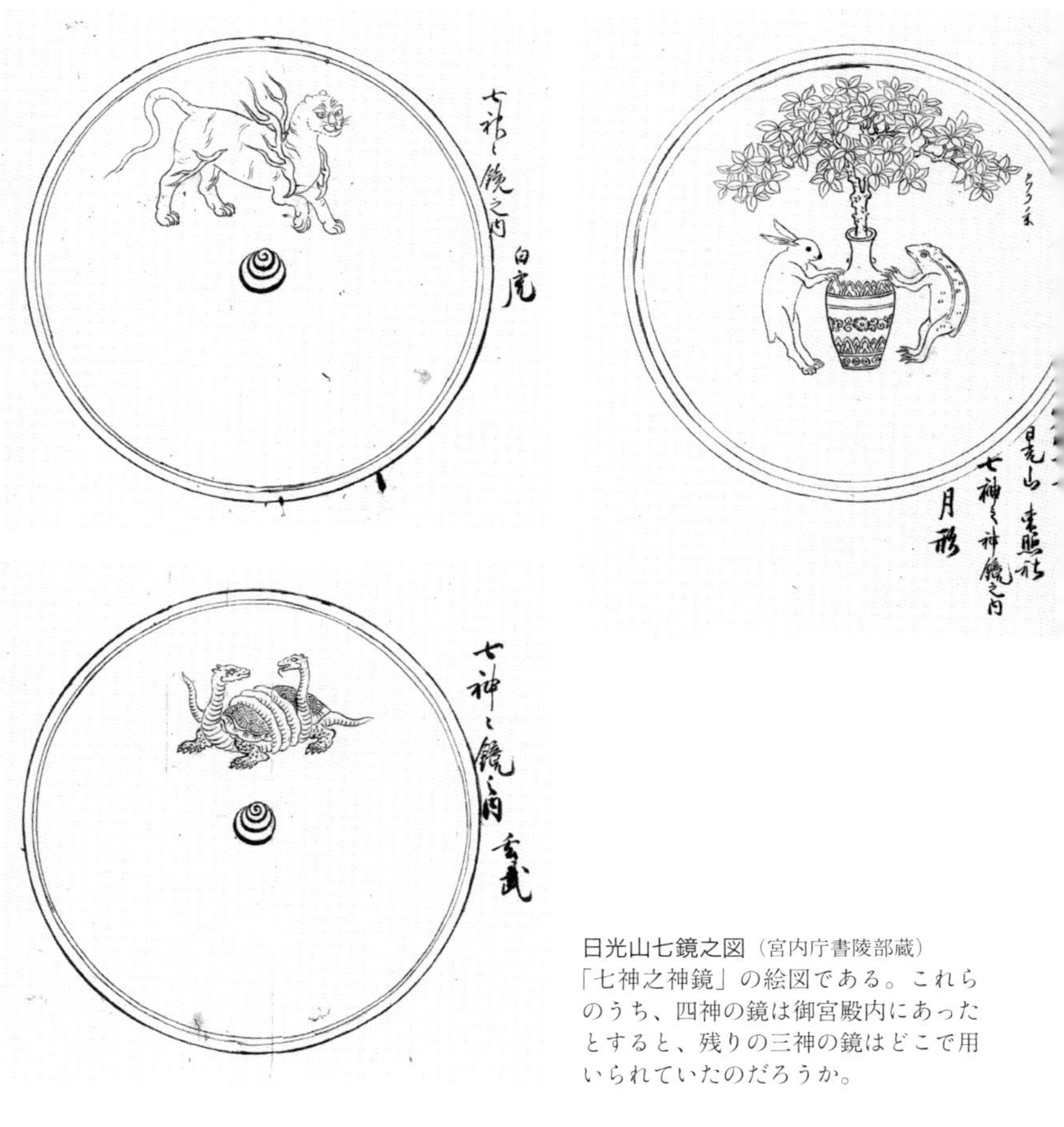

日光山七鏡之図（宮内庁書陵部蔵）
「七神之神鏡」の絵図である。これらのうち、四神の鏡は御宮殿内にあったとすると、残りの三神の鏡はどこで用いられていたのだろうか。

武命也云々

と記しているように、「薬師堂供養・開眼供養之事」については、日光東照社の正遷宮の後に行うということであった。日光における神事・法事は、元和三年（一六一七）四月十七日に「東照権現正遷宮」、翌四月十八日に「東照社法事」、四月十九日に「薬師堂供養・開眼供養」という次第で執り行われたから（『孝亮宿祢記』五）、この指示は守られたことがわかる。

四月十九日の「薬師堂供養・開眼供養」は「大樹（徳川秀忠）於権現社頭有御見物」（『孝亮宿祢記』五）、また日野《ひの》資勝《すけかつ》の日記では「将軍様（徳川秀忠）ハ東照ノ社ニテ御見物アリ」とあるように、当初、秀忠は薬師堂から少し離れた東照社の社殿から見物していたが、その後「将軍様（徳川秀忠）仏前ニ御マイリ有テ一拝有、ソレヨリ還御アリ」という次第であった（『日野大納言資勝卿記』三、国立公文書館所蔵謄写本、以下ここで使用する『日野大納言資勝卿記』の所蔵機関名等はこれに同じ）。

この薬師堂とは何なのかについて、孝亮や資勝は説明していない。この点については、寛永十六年（一六三九）から寛永十七年（一六四〇）に作成された『東照社縁起』の真名本の中・下巻と仮名本の第一・第四を参照するしかない（［日光東照宮社務所一九六三］によると『東照社縁起』は真名本上巻が寛永十二年〈一六三五〉、真名本中・下巻と仮名本は寛永十六年〈一六三九〉から寛永十七年〈一六四〇〉にそれぞれ作成された）。

本書では以下、『東照社縁起』の真名本上巻については曽根原理の「『東照社縁起』の基礎的研究」、真名本中・下巻は同じく曽根原理の「『東照社縁起』の基礎的研究（承前）」における読み下しを、仮名本については『神道大系　神社編二十五　上野・下野国』の翻刻を参照し、典拠の表示を省略するが、『東照社縁起』真名本中巻には「東照権現御本地薬師如来と知り奉る。則ち「名称普く聞こゆ」なり。知らざれば則ち不思議観応と名づく。万事出合い斯の如し」とあり、『東照社縁起』真名本下巻には「御本地堂を詣ぜば、半ばは悲しみを抱き半ばは喜びと為す。（中略）忝なくも大権現と現れ、広く衆生を度し御願力の船に乗せ、実報寂光の都に到らしむ」とあって、さらに『東照社縁起』仮名本第四で「御本地薬師堂の供養として、法華曼荼羅供を修せらる」としているから、薬師堂は東照大権現の本地としての薬師如来を安置したものであることがわかる。

なぜ、東照大権現の本地仏が薬師如来であるのかについては、『東照社縁起』仮名本第一における次のような説話が、その背景を暗示しているようである。

> そのかみ、彼慈父贈大納言広忠《（松平）》卿、若君のなきことをなけき、北方《（於大）》もろともに参州《（三河国）》煙巌山鳳来寺《ほうらいじ》の医王善逝《（薬師如来）》に参詣ありて、丹誠を凝し、諸有願求悉令満足の誓約を深くたのみ給ひき、

ある夜、北のかた（於大）あらたなる霊告をかうむり給ふ、それ夢は六の四品のわかち有といへとも、瑞夢《ずいむ》掲焉《けちえん》して、御身もたゝならすおはしませは、まさしき卜筮《ばくぜい》のものにとはせ給へは、孕にいまするは、宿植徳本《しゆくじきとくほん》の男子、十有二月にして平安に誕生あるへし、是十二神将擁護の故なりと考へけり、

誠に占《うら》かた掌をさすかことく、十二ヶ月にあたり、天文十一年壬寅十二月二十六日、易産の紐をとき給ふ、

すなわち、松平広忠《ひろただ》が鳳来寺《ほうらいじ》の薬師如来に参詣したところ、於大《おだい》が懐妊して家康が誕生したという話がふまえられているようなのだが、そのことが『東照社縁起』の全体において強調されているかというとそうでもなく、佐藤弘夫が指摘するように「本地である薬師如来についての説明がほとんどない」ということに加え、「東照大権現が垂迹であるとはされるものの、本地の実態がどのようなものであるか、それがなんの目的でいかにして顕現するのかといった問題については、ほとんど関心が示されていない」［佐藤二〇一二］。

このことをふまえ、佐藤は「中世的な本地垂迹説が変質している」と指摘するが［佐藤二〇一二］、これは見方を変えれば、『東照社縁起』においては、家康の神格である東照大権現の本地が薬師如来であると指摘できさえすればよかったということなのではなかろうか。

さらに、『東照社縁起』の真名本上巻の段階では、本地仏としての薬師如来の話がなく、本地垂迹の話は真名本中・下巻と仮名本にならないと登場しないということも、元和三年（一六一七）段階において薬師堂をめぐる教義と論理は、本地垂迹説として完全には構築されていなかったことを示唆しているようであり、だから寛永期には本地仏とされるのに、元和期において薬師如来像を安置する薬師堂の開眼法要は、日光東照社の正遷宮の後でも構わなかったのだと思われる。

もし、仏本神迹の本地垂迹説を体現する社殿群を整えようとしていたならば、先に薬師堂の薬師如来像が開眼していなければ論理的にはおかしいのである。この論理矛盾は、唯一宗源神道の梵舜の手による久能山上での家康の神格化が先行していたことから、ある意味で必然であった。当初の天海は、久能山で創出された家康の神格を日光山において変更する必要から、おそらくは鎌倉幕府歴代将軍の薬師信仰［西木二〇一四］に範を得たであろう生前の家康の薬師信仰などをふまえ、薬師堂を付加したものと思われ、その薬師堂は次第に本地垂迹説によって教義面における論理を増強させていったのだと推測される。ただし、それはあくまでも、東照大権現が薬師如来の化身であることを主張するためだけの増強であった。このように考えると、なぜ天海が家康の神格である東照大権現の本地仏として薬師如来を設定しなければならなかったのかという新たな問題が生じるが、それは後にあらためて考察しよう。

東照大権現という神格とその神体

元和期の薬師堂については前述のような位置づけであったとして、東照大権現そのものは当初いかなる取り扱いをされていたのであろうか。元和三年（一六一七）の日光における神事・法事に参列した日野資勝は、四月十八日の「御神前ニテシカ（シヤ、社）ノ法事」における「カウサ（高座）」とその前方の祭壇の模様を掲出図版のような絵図として書き残している（『日野大納言資勝卿記』三）。その絵図の下部には、

左マタラ神、日光山ノチンシユ
中東照大権現
右日吉社
クワンシヤウにて三社ナリ

とあって、左側に摩多羅《またら》神《しん》、中央に東照大権現、右側に日吉社が勧請されて三社として祀ら

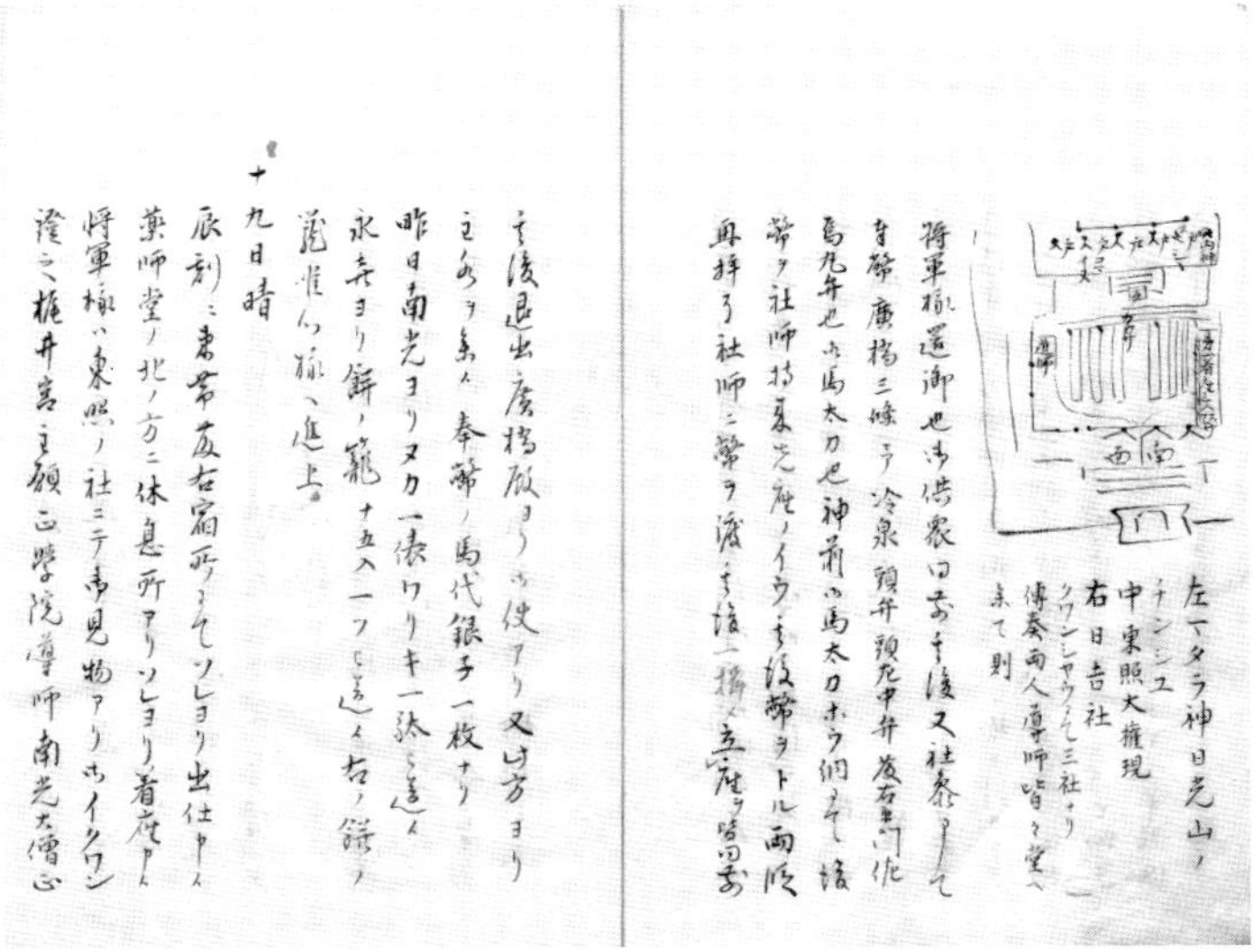

日野大納言資勝卿記３、元和３年４月18日条（国立公文書館蔵）

れていたと明記されている。この記述は重要で、のちに「御左神様御右神様」（『社家御番所日記』十五、文化十年正月元日条）と称される神格が、すでに元和三年段階で形成されていたことを示している。

　これらの神格がどのような神体で祀られていたのかについては不明な点が多いが、後世の史料ながら、その実態をうかがわせる記述はいくつか確認される。例えば、隆光《りゅうこう》は自らの日記の元禄九年十二月晦日条に、次のような話を記している（『史籑隆』第一）。

　一晦日（元禄九年十二月）、五っ過登城、如例年正観音像幷来丑年之御守・雷除之御守持参、又浴油之書付・元朝御勤之方角之書付持参、今朝御行水御髪御洗被成、毎朝之御勤被成、次ニ御守御請取被成、扨又《さてまた》、当春(元禄九年)日光之御宮奇瑞《きずい》ニ付、去廿日(元禄九年十二月)御煤納之節、御宮中之御様子幷ニ廿八日日門主(公弁法親王)御宮中拝見之様子今日御注進也、依之、覚王院(最純)登城、今朝ゟ相詰、上野仏頂院日光之御注進・御門跡之御状持参、出羽守殿(柳沢保明、のち吉保)披露、次ニ覚王院被為召、右之御状拝見被仰付、次ニ愚衲(隆光)罷出御状拝見、宮中御機嫌能《よく》候旨、祝万歳早、次ニ御守棚如例御払(掃)除被遊、御守御納被成、御下段へ出御、則於御前昆布頂戴、次ニ御茶菓子被下之、御茶相済、日光之御機嫌能《よく》御満足ニ思召候、依之、紗綾十巻被下之、退出、（以下略）

これによると、元禄九年（一六九六）の春に発生した「日光之御宮奇瑞」をふまえ、同年十二月二十日の日光における煤払《すすはら》いの折と十二月二十八日の公弁《こうべん》法親王による「宮中拝見」の際の状況が、十二月晦日に江戸城へ注進されてきたといい、「日光之御機嫌能」旨が報告され、徳川綱吉《つなよし》が満足したとある。元禄九年春に確認された「日光之御宮奇瑞」のその後の様子がいかなるものであったか、その年中、綱吉とその周辺が気にしていたことをうかがわせる記述であるが、いったいどのような「奇瑞」だったのであろうか。

この点について、元禄九年の春を中心に隆光の日記を検討してみると、元禄九年正月四日条に次のような記述があった（『史纂隆』第一）。

一四日《（元禄九年正月）》、四っ過、只今登城可仕之旨、出羽守《（柳沢保明、のち吉保）》殿ゟ申来、又大手迄早々罷越候様ニ申来、日光御門跡《（公弁法親王）》ゟ御註進《（注）》、旧冬《（元禄八年）》御宮煤納之節、御宮別当奉拝神躰之所ニ御太刀六七寸抜出、御彩色御怒之御様躰、御笏・御幣も不尋常之旨也、依之、御祈禱可仕之旨也、尤、日門主《（公弁法親王）》ニ御祈禱被仰遣、同日《（元禄九年正月四日）》、覚王院《（最純）》・霊雲寺《（覚彦）》・智宝庵も被為召、御祈禱被仰付也、

今日、鶴姫君様御登城、

すなわち、元禄九年正月四日に公弁法親王から注進があり、元禄八年（一六九五）末の煤払いの節、別当が神体を拝したところ、太刀が十八から二十一センチメートルほど抜け出ており、神体の彩色も怒りの様相で、笏《しゃく》や幣《へい》も尋常の様子ではなかったといい、綱吉が祈禱を命じたというものである。事実、祈禱は元禄九年正月十七日に将軍綱吉の名代として、老中大久保忠朝《ただとも》が日光に派遣されて執行されている（『社家御番所日記』二）。

ここからは、実際の「奇瑞」は元禄八年末に発生し、それが年明け後に注進されたことがわかるが、神体の変異の報告をうけた綱吉以下の狼狽《ろうばい》ぶりがよく示され、綱吉が恐れた神体の変異とは、まさしく東照大権現の神体の変異であったろう。東照大権現の神体は、彩色の

施された像であったと思われ、太刀や笏を帯びていたものと思われる。

また、実際に神体を見た者もいる。明治九年（一八七六）の明治天皇の東北巡幸に供奉した東久世《ひがしくぜ》通禧《みちとみ》は自らの日記の明治九年六月七日条に（『東久世通禧日記』）、

八時東照宮社頭御覧、今朝御代拝宣命米田（虎雄）番長勤仕、御乗輿依甚雨也、本社三戸開扉、中央徳川家康公衣冠束帯ノ小木像、左戸社僧云頼朝（源）或説曰信長（織田）公、予（東久世通禧）疑ラクハ是ナラン、蟬翼冠ヲ蒙リ水干様ノ衣ヲ穿ツ、坐前二株（侏）儒アリ、一挙手揚足舞曲ヲ為シ、一小鼓ヲ持テ又跳ル、右戸豊臣秀吉明服ヲ被レリ、皆略約五六寸許、（以下略）

と記しており、明治天皇の御覧に際して本社（おそらく現在の御本社の本殿）の三つの扉を開いたところ、中央に家康の束帯姿の木像、左側に社僧がいうには頼朝像または信長像といわれる木像（東久世は信長像だと思ったようである）、その木像は蟬翼冠《せんよくかん》をかぶり、水干《すいかん》のような衣服を身に着けていたといい、像の前に二人のこびとがおり、一人は手足を上げて舞い、一人は小鼓《こつづみ》を持って跳ねていたとある。右側には明《みん》の冠服を着た秀吉像があったとあり、いずれも大きさは十五から十八センチ程だったという。

その場には木戸《きど》孝允《たかよし》もおり、木戸は日記の明治九年六月七日条で次のように記している

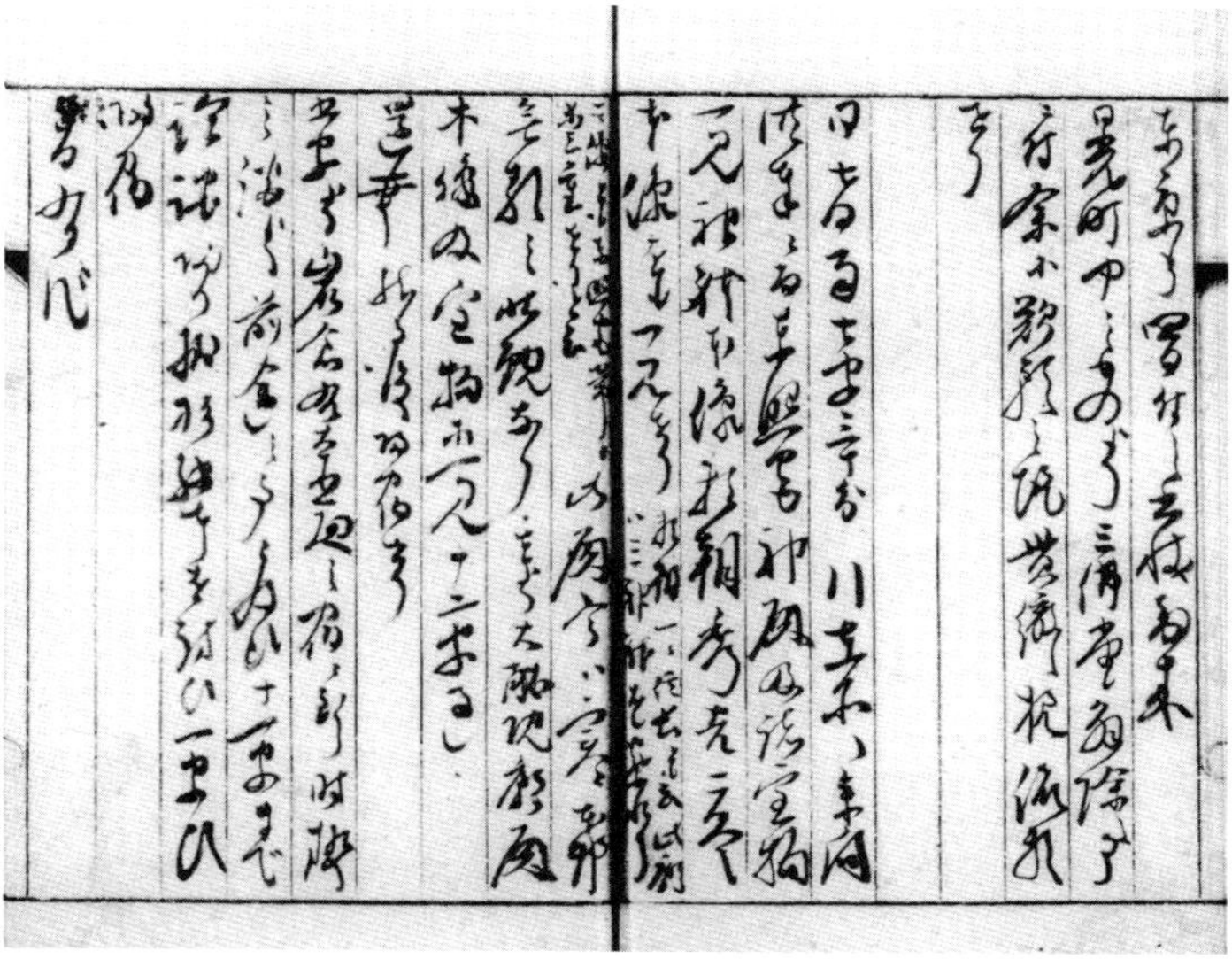

木戸孝允手記20、明治９年６月７日条（宮内庁書陵部蔵）

（『木戸孝允日記』第三を宮内庁書陵部所蔵原本の『木戸孝允手記』二十で校合）。

雨七字三《(ママ)》十分　行在所へ参向、供奉ニ而東照宮神殿及諸宝物一見、神躰《(ママ、木カ)》本像・頼朝《(源)》秀吉《(豊臣)》二公之本像《(ママ、木カ)》をも一見せり、頼朝一ニ信長とも云、此廟ハ三神躰を祭れり、二像とも東照宮常ニ愛重せりと云、此殿宇ハ実ニ本邦無類之壮観なり、

すなわち、やはり三体の像を見たようであり、木戸は東照大権現の神体のほか二体は、頼朝像と秀吉像だとし、その二像を家康遺愛の品として説明されたようである。これら東久世と木戸

御旅所山王曼荼羅図（日光山輪王寺蔵）

摩多羅神画像（日光山輪王寺蔵）

が見た三像のうち、家康の木像とは、元禄期に変異を示した東照大権現の神体であろう。あとの二像については、東久世の記述を参考にすると、蟬翼冠と水干を身に着け、目の前でこびとが踊っている像の姿は、上右図の摩多羅神であろう。また、明の冠服を着た秀吉像とされていたものは、上左図の日吉山王（大宮）の像であろうから、これらは日野資勝が記していた中央の東照大権現、左側の摩多羅神、右側の日吉社に該当しよう。

これらの神体は、文化《ぶんか》九年（一八一二）末に日光東照宮を襲った大火災でも無事であったから（『東照宮寶物志《ほうもつし》』）、元和期から変わらず伝存してきたものと考えて差し支えなく、元和三年（一六一七）から東照大権現、摩多羅神、日吉社（山王）の三体を祀る信仰形態は存在したものと判断してよいのではなかろうか。

元和八年の木造多宝塔造立と徳川家康の遺体

それでは、近年関心の高まっている家康の遺体そのものは、どのような取り扱いがなされていたのであろうか。その問題へと入る前に、まず確認しておくべき点は、大河直躬が指摘しているように、まだ元和三年（一六一七）の段階では、日光東照社に奥社《おくしゃ》の宝塔《ほうとう》や拝殿《はいでん》は存在していなかったということである［大河一九六六］。すなわち、日野資勝は日記の元和三年四月十九日条で（『日野大納言資勝卿記』三）、

将軍様《（徳川秀忠）》仏前ニ御マイリ有テ一拝有、ソレヨリ還御アリ、広橋大納言《（兼勝）》・冷泉中納言《（為満）》・三条大納言《（公広）》・予《（日野資勝）》、東照ノ御廟へ参詣、山上二三モアカル也、ソレヨリ退出、（以下略）

と記しており、薬師堂での法要の後、他の公卿と連れ立って「山上二三モアカル」所にあっ

た「東照ノ御廟へ参詣」はしているが、三崎良周や菅原信海が述べるような元和三年における宝塔での「一実神道秘決」の秘式［三崎一九九四、菅原二〇一三］のことなどは一切記していない。これは、壬生孝亮の日記も同様である（『孝亮宿祢記』五）。

元和三年には「御廟」はあったのだが、大河直躬によれば「このときはおそらくその廟窟《びょうくつ》のみが完成したに過ぎないらしく、それ以外の宝塔などの造営は正遷宮以後に行われたと推定される」といい、大河は以心崇伝の日記などを根拠に、その推定を補強している［大河一九六四a］。すなわち、おそらく大河が典拠とした次の「元和八年正月二十八日付細川三斎宛以心崇伝書状案」（『新訂本光』第五、なお大河論文執筆時に本書は未公刊）によれば、

> 一日光ニも御廟《ごびょう》。堂塔以下御建立。石垣等旧冬（元和七年）ゟ御普請被　仰付候。日光近所ニて。知行拝領之御衆。右之役被仕候由ニ候。当年（元和八年）四月。第七年ニ御当り被成候。其以前ニ出来候様ニと被　仰出候。定而　御社参可被成かとの下ニて沙汰御座候。

とあって、「御廟。堂塔以下御建立」が命じられた時期は元和七年（一六二一）冬であり、七年忌にあたる元和八年（一六二二）四月までの完成が目指されていたことがわかるのである。同じく以心崇伝の日記の元和七年十一月六日条には「自鈴木近江（守、長次）日光造営事始ノ吉日問

ニ来ル。則書付遣之。」とあって、以心崇伝は元和七年十一月十一日を吉日としているから、「御廟。堂塔以下」の造営開始日は元和七年十一月十一日であったことも判明する（『新訂本光』第五）。

この時に造営された宝塔について、大河直躬は「日光山古図」と「愚子見記《ぐしけんき》」から「少く（ママ）とも元和創建の宝塔が、木造の多宝塔《たほうとう》であつた事実は認めてよいように考えられる」とし〔大河一九六四a〕、「下層の平面の一辺の大きさが、ほぼ十六尺くらい」で「六支掛」という「斗栱《ときょう》と垂木《たるき》の寸法関係」を有することから「元和の宝塔がたいへん大規模なものだつたこと」がわかり、「ふつうの多宝塔の寸法の比例で考えると、その高さは露盤《ろばん》までで、二十尺をこす大きさだつたろうと推定される」とし、「このような木造多宝塔は、中世ではしばしば御陵《ごりょう》など高貴な人の墓に建てられた。元和の宝塔に木造の多宝塔が用いられたのはそのような習慣をうけついだものである」とする〔大河一九六四b〕。また、三崎良周は「徳川初期、天海僧正（一五三六〜一六四三）によって、日光山に東照大権現として祀られた徳川家康の塋域に多宝塔が建てられていることは、慈円をはじめとする台密の法華法に淵源をもつものと推測される」としている〔三崎一九九二a・一九九四〕。

林羅山の証言によれば、この元和八年（一六二二）に造営された巨大な木造多宝塔では、寛永十三年（一六三六）に次のような祭儀が執り行われている（「東照大権現新廟斎会記」、『林

羅山文集』上巻、寛永十三年四月十七日条）。

午已後、以《テノ》二天海《カ》望《ミ》請《フヲ》一故《ニ》、有二霊塔戒灌《ノ》事一、（中略）、導師天海与二最胤《さいいん》・慈胤・公海一共《ニ》入《テ》レ塔《ニ》行《フ》二授戒灌頂《ヲ》一、最胤代《テ》レ神《ニ》而受《ク》之、又把《テ》二胤《ノ》衣《エヲ》一、換《フ》二海《ノ》衣《エニ》一、蓋《シ》戒法授受《ケル》時《キ》、以《テ》二前仏《ノ》之智水《ヲ》一灌《クノ》二後仏《ノ》之頂《キニ》一之謂《カ》乎、人不《ンハ》レ能《ハ》レ見《ルコト》二塔内《ヲ》一、則世罕《ナリ》二知《ル》者《ノ》一、

日光山古図写本（日光東照宮蔵）
右手奥に、木造の巨大な宝塔が見える。

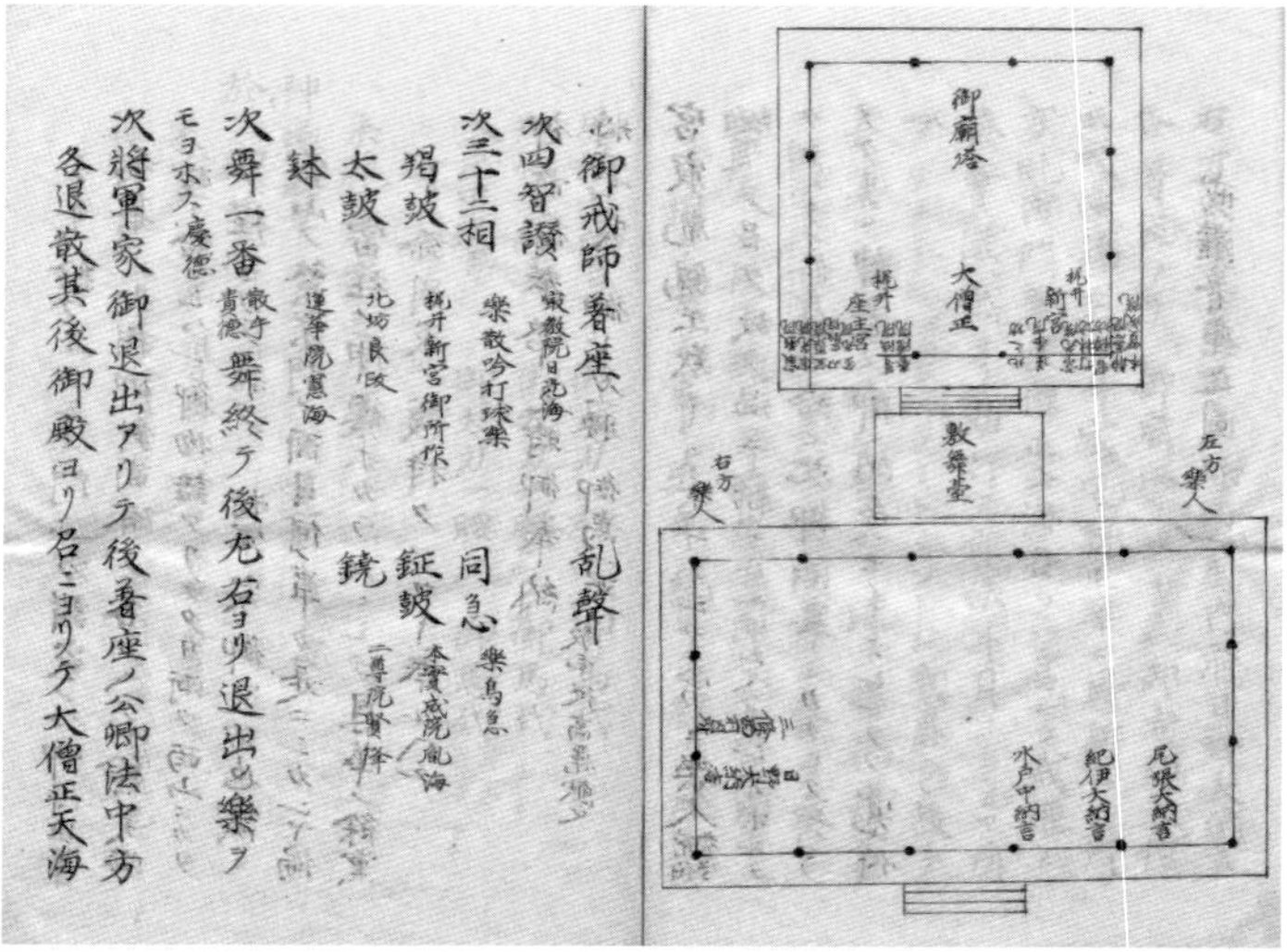

日光山御神事記、寛永13年４月17日条（国立公文書館蔵）

すなわち、天海の希望によって「有霊塔戒灌事」が執行されたとあり、それは天海を導師として宝塔の内部で東照大権現に「授戒灌頂」を行い、最胤《さいいん》法親王が東照大権現に代わって受戒するというものであった。同じ祭儀を見物していた『日光山御神事記』（国立公文書館所蔵謄写本）の筆者は、その寛永十三年四月十七日条において、

御廟塔ノウチニハ、御戒師大僧正天海、證明梶井最胤親王幷ニ同新宮ノ御方、毘沙門堂権僧正公海各ヲハシマシテ、戒灌ノ勝会儼然タリ、勤行ノ作法耳目ノヲヨフ所ニアラ子トモ

何トナクイトタフトシ、

と記し、実際には宝塔内部の所作を見ることはできなかったようであるが、図版のような絵図も記すなどして何となく尊いものと感じられたとの所感を述べている。したがって、三﨑良周や菅原信海の述べた「一実神道秘決」の秘式が実行されたとすれば、その時期は元和三年（一六一七）ではなく、寛永十三年（一六三六）であり、その場所は徳川家光によって大造替された日光東照社の境内にまだそびえ立っていた、元和八年（一六二二）創建の宝塔内でのことであった。あるいは、史料的裏づけはないが、授戒・灌頂は宝塔が完成した元和八年にも行われた可能性がある（大河直躬は元和八年に「奥社廟塔で戒灌頂の儀式が行なわれた」とする［大河一九六六］）。

すると、次に検討すべきことは、このような宝塔が造営された理由、そして天海が東照大権現に授戒・灌頂を行ったことの意味であろう。

そもそも宝塔とは、妙法蓮華経の見宝塔品《けんほうとうほん》第十一において多宝如来が釈迦牟尼世尊《しやかむにせそん》の説法を讃える中で登場するものだが、植木雅俊による漢訳の読み下しとサンスクリット語原典の現代語訳によって該当箇所の一部を示すと次のとおりである［植木二〇〇八b］。

（読み下し）

是《ここ》に釈迦牟尼仏《しやかむにぶつ》、右の指を以《もつ》て七宝塔《しつぽうとう》の戸を開きたまう。大音声《だいおんじよう》を出すこと、関鑰《けんやく》を却《さ》けて大城の門を開くが如し。即時に一切の衆会《しゆえ》、皆、多宝《たほう》如来の、宝塔の中に於いて師子座に坐したまい、全身散ぜざること禅定に入るが如くなるを見、又、其《そ》の「善《よ》き哉《かな》、善《よ》き哉《かな》、釈迦牟尼仏《しやかむにぶつ》よ、快く是《こ》の法華経を説きたまう。我、是《こ》の経を聴かんが為《ため》の故に、而《しか》も此《ここ》に来至《らいし》せり」と言うを聞《のたも》く。

爾《そ》の時、四衆《ししゆ》等、過去の無量千万億劫《こう》に滅度したまいし仏の、是《か》くの如《ごと》き言《ことば》を説きたまうを見て未曾有《みぞう》なりと歎《たん》じ、天の宝華聚《ほうけじゆ》を以《もつ》て多宝仏《たほうぶつ》及び釈迦牟尼仏《しやかむにぶつ》の上《みうえ》に散ず。

爾《そ》の時、多宝仏《たほうぶつ》、宝塔の中に於いて半座を分《わか》ち、釈迦牟尼仏《しやかむにぶつ》に与えて是《こ》の言《ことば》を作《な》したまわく、「釈迦牟尼仏《しやかむにぶつ》よ、此《こ》の座に就《つ》きたまうべし」と。即時に釈迦牟尼仏《しやかむにぶつ》、其《そ》の塔中《たつちゆう》に入り、其《そ》の半座に坐して、結跏趺坐《けつかふざ》したもう。

（現代語訳）

すると世尊は、右手の指で空中に留まっているその宝石でできた大いなるストゥーパ（宝塔）を真ん中の所で開かれた。開いてから、さらに二つの壁を大きく拡げられた。あたかも、大きな都城の入口にある半球の形をした大きな両扉が、閂《かんぬき》をはずされて拡げられるように、まさにこのように、世尊は右手の指で、空中に留まっているその宝石でできた大いなるストゥーパを真ん中の所で開いて、〔中を〕顕された。

実にまた、その宝石でできた大いなるストゥーパが開かれると直ちに、その時、世尊である〝多くの宝を持つもの〟（多宝《たほう》）という正しく完全に覚られた尊敬されるべき如来が、身体は干からびきっているが、完全にそろった身体をそなえ、結跏趺坐《けっかふざ》して師子座に坐っておられて、あたかも三昧《さんまい》に入っておられるかのように、そのように観察された。そして、〔〝多くの宝を持つもの〟という如来は〕このように言葉を告げられた。

「素晴らしいことです。素晴らしいことです。シャーキャムニ世尊よ。あなたは、この〝白蓮華《びゃくれんげ》のように最も勝れた正しい教え〟（妙法蓮華《みょうほうれんげ》）という法門を巧に説かれました。シャーキャムニ世尊よ、この〝白蓮華のように最も勝れた正しい教え〟という法門を集会の真ん中で説かれるところのあなた、あなたは、実にまた素晴らしい。

世尊よ、私はまさにこの〝白蓮華のように最も勝れた正しい教え〟という法門の聴聞のために、ここにやってまいりました」

すると、それらの四衆たちは、その世尊である〝多くの宝を持つもの〟という正しく完全に覚った尊敬されるべき如来が、完全なる滅度に入られてから幾百・千・コーティ・ナユタもの多くの劫が経過している〔にもかかわらず〕、そのように〔今、〕語っているのを見て、奇異なる思いにとらわれ、驚嘆すべき思いに満たされた。

その時、その世尊である〝多くの宝を持つもの〟という正しく完全に覚った尊敬されるべき如来、およびその世尊である正しく完全に覚った尊敬されるべきシャーキャムニ如来に、天上界と人間界の多量の宝石を振り撒いた。

すると、世尊である〝多くの宝を持つもの〟(多宝)という正しく完全に覚った尊敬されるべき如来が、世尊である正しく完全に覚った尊敬されるべきシャーキャムニ如来に、まさにその師子座における座席の半分を与え、宝石でできた大いなるストゥーパ(宝塔)の中で、まさにその〔シャーキャムニ如来〕にこのように言った。

「世尊であるシャーキャムニ如来は、まさにここにお坐りになってください」

そこで、世尊であるシャーキャムニ如来は、実にその〔〝多くの宝を持つもの〟という〕如来とともにその座席の半分に坐られた。そして、その両方の如来は、その宝石でできた大いなるストゥーパの中央において師子座に〔並んで〕坐っておられ、空の上の空中に留まっているのが観察された。

これは、釈迦牟尼世尊の説法を讃える多宝如来が、宝塔内部の自らの座の半分を釈迦牟尼世尊のために譲り、着座を勧める有名な場面である。ここで注目したい点は、宝塔は七宝すなわち宝石製であること、その塔の中で「完全なる滅度に入られてから幾百・千・コーティ・ナユタもの多くの劫が経過している〔にもかかわらず〕」「身体は干からびきっているが、完全にそろった身体をそなえ、結跏趺坐《けっかふざ》して師子座に坐っておられて、あたかも三昧《さんまい》に入っておられるかのよう」な多宝如来の姿が描かれている点である。

元和八年（一六二二）に造営された多宝塔は、世良田《せらだ》（群馬県太田市）に移されたものの残念ながら現存しないが〔大河一九六六、菊池二〇〇六〕、それが前引の妙法蓮華経の内容をふまえて造営されたことは、次の『東照社縁起』仮名本第四に示されている。

されは久能寺より尊躰を此処に移したてまつりて後、多宝の塔婆一基を造立し、塔中に釈迦多宝二仏並座して、境智冥合の深義を顕し、文殊普賢《もんじゆふげん》等の尊像を安置せらる、返壁には人天大会来集の説相を画くも、全く即事而真のことはりを示者乎、于時大僧正天海戒灌を神霊に授けまいらせ、供養を無疆《むきよう》にまうけ、香華《こうげ》を不退に期し、神威を飾り、仏庭をひらきたてまつる、

宝塔の内部には釈迦牟尼世尊と多宝如来の像があり、文殊《もんじゆ》菩薩と普賢《ふげん》菩薩の像も安置され、壁面には「人天大会来集の説相」が描かれていたとある。天海は、そこに鎮座する徳川家康

の神格である東照大権現に授戒・灌頂を行い、家康を供養し、神威を増強させたのである。

ここで問題となることは、その宝塔内部に家康の遺体があったのかどうかという点だが、生前の家康が聴講した論義のうち、『駿府記《すんぷき》』の慶長十九年七月十一日条は「天台論議（義）、題塔中三身、難云、宝塔之中釈迦多宝有二仏、分身諸仏在地下、宝塔品之心也、答云、宝塔とは五大也、三身は法身報身応身也、釈迦多宝法報にして、色心不二之処を表す、応身従本垂迹とて、天上の月池水に影を写すか如し、然則三身共に塔中に座すと云へし」という内容を伝えている。これはおそらく三﨑良周が法華法について議論する中で「釈尊は、天台では三身即一の仏であって、これを本尊とするのであり、四土具足の観想の世界を道場と為し、三種悉地の三身印明（〈梵字略。引用者註〉法身、〈梵字略。引用者註〉報身、〈梵字略。引用者註〉応身）を根本印とし、法華経を誦し、金剛界五相成身観《ごそうじょうじんかん》を修し、胎蔵界五輪の内護摩観《ないごまかん》に入ることが即身成仏であり、一生にして妙覚を得ること」だと指摘していることと関連していよう［三﨑一九九二a・一九九四］。

宝塔の中には釈迦牟尼世尊と多宝如来が座しているが、その地下に分身の諸仏がいるとすれば、それは即身成仏した被葬者の姿であろう。前引の妙法蓮華経の見宝塔品第十一における、滅度しながらも完全に五体が揃った状態で干からびて宝塔内にいた多宝如来も、まさに即身成仏の姿である。生前の家康が即身成仏に関心を抱いていたことは、別の日に家康が

「真言論議《（義）》、題、肉身を指て即身成仏歟、肉身不捨成仏歟、講師高室院」を聴講していることからも明らかである（『駿府記』慶長二十年閏六月二十六日条）。そして、宝塔内で天海は授戒・灌頂を行っているのだから、もしそこに家康の遺体がなければ、家康は成仏できないことになる。天海は、日光で宝塔を造営し、そこで家康を神格化するとともに即身成仏をもさせるために、家康の遺体を久能山から日光へ移したのではないかと筆者は推定している。

石造・銅製宝塔への改築が示唆すること

だが、この木造の多宝塔は創建から約二十年で日光から世良田へ移され、大河直躬によると「寛永十九年に、右の木造多宝塔に代つてつくられた石造の宝塔は、赤那木山より厚さ一丈余、四方一丈九尺という大石を切り出してつくつた巨大なものであ」り、「形式は現在の宝塔とよく似た多宝塔で、ただ大きさは現在よりはるかに大きく、笠石の径が十六尺という巨大なものであつた」［大河一九六四b］。また、大河によれば「久能山東照宮《（ママ）》における五重塔と奥社宝塔の造営は、ほぼ同じころに行なわれた日光東照宮《（ママ）》のそれと相互に関連性をもつものであ」り、「日光においては、奥社の石造宝塔の工事は寛永十八年に着手し、翌十九年四月に完成した。日光の方が久能山より七ケ月ほど遅れてできたのであるが、ほぼ時期的に

久能山東照宮神廟（著者撮影）

日光東照宮奥社宝塔（著者撮影）

並行した工事で、双方が同時に企画されたのではないかと考えられる」という［大河一九七二b］。

この点、前述のように筆者は、家康の遺体は日光に移されているのではないかと考える者であるが、現在の久能山東照宮の立場に立って家康の遺体の所在を議論するならば、なぜ家光は、当時の久能山東照社にも石造の宝塔を建立したのかという点について、考察する必要がある。その点については、本書の「はじめに」で紹介した寺社奉行の間部詮勝の見解が参考となるが、そのことに加え、現在の久能山東照宮境内にある神廟の説明板が「当初この地には小さな祠が建てられていましたが、三代将軍徳川家光公によって石造りの塔に改められました」と解説していることをふまえると、かつて久能山東照社にあったという祠の実態解明も重要となろう。すなわち、その祠が遺体の埋葬施設であったのかどうかという点が論点となり得ると思われる。

久能山東照宮神廟灯籠銘文（部分拡大、著者撮影）

大河直躬は、石造の宝塔が建立された

理由について、「建築の記念性、永遠性への強い志向」を指摘したが、「この（日光の。引用者註）石造宝塔は、残念なことに天和三年の地震で倒壊し、その後は現在の銅製宝塔に変わってしまった」という［大河一九七〇］。筆者は、石造の宝塔が建立された背景には、強度の問題とともに、妙法蓮華経に登場する宝塔が宝石製であったことも影響しているのではないかと考えているが、いずれにせよ、日光の石造の宝塔は壊れてしまった。

さて、その現在見ることのできる、徳川綱吉によって建立された日光の銅製の宝塔について、大河直躬は極めて重要な指摘をしている。すなわち、「現在の宝塔台座の最下辺が直径十三尺という塔身に比してかなり大規模であることについて、これはかつての石造宝塔の台座がそのまま残っているのではない（か脱カ）という見方が行なわれてきた。しかし、その事について筆者（大河直躬）は、この台座はさきの寛永宝塔の古図に適合しないし、形状、仕事などから見て、天和のときに新しくつくられたものと推定する。その理由は、元和、寛永の宝塔では塔身が大きく、墓室がその下に納まっていたが、天和のときには、それが外部に表れるようになったので、やむをえずこのような塔身に比して大規模な、しかも何重にも重なった台座をつくることを余儀なくされたものであろう」という指摘である［大河一九六四b］。これは家康の埋葬場所を特定しようとする議論をする場合、ふまえるべき見解であると思われる。

しかしながら、これ以上の穿鑿《せんさく》は、宗教上の尊厳の観点からも控えるべきであろうし、然るべき絵図面などの文献史料の発見や何らかの不可抗力や事情によって、宝塔下部の状況が明らかとならない限り、決定的な結論は得られないであろう。筆者としては、家康の埋葬場所について、現段階の私見を日光説としておくが、今後の新たな発見とさらなる研究者の活発な議論に委ね、次の問題に移りたいと思う。

『東照社縁起』真名本上巻による両部習合神道からの脱却

現在の日光の銅製宝塔は、林信充の『日光山社廟登祀録』（東京大学史料編纂所所蔵林家本）の享保《きようほう》十三年四月十七日条によると、前部の扉が開くようになっており、供物を供えられるようになっている。そして、先ほど大河が指摘した、不自然な大きさで幾重にも造られた石の台座は、『社家御番所日記』の文化十一年四月二十四日条に「一昨日　奥院御宝塔前御銅（マヽ）段江　宮様御拝所図之通リ出来候」（『社家御番所日記』十五）とあるように、輪王寺宮《りんのうじのみや》の拝所として活用されていた。

その銅製宝塔の内部については、『社家御番所日記』の文化十一年四月六日条によれば、「奥院御宝塔御内箔置有之」という状態で「奥院御宝塔内御羽目幷御天蓋玉翠」が備えられていたが（『社家御番所日記』十五）、『社家御番所日記』の正徳三年四月二十三日条には、「御宝塔之内、御仏像絵従上野御望之由ニて、今度ハ板金ニ　薬師ニ脇士不動両童子十二天将軍地蔵五大尊天人等之絵、了琢家ニて調進被　仰付候、漆奉行衆ゟ寸法取ニ書状ヲ以大楽院へ中来也（御宝塔内部の仏像の絵について、上野の寛永寺からご所望とのことで、今度は板金で薬師如来と日光菩薩・月光菩薩、不動明王と矜羯羅《こんがら》童子・制多迦《せいたか》童子、十二神将と地蔵尊、五大尊、天人などの絵を木村了琢家において調進するよう命じられた。漆奉行衆より寸法取りのため書状で日光東照宮の別当寺である大楽院へ連絡があった）」（『社家御番所日記』四）とあるから、薬師如来像などが安置されていたようである。

となると、本来宝塔に安置されるべき釈迦牟尼世尊像・多宝如来像との矛盾が生じることになり、また、もし木造宝塔で安置されていた釈迦牟尼世尊像・多宝如来像が石造か銅製の宝塔の段階で撤去され、宝塔内部が薬師如来像を中心とするものに変更されていたのならば、なおさらに多宝塔を建立している意味は減じてしまう。

もし、石造の宝塔で薬師如来像が中心となっていたとすれば、この辺りの問題を、天海は教義としてどのように解決したのだろうか。天海は、天台宗の重視する妙法蓮華経において中心的存在である釈迦牟尼世尊と東照大権現の本地仏としての薬師如来の関係を再設定しなければならなかったのではなかろうか。そもそも比叡山延暦寺の「根本中堂本尊」も「印相は「初門釈迦印」に近い」薬師如来像であったとされているから［西木二〇一四］、釈迦牟尼世尊と薬師如来との関係性は、天台宗にとって重要な問題であった。

さらに、朝廷は家康の神格化を両部習合神道によって勅許していたから、神道の教義・論理としても、天海には両部習合神道から山王（一実）神道への脱却という大きな作業が残されていたはずである。これらの課題について、天海がいかなる答えを出したのかについて、『東照社縁起』真名本上巻を検討してみると、まず家康と山王（一実）神道の出会いについては、次のように説いている（曽根原理「『東照社縁起』の基礎的研究」、以下の『東照社縁起』真名本上巻の読み下しはこれに同じ）。

但し本因地にて未だ我執を離れざる時、各別に願を発し各浄土を修し各衆生を化し、是の如き等の業差別不同なり。諸仏既に願力不同なり。若し然らば聖徳太子の子孫続かざるは我意に契はず。所以は何ぞ。新田・足利確執以降、度々合戦に及ぶと雖も、義貞一身に於て不足を取らず。無勢を以て山門より京都へ動くの時、先づ皇居に参りて、「天下の落居は聖運に任せ候へば、心とする処に候はず。何様今度の軍に於ては尊氏が籠て候東寺の中へ矢一つ射入れ候はでは帰参するまじくにて候」とて申して出たりし。其の言に違はず敵の一的場の内に攻め寄せたれば、今はこうと大いに悦びて旗の陰に馬を打ちすへ、城を睨み弓杖にすかて高らかに宣ひけるは、「天下の乱れ休む事無く、罪無き人民身を安くせざる事年久し。是れ国主両統の御争ひとは申しながら、只だ義貞と尊氏との所に在り。纔に一身の大功を立てん為に多くの人を苦しめんより独り身にして戦いを決せんと思ふが故に、義貞自ずから此軍に罷り向ひて候なり。是や非や矢一つ受けて知り給へ」とて、二人張りに十三束二臥飽くまで堅めて引きしぼり弦音高く切って放つ、其の矢二重に搔たる櫓の上を越えて、尊氏の座し給へる帷幕の中を本堂の艮《うしとら》の柱に一ゆりゆりて、くとまき過ぎて立ちたりける。（中略）然れども亦た尊氏謀略を廻らし天皇京都巧みに出で奉るの上は義貞力及ばず、北国に下向するの時、潜に山王権現に詣で奉り啓白して、「臣苟も和光の御願を憑みて日を送り、縁を結ぶ事日已に久し。願はくは征路万里の末迄も擁護の御眸を廻らされて、再び大軍を起し朝敵を亡す力を加へ給へ。我縦ひ不幸にして命の中に此の望みを達せずと云ふとも、祈念冥慮に違はざれば、子孫の中に必ず大軍を起す者有りて、父祖の尸を清めん事を請ふ。此の二の内一も達する事を得ば、末葉永く当社の檀度と成りて、霊神の威光を燿せ奉るべし」と信心を凝らして祈誓し、当家累家の重宝、鬼切（御物の鬼丸国綱カ）と云ふ太刀を社壇にぞ籠められける、と記せり。遍《あまね》く知る所其儘《そのまま》載するなり。時節の久近、且つは妄情に在り。彼の久遠を観るに猶《な》ほ今日の如し。上古と云ふと雖も以て近し。奇なるかな義貞の丹精、願ひて成就せざるは無し。妙なるかな山王の擁護、霊験竭くて窮まり無し。予（徳川家康）求めざるに自ずから天下を得、身已に勇士たり、家又た武虎なり。龍顔に仕へ千秋遐齢を招き、必ず三台の崇班に昇り、鳳闕に侍し万歳寿域に遊び、将に一家繁昌を護らんとす。是に累劫の妄情猒へど捨て難く、各本習に執し而して円乗に入る。本習不同なれば円乗一に非ず。太子は厭離《おんり》穢《え》土《ど》・欣求《ごんぐ》浄土《じょうど》の思ひに住し子孫続かず、我（徳川家康）は現世安穏・後生善処の旨を護り家門繁昌するのみ。庶幾はくは依正宛然として不生不滅の深理に契当し、造次にも思惟し顚沛《てんぱい》にも観察すること、猶し常啼東請・善財南求の如くあらんことを、云々。

すなわち、ここでは仏教を尊重した聖徳太子の子孫は続かなかったことはなぜなのかと問題を立て、新田義貞は天下を得られなかったものの、その子孫にあたる家康が天下を得たことについて、それは義貞と家康の山王信仰に起因するとし、家康は「現世安穏・後生善処の旨を護り家門繁昌」を願うとする。「現世安穏・後生善処」は生前の家康が論義で天海から聴講していた題目の一つであり（『駿府記』慶長十八年十月三日条）、妙法蓮華経の薬草喩《やくそうゆ》品《ほん》第五において、次のように登場する言葉である［植木二〇〇八a］。

（読み下し）

爾《そ》の時、無《む》数《しゅ》千万億種の衆生《しゅじょう》、仏所《ぶっしょ》に来至して法を聴く。如来、時に是の衆生の諸根の利鈍《りどん》、精進《しようじん》、懈怠《けたい》を観じて、其《そ》の堪《た》うる所に随って、為《ため》に法を説くこと種種無量にして、皆歓喜し、快く善利を得せしむ。是の諸の衆生、是の法を聞き已《おわ》って、現世《げんぜ》安穏《あんのん》にして、後に善処《ぜんしょ》に生じ、道《どう》を以《もつ》て楽を受け、亦《また》、法を聞くことを得《う》。

（現代語訳）

その時、如来もまた、それらの衆生《しゆじょう》たちの能力や、努力の優劣が異なっていることを知ってから、それぞれの法門を説くのだ。〔如来は、〕喜びに関係し、満足に関係し、歓喜を生じ、安寧と幸福を生じ、もたらす数多くの多様な、法に関するそれぞれの物語を語るのである。その物語によって、それらの衆生たちは、まさに現在のことにおいて幸福になり、また死して後に善い所に生まれるのだ。そこにおいて、多くの願望を享受するし、また法を聞くのである。

植木雅俊の訳によれば、「現世安穏・後生善処」とは「現在のことにおいて幸福になり、また死して後に善い所に生まれる」ということになるが、『東照社縁起』真名本上巻によると、そのような問題意識を有した生前の家康は、次のような問いを発したという。

源君《（徳川家康）》曰く、「予《（徳川家康）》慚愧懺悔して曰く、八万聖教生死二字に縮まり、一期作業臨終の夕に顕る、所以に知識を召し諸法を尋ぬるの旨趣有り。予幼くして武道・文道を用ひ、長じては仏道・武道を以てす。天下を知ろしめし世法に望み無し。人生七十古来希なるに、已に寿命八十に及び、唯だ願ふ所は後世と子孫となり。幸いなるかな受け難き人身を受け遇ひ難き仏法に遇ふ。今若し修せざれば将来悲しむべし、云々。『仁王護国経』に云ふ、仏法を国王大臣に附属す、と。忝なくも如来の遺附を蒙る、争か令法久住を思はざらんか。只だ、生を娑婆に受け子孫共に分段生死を免れず。思案を廻らす処、依正共に不生不滅の理に契当す。而るに師承無くんば争か之れを決定せん。猶ほ在世の授記の如く、請ふ各之れを示せ」云々。

自分は幼い頃から文武に通じ、成長してからは仏教と武道を重んじてきた。天下を得てからはもはやこの世に望みはないが、ただ願うことは「後世と子孫」のことである。幸い自分は仏教と出会ったが、「不生不滅の理」を知るにはどのようにすればよいのか、という問いである。

これに対して「山門の衆謹んで申す」には、「諸宗の教門の区なれども、実義は多分同等か。貴命少しも山門の神道建立に違はざるのみ」ということであった。仏教諸宗派はそれぞれだけれども、家康の発した問いは比叡山（天台宗）の神道と符合しているというのである。家康は「其の相如何」と問う。「山門の衆」は「桓武天皇は霊山の聴衆、伝教大師（最澄）と一会の同聞なり」と述べ、「天皇（桓武天皇）は王道を掌り以て仏法を崇め民間を愍み、大師（伝教大師最澄）は仏道を興し以て国家を護り群生を利す」とし、「百王の流れ畢竭し猿犬英雄を称」していたが、「時に桓武聖主深く此の理を知り、王道を後五百歳に相続せしめんが為、国家を万々歳に鎮護せんと欲して、桓武天皇・伝教大師（最澄）深く契約し、此の時に当たり二聖共に興りて出世す」と答えた。天皇家の命運も百王説をふまえると途絶える運命にあったが、桓武天皇は最澄と契約して「仏法は王法を護り王法は仏法を扶《たす》け」る関係を構築した。だから「仏法・王法牛角の故に比叡山と名づくるなり」というのである。

なぜ「山門の衆」がこのようなことを述べたかといえば、徳川将軍家の永続を願う家康の思いをふまえ（おそらく家康の脳裏には、第一章で見た竹千代の問題があったであろう）、命運の途切れるはずであった天皇家が、天台宗に帰依することによって存続できたことを強調したのである。ただし、ここでは「山門の神道」、すなわち比叡山（天台宗）の神道こそがそのような家康の願いを叶えるものだと強調しているから、以下の『東照社縁起』真名本上巻では、その比叡山（天台宗）の神道とはいかなるものかという点について説明が加えられる。

それは、最澄が比叡山で体験したという神との出会いから説き起こされる。

延暦四年歳次乙丑夷則朔丙寅十七日壬午、忽ち出で大師《（伝教大師最澄）》御登山の時、東のかた秀嵩を踰え崔嵬磧を徨ふに、一化人現はる。身の長け丈余、項に金光を佩く。化人問ひて曰く、「未だ断ぜざる感有りて何の所より来る、宿善殖ゑざれば此に来ること得難し」。大師答へて曰く、「我昔霊山の法華の聴衆、重ねて玄門に入り倒じて凡事を修さん」。大師問ひて曰く、「化人何の権者か」。神答へて曰く、「吾此れ山王、日域冥神、陰陽測られず、造化為すこと無し、心を法性に遊ばしめ、化を実道に垂る、弘誓は仏に亜ぎ、護国を心と為す」。化人虚空に上り神変を現はす。神《（山王）》問ひて曰く、「汝何の志願有るか」。大師答へて曰く、「三界は安きこと無く四生は楽しまず。願はくは此の峯を闢き同じく伽藍を建て、国家を鎮護し有情を利益せん。威神加被あれば大願遂げんことを期す」。神答へて曰く、「山は応に霊山、処は是れ金剛、来僧は聴衆、吾が来際を期す」。大師問ひて曰く、「冥神の本地如何」。神答へて曰く、「今此の三界皆な是れ我が有なり、其の中の衆生悉く是れ吾が子なり」。此の時大地震動し、天妙花を雨らし、宝塔空に現はれ、二仏同座す。相好円満にして妙法を宣説し、無量菩薩・声聞・縁覚・天龍八部問ひ訊ね法を聴き、霊山一会此に於て儼然たり。

すなわち、最澄は「一化人」と出会ったが、「一化人」は最澄になぜここへ来たのかと尋ねた。最澄は自らの修行の来歴を述べ、これからの抱負を述べた。そして、今度は最澄が「一化人」に問うた。あなたは何者なのかと。すると「一化人」は「神」と表記しなおされ、「神」は自分が「山王」であると答える。そして、最澄の志の程を尋ねるのである。最澄は山を切り開いて伽藍を造営し、国家を鎮護し、あらゆる者を救いたいが、あなたが加勢してくださるならば、この願いは遂げられるだろうと答えた。すると、「山王」はその場所として最適であることを答えたが、最澄が「山王」の本地を問うと、「山王」は「今此の三界皆な是れ我が有なり、其の中の衆生悉く是れ吾が子なり（今この世はみな私のものである、その中の衆生もことごとく私の子である）」と答えた。

これは、次の妙法蓮華経の譬喩品《ひゆほん》第三において大乗が説かれる際、「舎利弗《しゃりほつ》」へ三車火宅《さんしゃかたく》の譬喩を話した場面での釈迦牟尼世尊の言葉である［植木二〇〇八a］。

（読み下し）

如来は已《すで》に、三界の火宅《かたく》を離れて、寂然《じゃくねん》として閑居《げんこ》し、林野に安処《あんじょ》せり。今此の三界は、皆是れ我が有《う》なり。其《そ》の中の衆生は、悉く是れ吾《わ》が子なり。而《しか》も今、此の処は、諸の患《げん》難《なん》多し。唯《ただ》我れ一人のみ、能《よ》く救護《くご》を為《な》す。復《また》、教詔《きょうしょう》すと雖《いえど》も、而《しか》も信受せず。諸の欲《よく》染《ぜん》に於いて貪著《とんじやく》深きが故に。
是《ここ》を以《もつ》て方便《ほうべん》して、為《ため》に三乗を説き、諸の衆生をして三界の苦を知らしめ、出世間の道を開示演説す。

〈現代語訳〉

しかも私は、三界から解脱していて、静穏〔の境地〕にあり、林の中の人里離れた所に住んでいる。また、この三界は私の所有するものであり、そこで焼かれているところのものたち、実にこれらは私の息子たちなのである。

私こそが、それら〔の子どもたち〕にとっての保護者であると知って、私は、その〔三界〕における諸々の苦悩を〔子どもたちに〕示した。しかしながら、それら〔の子どもたち〕のすべては、愛欲に執着した見解を持っている故に、愚かであり、私に耳を傾けることはなかった。

私は、巧みなる方便を用いて、これら〔の子どもたち〕に三つの乗り物（三乗《さんじょう》）を説くのだ。

この釈迦牟尼世尊の言葉を「山王」が発した途端、地面が鳴動して釈迦牟尼世尊と多宝如来が同座する宝塔が出現し、妙法蓮華経を説く場としての比叡山延暦寺が誕生したという。そして、『東照社縁起』真名本上巻において「山門の衆」は「仏法・王法の相続は、併しながら桓武・伝教二聖の御願力に依るも、別して山王権現の擁護ならん」とし、仏法と王法の存続は、桓武天皇と最澄の契約によることもさることながら、とくに「山王権現」の加護によるのだと主張する。

『東照社縁起』真名本上巻によると、これに対して家康は「山王権現神道は、本地垂迹は如何」と問うたという。すると、「山門の衆」は「山王神道は、完元《（源）》に非ず、両部習合に非ず、生を社職に受くと雖も輒《（ちカ）》く相伝し難し、云々。」と答えたというのだが、これは本書にとっては重要な答えである。すなわち、山王（一実）神道とは何かという点について、『東照社縁起』真名本上巻は「山門の衆」をして、唯一宗源神道ではなく、両部習合神道でもないと言わしめているのである。そして、

> 相伝の「秘釈」に云ふ、「諸神の権を会し山王一実に帰す」。意は、釈迦一代の仏法は権実に過ぎず、畢竟して三権即一実に会せば法華に帰す。衆河海に入り同一鹹味なり、汝等所行は是れ菩薩道に会せば円人と成る、是れ仏法の大綱なり。今亦た諸神の権を会し山王と号し奉る。

とも述べ、釈迦牟尼世尊の教えが重要であることはもちろんだが、それには「権実」があり、もとは妙法蓮華経である。そして、神々の姿も「山王」という「一実」に帰するのだとして、「山王」こそが全ての神々の根本だとするのである。さらに「『匡房記《まさふさき》』に云ふ、「山王一社の外に諸神無きなり。一切諸神は山王の分身なり」。匡房、山王神道の相伝有るか、云々。」として、諸神は山王の分身だとも断じている。

このような「山門の衆」の答えに対して、家康はさらに「「天照太神は伝教大師より治国利民法の御相承有り」云々。其の大綱如何か。神慮恐れ有りと雖も粗言上せしむべし（「天照太神は最澄から治国利民法を相承された」という。その大綱はどのようなものか。神の思し召しを恐れるけれども、おおよそのことを言上させよ）」と問いかける。すると、「山門の衆」は、

（読み下し）

『法華』に云ふ、「常に霊鷲山及び諸の住所に在り、衆生劫尽き大火に焼かるるを見るも、我が此の土は安穏にして天人常に充満す」。此の文より二句を除き御伝授有り。深旨は識らず、但だ伝教大師の俗諦常住伝授、専一に弘通すべく、一家独歩の相承示さるるなり。

（筆者による現代語訳）

妙法蓮華経には釈迦牟尼世尊が「自分は常に霊鷲山と諸々の住所にあり、衆生がこの世を常に大火で焼かれていると見ても、私のこの国土は穏やかで天人が常に満ちているのだ」と述べたとある。この文から二句を除いて最澄は天照太神に伝授した。深い意味はわからない。ただ世俗の真理は不滅の真理であるとする最澄による伝授であり、それがひたすら広く普及するよう、卓越した相承の様子が示されたのである。

と答えたが、これは妙法蓮華経の如来寿量品《にょらいじゆりょうほん》第十六における次の部分に登場する言葉を指していよう［植木二〇〇八b］。

（読み下し）

我、諸の衆生を見るに苦海に没在《もつざい》せり。故《かるがゆえ》に、為《ため》に身を現ぜずして、其《そ》れをして渇仰《かつごう》を生ぜしむ。其《そ》の心、恋慕《れんぼ》するに因《よ》って乃《すなわ》ち出でて為《ため》に法を説く。神通力、是《か》くの如《ごと》し。阿僧祇劫《あそうぎこう》に於いて常に霊鷲山《りょうじゅせん》、及び余の諸の住所に在り。衆生、劫尽きて大火に焼かるると見る時も、我が此《こ》の土は安穏にして天人常に充満せり。

（現代語訳）

私は、衆生たちが〔悲しみに〕打ちひしがれているのを見る。しかしながら、私はその時、自分の身体を現わすことはない。まず第一に、〔それらの衆生たちに〕私を見ることを熱望させているのだ。渇望した者たちには、正しい教え（正法《しょうほう》）を説き示すであろう。私のこの神通の力は常にこのようなものであり、また考えることもできない幾千・コーティ劫もの間、私は幾コーティもの寝台や座席を具えたこのグリドラクータ山（霊鷲《りょうじゅ》山《せん》）から別の所へと去ることはないのだ。衆生たちが、この世界を焼かれていると見たり、また想像したりする時、その時にも、私のこのブッダの国土は、神々と人間たちで満たされているのだ。

この植木雅俊の訳における「私のこの神通の力は常にこのようなものであり、また考えることもできない幾千・コーティ劫もの間、私は幾コーティもの寝台や座席を具えたこのグリドラクータ山（霊鷲山《りょうじゅせん》）から別の所へと去ることはないのだ。衆生たちが、この世界を焼かれていると見たり、また想像したりする時、その時にも、私のこのブッダの国土は、神々と人間たちで満たされているのだ」という言葉のうち、どの「一句」が除かれ、最澄から天照大神へ「治国利民法」として伝えられたのかはわからないが、ここで重要なことは、最澄が天照大神に妙法蓮華経の法文を伝授したとされていることである。

このことについては、山王（一実）神道の下での東照大権現と天照大神との関係性を示す問題として、かつて曽根原理や高木昭作、加藤善朗、そして吉田昌彦によって『東照社縁起』における天皇と徳川将軍との上下関係などをめぐり議論がなされたが［曽根原一九九六・二〇〇二、高木二〇〇三、加藤二〇〇四、吉田二〇一五］、本書ではそのことよりも、もともと両部習合神道に包摂されていた山王（一実）神道が、両部習合神道の重視する大日如来と本地垂迹関係にある天照大神に治国利民法を授ける立場となっている点を重視したい。すなわち、もともと山王（一実）神道は、真言宗と天台宗の関係上、両部習合神道と不即不離の関係にあったけれども、『東照社縁起』真名本上巻においては、山王（一実）神道が両部習合神道よりも優位に立つ教義であることを主張しているように筆者には思われるのである。なぜなら、天海にとっては、山王（一実）神道の独自性を主張することが何よりも重要であり、天海は両部習合神道をも包摂するものとして山王（一実）神道を再構築することにより、家康を両部習合神道ではなく、山王（一実）神道によって神格化しなおすことを目指していたと推測されるからである。

そして、このように両部習合神道よりも優位性を確保した山王（一実）神道は、家康からの絶対的な帰依をうけることになる。『東照社縁起』真名本上巻は、次のように締め括られる。

抑も源君（徳川家康）は、専ら万機の政を助け一天の君を後見し、更に五帝の賢を追はしむ。何の暇か有りて仏道を修することを得ん。釈して云ふ、若しくは種姓高貴の家に生まれて自在の威勢を誇り恣に罪業を造る、若しくは貧窮下賤の身を受け官位福禄を求め鎮みて悪念を起す、と。貴も賤も諸善奉行は成し難き道なり。而るに諸宗を召し奥義を尋ね二世安楽の君と為る。今東照大権現正一位《しょういちい》と顕れ、剰へ現世安穏・後生善処の法を覚え、家門繁昌し、氏族永く栄ゆ。必ず山王神道を守り他流を交ふべからず、但だ作法は多武峯に准ずべし、子孫繁茂の故なりとの兼日よりの御諚なり。而るに御遷化の後少々相違の儀有りと雖も、重ねて台徳院殿叡聞に達せられ、源君の御遺告の如く決定し了りぬ。斯の如き始末一点として曇無し、恐らくは前代未聞の主将と謂ふべきか。

すなわち、家康は「現世安穏・後生善処の法を覚え、家門繁昌し、氏族永く栄ゆ」るため、「必ず山王神道を守り他流を交ふべからず」と述べたといい、「多武峯に准」じて遺体を取り扱うよう遺言し、その遺言については「御遷化の後少々相違の儀」があったけれども（以心崇伝との問答のことや本書のいう新たな遺言との相違を指すのであろう）、今や「東照大権現正《しょう》一位《いちい》と顕れ」て「家門繁昌し、氏族永く栄」えているという内容である。これが寛永十二年（一六三五）段階の天海の認識であり、東照大権現という神格の定義であった。

天海の目指した仏国創成と秀忠・家光

天海は、『東照社縁起』真名本上巻において（曽根原理「『東照社縁起』の基礎的研究」）、山王（一実）神道における山王（日吉社、日吉山王）が釈迦牟尼世尊であるとし、しかも山王は諸神の根本・一実であり、諸神は山王の分身であるとしていた。だとすれば、東照大権現は山王の分身ということになり、山王の分身ということは、東照大権現は釈迦牟尼世尊の分身となる。そして、その東照大権現の本地仏は薬師如来であったが、薬師如来の化身である東照大権現は山王（釈迦牟尼世尊）の分身なのだから、釈迦牟尼世尊と薬師如来は同じだというこ とにもなる。さらに、残るは左神として祀られていた摩多羅神だが、これについては、寛永十六年（一六三九）から寛永十七年（一六四〇）にかけて作成された『東照社縁起』真名本下巻に（曽根原理「『東照社縁起』の基礎的研究（承前）」）、「掛《かけ》まくも忝《かたじけ》なき東照大権現、同体異名の山王・日光」とあり、日光権現が摩多羅神と言い換えられる関係にあることをふ

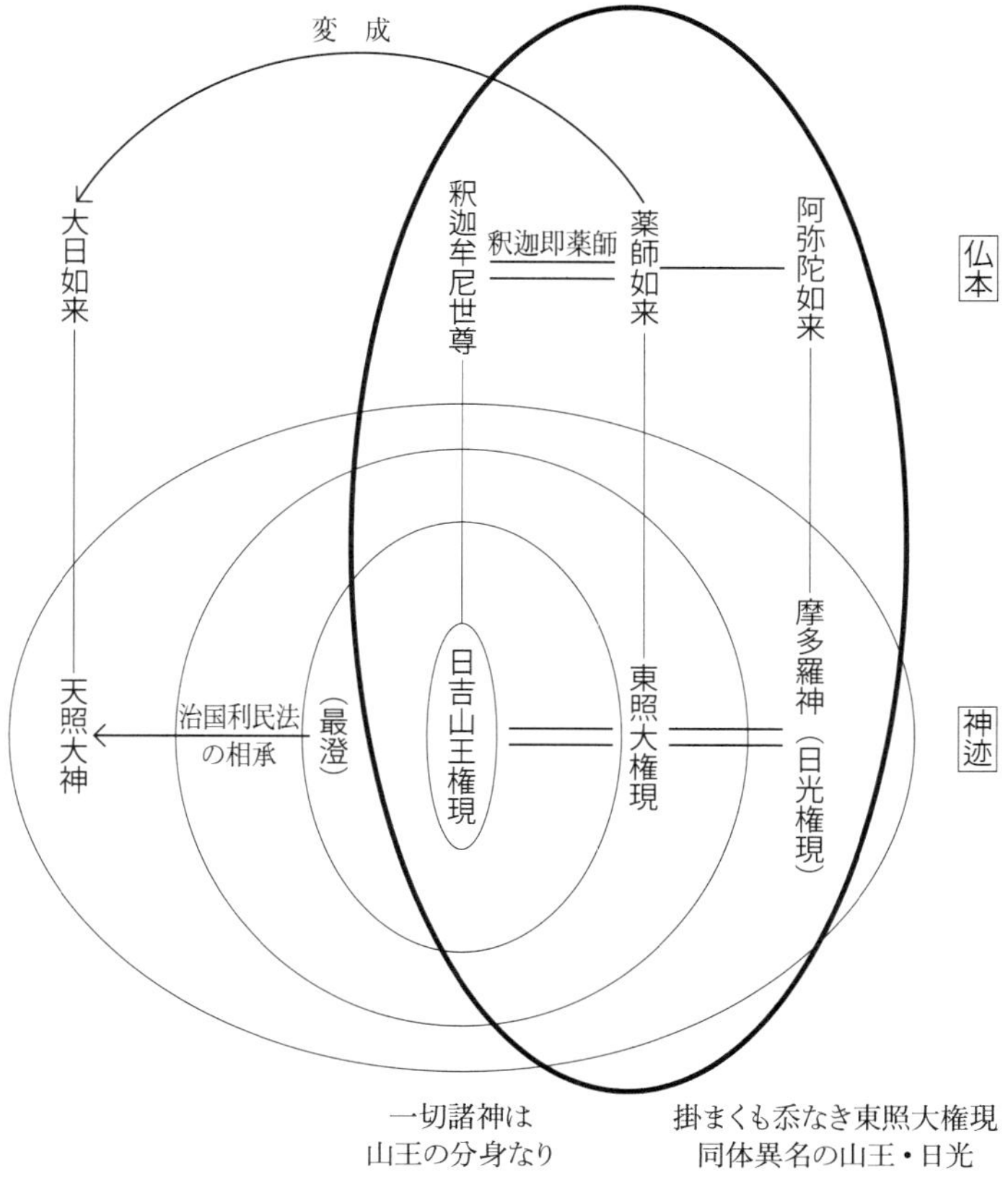

天海の構想した仏本神迹説の相関図（著者作成）

まえるなら［曽根原二〇一七］、東照大権現は摩多羅神とも一体であるということになり、摩多羅神の本地は阿弥陀如来とされているから［菅原二〇一三］、東照大権現は阿弥陀如来とも一体だということになる。

かつて菅原信海が東照三所大権現（東照大権現・山王権現・摩多羅神）の本地仏について『東照宮御本地供』という史料で指摘したように［菅原二〇一三］、天海は、東照大権現を釈迦牟尼世尊・薬師如来・阿弥陀如来と一体化させることを試みたといえるのではなかろうか。そして、天台密教における古くからの教義をふまえるならば、「釈迦即薬師」であり、その薬師如来は大日如来にも「変成」し得る余地がある（『阿娑縛抄』巻第四十六、『大正新脩大蔵経図像』第八巻）。そうすると、薬師如来を本地仏とする東照大権現は、大日如来にも「変成」できるのである。したがって、新たな石造・銅製の宝塔内部の本尊が、仮に薬師如来像中心となっていたとしても、教義的には矛盾せず、しかも両部習合神道をも包摂し得ると考えられた可能性がある。

ところで、これらを、天海による東照大権現を中心とした支配の確立と解釈することは妥当であろうか。筆者はそうは思わない。なぜなら、東照大権現を崇敬すれば、必然的に釈迦牟尼世尊以下、諸仏を尊崇することになるのであり、仏教者としての天海の目指すところはまさにそこだったのではないか。天海は釈迦牟尼世尊の治める仏国を実現させるため、ある意味で東照大権現を使ったともいえよう。すなわち、この世とそこに生きる全ての者は釈迦牟尼世尊のものであるという妙法蓮華経の譬喩品第三の文言を忠実に守ろうとして、武家権力と衝突せざるを得なかった日奥を想起する時［藤井一九七五］、天海は現実的な判断として、いち早く仏国を実現させるためには、武家権力をその計画に参画させなければならないと考えたものと思われる。そして、最も親和的に武家権力を仏国の創成に協力させるためには、唯一宗源神道ではなく、神仏習合の神道思想によって天下人を神格化することが最短の道だと考えた可能性があるのではなかろうか。天海の行動はかなり意図的であり、計算ずくであったといえるだろう。

その天海の意図を秀忠は受け容れた。それは、おそらく秀忠の思想的傾向が天海の仏国思想と親和的であったからであろう。それは例えば、秀忠が暹羅《しゃむろ》国王に宛てた国書で次のように述べていることからもうかがわれる（『異国日記〈上〉』『影印本異国日記』）。

　　日本国　源秀《（徳川）》忠　回翰
暹邏国王　麾下
吾邦与
貴域遥依隔滄溟、未及通信、然而商舶之往来略聞風化而不無想像、心今也、令労二使、

坤屹實參密・坤備斜葺等、持音書来朝、筆之所記口之所演、以訳通知其心、不動寸歩、
如到其境目、其境目〔虫損〕、撃道存者乎、特領六種方物、恵意不残奉
仏而風化無戴之、示諭、可認有道、於吾邦亦開闢以来、儒教伝来　仏法東漸、道其道、
法其徳、上在儒家者、須孔夫示之教、立三才五常道、在　仏家者、学　釈牟尼法、持三
皈五戒律、下至士農工商、不捨其業、以故、詈典竺（竺典カ）、墳汗牛充棟、亘古亘令、□□崇
仏、在文用文、在武用武、其外風俗、二使所歴覧、不遑縷奉、吾邦商士留
貴域者、擢首統叓之告報、實其身之大幸也、毎歳通信之志趣所感無他、必修隣交、薄物
土宜録別幅、送之、未納、為幸、維時季穐順序　自嗇

元和七竜集辛酉九月　日

傍線部分に注目すると、秀忠はかつて家康の述べていたような神国思想ではなく、仏国思想を対外的に主張しているのである。秀忠にとっては、唯一宗源神道での神格化よりも両部習合神道でのそれのほうが受け容れやすかったものと思われる。ましてやそれが家康の遺言であったのならばなおさらであった。

そして、天海は、寛永九年（一六三二）に秀忠が病没してから、家康の遺言した両部習合神道とは異なる、天台宗による釈迦牟尼世尊を中心とした仏国の創成が可能な山王（一実）

神道による家康の再神格化を、家光の下で目指し、始動させた。

この天海の意図に、おそらく後年、家光は気づいたものと思われる。なぜなら、家光は天海の提示した釈迦牟尼世尊・薬師如来・阿弥陀如来・大日如来と一体化する東照大権現という形ではなく、天照大神・八幡神と一体化する東照大権現という新たな神格を打ち出すからである［日光東照宮社務所一九六三、野村二〇〇六・二〇一三・二〇一五］。

天海の没後、さらに家康の神格である東照大権現を崇敬し、神威を増強するため、家光は正保《しょうほう》二年（一六四五）に東照社を東照宮とすべく、宮号宣下を朝廷に奏請するが、その契機を作った人物は林羅山の息、鵞峰《がほう》であった。林鵞峰は『鵞峰先生林学士全集《がほうせんせいりんがくしぜんしゅう》　自叙譜略』（国立公文書館所蔵）で次のように述べている（口絵参照）。

> 今冬（正保二年）、近臣中根壱岐守（正盛）上使として先考（林羅山）の宅に来たり、日光文書を示す、其の中、官符の内、東照の社と記すこと多々、余（林鵞峰）側に在りて先考に白《まお》して曰く、延喜式神名帳に社と称するは尋常なり、宮と称するは殊に之れを尊ぶなり、伊勢・宇佐・鹿島・香取の如き是れなり、禁中東照大神を尊くすは、則宜しく宮と称すべし、然も社と称するは奈何、先考頷く、壱岐守（中根正盛）黙して言わずして去る、其の趣を便殿《びんでん》に奏す、其の後、松平伊豆守（信綱）殊に密旨を受け、来たりて宮と社との差別を問う、先考勘文を献ず、余焉《ここ》に

侍《じ》す、其の後、酒井讃岐守（忠勝）命に依りて（ママ）来たり詢《と》ふ、再び密旨を白す、然も直諭を以て之れを決せんことを欲す、去年以来、先考病有りて未だ全く愈（癒）えず、故に内門より召し、別に乗輿を許して城に登る、余独り自ら徒歩して之れに従う、既にして　仰に依りて便殿に於いて直に之れを問われ、讃岐守（酒井忠勝）等焉に候す、先考事を畢《おわ》りて退く、日を経て今川刑部大輔範英（直房）上使として上洛、菊亭（今出川）大納言経季卿に就いて之れを奏す、冬に及びて経季卿（今出川、菊亭）　勅使として日光山に登り、東照社を改めて宮号を賜ふの　宣命有り、経季卿及び範英（今川直房）食禄を加倍す、余高野山に在りて此の事を聞く、然らば則宮号の事、余の一言より出る者乎

正保二年の冬、日光東照社に発給された朝廷からの文書を携えた上使として中根《なかね》正盛《まさもり》が来宅した。なぜ朝廷からの文書には、東照社とあるのかという問いである。これはおそらく、それに先立つ正保二年九月三十日に家光から示された左弁官《さべんかん》の官宣旨に対する疑義が影響していたものと思われる。次の史料は壬生《みぶ》忠利《ただとし》の『忠利宿祢記』（宮内庁書陵部所蔵原本）の正保二年九月三十日条である。

今川刑部（直房）江戸ヨリ上洛也、今度宣旨下書参由也、今出川殿（経季）対面ニテ仰也、又語給、今度

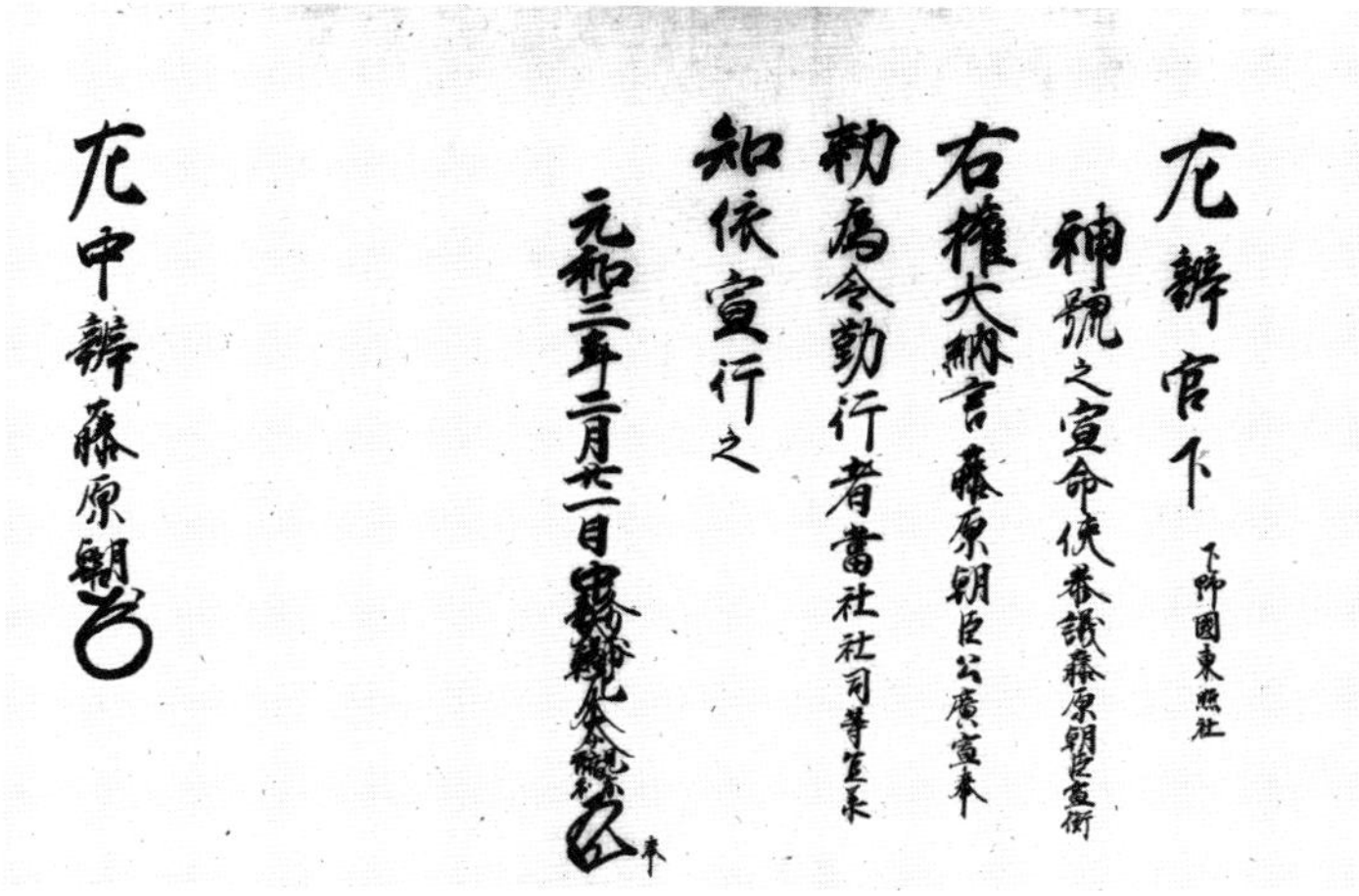

左辨官下　下野國東照社
神號之宣命使参議藤原朝臣宣衡
右權大納言藤原朝臣公廣宣奉
勅為令勤行者當社社司等宜承
知依宣行之
元和三年二月廿一日　……奉
左中辨藤原朝臣（花押）

東照社建立及堂供養関係文書13所収史料（宮内庁書陵部蔵）
「左辨官下」の文言の下部に、小さな文字で「下野國東照社」とある。

宣旨・位記下書、江戸江取ニ参飛脚当月廿日ニ立、江戸江廿二日ニ参、同廿三日家光《（徳川）》公状披見、今川刑部ニ宣旨・位記京江明日持参可申仰也、乍去、廿五日ニ江戸ヲ立、廿八日ニ京着之沙汰也、今出川殿仰云、宣旨ニ左弁官下と有、下ニ下野国東照社ト有、不審也、勘可申仰也

すなわち、なぜ「左弁官下」の文字の下に下野国東照社とあるのかという疑義である。家光にしてみれば、日光東照社が左弁官の下に位置づけられていると映ったのであろう。この疑義をふまえ、林羅山・鷲峰に対する下問になったと思われる。中根を通じた下問に際し、鷲峰はふと羅山に「延

喜式神名帳に社と称するは尋常なり、宮と称するは殊に之れを尊ぶなり、伊勢・宇佐・鹿島・香取の如き是れなり、禁中　東照大神を尊くすは、則宜しく宮と称すべし、然も社と称するは奈何」と述べたという。これに羅山は頷いていたといい、中根は黙って聞いていたとある。鵞峰によれば、この自身の発言が発端となって、高家今川直房の上洛となり、武家伝奏の今出川経季を通じた宮号の奏請になったのかもしれないと回顧している。これは、従来知られていない話だが、あり得る話である。家光は、今川直房と今出川経季を通じ、次の「年未詳二月日付未詳今川刑部覚」(『内閣文庫影印叢刊　譜牒餘録』下)にあるような論理で、宮号を奏請した模様である。

(原文)

覚

権現様(徳川家康)宮号之御事、正保貳年酒井讃岐守(忠勝)・今川刑部大輔(直房)両人被　仰付、伝　奏菊亭大納言(今出川経季)与相談仕、武家宮号之旧例考可申上旨被　仰出、依之、菊亭考旧例、言上仕候処、為　上使刑部大輔(今川直房)被差遣之、則宮号之勅宣有之、罷下　勅答趣言上仕候

大猷院様(徳川家光)御感悦不斜、於即座為御褒美御知行五百石拝領仕候、重而　上意ニ宜所拝領可仕之旨被　仰出候、因茲、酒井讃岐守江申達、本領井上河内守(正利)上知、武州多摩郡之内、

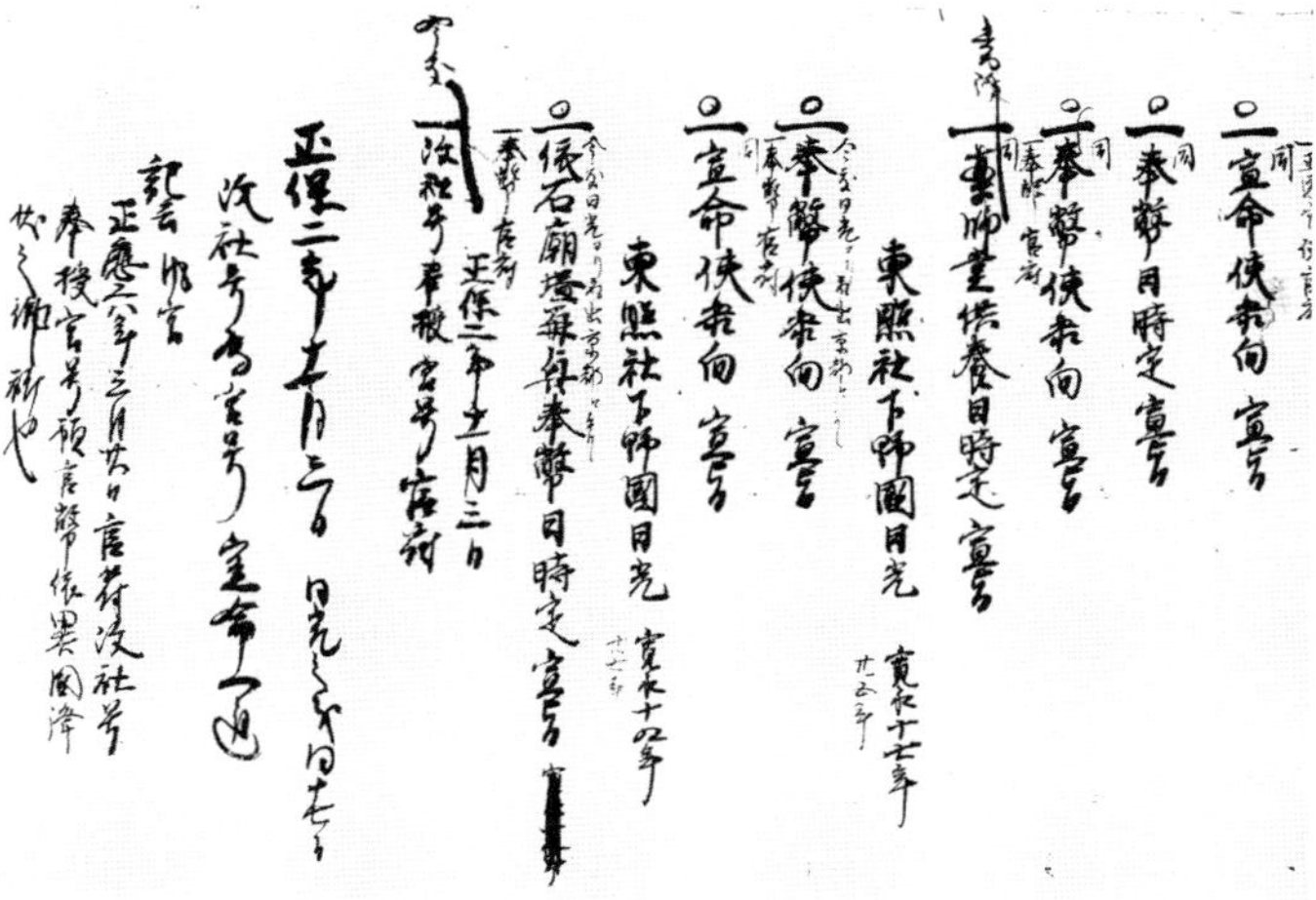

東照宮位記宣旨並宣命官符目録６（巻末部分、宮内庁書陵部蔵）
「記云風宮」とある。東照宮号宣下の際に拠った先例は、鎌倉時代、元寇の際に神風を吹かせた功労で宮号を宣下された風社の例であった。

井草村・上鷺宮村・中村拝領仕候、
以上

二月日

今川刑部(直房)

（現代語訳）

東照大権現様への宮号宣下のことは、正保二年に徳川家光から酒井忠勝と今川直房に命じられ、武家伝奏の今出川経季と相談し、武家に宮号が宣下された旧例を勘案して申し上げるようにとも命じられた。これにより、今出川が旧例を勘案し、家光に言上したところ、上使として今川が京都へ派遣され、すなわち後光明天皇から宮号が宣下された。今川は江戸へ戻って宮号宣下のことを家光に言上したところ、家光は大変悦び、即座に御褒美として知行五百石を今川に与えた。重ねての家光からの上意に、その今川への知行五百石はよい場所を与えよとの命があり、これによって酒井忠勝に申し達して井上正利の所領の一部を収公して武蔵国多摩郡のうちで井草村・上鷺宮村・中村の三ヶ村を拝領した。以上

家光は、東照社への宮号宣下を実現するため酒井忠勝と今川に対し、今出川と相談して「武家宮号之旧例考可申上旨」を命じた。その時に考えられた先例が、元寇の際、神風を吹かせた功労で、風社《かぜしゃ》に対して宮号を賜った伊勢神宮別宮の風宮《かぜのみや》の例であり［野村二〇〇六・二〇一三・二〇一五］、それは、キリスト教の流入問題に端を発したポルトガルとの関係悪化や、明清《みんしん》交替による東アジア情勢の流動化といった、当時の家光が直面していた対外的危機に照らしても妥当な先例であった。正保二年（一六四五）、東照大権現は異国から日本国を守護する軍神としても位置づけられることになったのである。

おわりに

徳川家康の神格化をめぐり、まさかそれのみで一冊の書籍を上梓することになろうとは、この研究に取り組み始めた十五年前には思いもしなかった。しかし、二〇一六年十月に平凡社の坂田修治氏とのご縁を得て、天下人の神格化の問題についてあらためて考える機会を与えていただくことができ、前著『豊国大明神の誕生――変えられた秀吉の遺言』とあわせ二冊の書籍で、これまでの自説を再検証することになった。結果、自説を大幅に見なおすことになり、研究者としての喜びと苦しみを同時に味わうことになった。

本書は、徳川家康の新たな遺言の発見と、当初の家康の神格化がその新たな遺言に基づいて両部習合神道により実行されていたことの発見という、二つの発見を主軸として論を展開している。

新たな家康の遺言は、真言宗系の両部習合神道による神格化と久能山における三年の祭祀、その後の日光山への移葬を指示するもので、天海や以心崇伝の意図したものではなかった。

しかし、唯一宗源神道の否定と仏国の創成を優先させた天海は、家康の遺言を受け容れる。仏国思想を有する秀忠もこれを受容したが、秀忠の没後、天海は山王(一実)神道による神格化と仏国創成を図るべく、家康の遺言を事実上、改変していた。これに気づいた家光は、天海の没後、さらに家康を崇敬するため、新たな神威増強の方策を講じていた。

構想段階で、これらの事実に筆者は気づいておらず、執筆を進める過程において、かつて自身の収集した史料を見なおしている中でこれらの発見に至った。研究にとって、先入観というものがいかに恐ろしいものであるのかを痛感するとともに、その気づきの過程は、非科学的かもしれないが、まるで何かに導かれるような、そのような体験でもあった。しかし、これは同時に執筆の遅れへとつながり、当初は平成のうちに原稿を仕上げるべきところ、改元を迎えてしまう事態となり、坂田氏には大変なご迷惑をおかけしてしまった。謹んでお詫び申し上げたい。

研究をしていると、人や史料との出会い、そして史料と向き合っている時の着想などにおいて、もはや自分の力を越えたところで何かが動いているのではないかと思わざるを得ないことが多くある。今回の執筆でいえば、坂田氏との出会いがそうであるし、日光東照宮宝物館の学芸員であられた山下留望氏との出会いもそうであったと思う。山下氏は筆者からの問い合わせや史料調査の要望に真摯に応えてくださり、膨大な『社家御番所日記』から筆者の参考となりそうな箇条をたくさんの付箋のついた刊本を示しながらご教示くださり、また日光東照宮ご所蔵の宝物の閲覧・撮影についても迅速且つ丁寧にご対応くださった。日光東照宮と同宝物館の山作良之氏、そして山下氏のご理解とご支援がなければ、今回の執筆はできなかった。また、久能山東照宮・増上寺・大樹寺・日光山輪王寺といった徳川家康ゆかりの社寺、各史料所蔵機関と関係各位におかれても、多くのご高配をいただき、あらためて厚く御礼を申し上げる次第である。

本書の執筆の途中、いくつかの新たな課題にも遭遇した。なかでも徳川家光より後の、歴代将軍の日光東照宮への向き合い方とでもいおうか、社参を含め、これまでの理解とは異なるいくつかの事実を見出した。とくに、徳川家宣や徳川家斉の信仰のあり方については、ぜひ検討を要する問題だと感じた。また、依然として、なぜ家康が久能山と日光という場所にこだわり、なぜ両部習合神道での神格化を企図したのかという点については、一次史料などからの説明ができておらず、本書においても積み残された課題となった。これらについては、また機会をあらためて論じられたらと思っているが、まずは今回の執筆を無事に終えられたことに感謝し、読者各位からのご批正を切に願うものである。

二〇一九年九月八日

野村　玄

主要参考文献

著書・論文

朝日新聞デジタル「人ひと　家康の遺骸「久能山にある」と結論」（http://www.asahi.com/area/shizuoka/articles/MTW20180723230190001.html、二〇一八年七月二十一日）

アドマック株式会社『季刊すんぷ』編集部『余ハ此處ニ居ル　徳川家康公と久能山の真実』（静岡商工会議所観光・飲食部会「余ハ此處ニ居ル」プロジェクト推進委員会、二〇一六年）

植木雅俊訳『梵漢和対照・現代語訳　法華経』上（岩波書店、二〇〇八年）a

同　　　　『梵漢和対照・現代語訳　法華経』下（岩波書店、二〇〇八年）b

宇高良哲「天海の生涯」（圭室文雄編『日本の名僧⑮　政界の導者　天海・崇伝』吉川弘文館、二〇〇四年）

浦井正明『もうひとつの徳川物語　将軍家霊廟の謎』（誠文堂新光社、一九八三年）

大河直躬「奥社について（上）」（『大日光』第二二号、一九六四年五月）a

同　「奥社について（下）」（『大日光』第二三号、一九六四年十月）b

同　「元和創建東照宮の建築について（1）」（『大日光』第二四号、一九六五年五月）a

同　「元和創建東照宮の建築について（2）」（『大日光』第二五号、一九六五年十月）b

同　「元和創建東照宮の建築について（3）―奥社拝殿と世良田東照宮拝殿―」（『大日光』第二六号、一

九六六年五月）
同　『東照宮』（鹿島研究所出版会、一九七〇年）
同　「久能山東照宮の創建（上）」（『大日光』第三八号、一九七二年五月）a
同　「久能山東照宮の創建（下）」（『大日光』第三九号、一九七二年十一月）b
大嶌聖子「家康の隠居」（『静岡県地域史研究会報』第一三二号、二〇〇三年四月）
同　「家康の隠居所の普請」（『静岡県地域史研究会報』第一四二号、二〇〇五年一月）a
同　「第二三七回研究会　細川家の情報収集——家康の隠居所をめぐって」（『静岡県地域史研究会報』第一四二号、二〇〇五年一月）b
同　「家康最晩年の以心崇伝」（『戦国史研究』第四九号、二〇〇五年二月）c
同　「家康晩年の駿府」（『地方史研究』第五六巻第五号・三二三号、二〇〇六年十月）a
同　「徳川家康の隠居」（『日本歴史』第七〇二号、二〇〇六年十一月）b
同　「近世初頭大名細川家の情報収集——徳川家康隠居への対応」（『地方史研究』第五七巻第三号・三二七号、二〇〇七年六月）
大野瑞男「日光東照宮の造営・修復」（『大日光』第八三号、二〇一三年六月）
岡田莊司「近世の神道葬祭」（大倉精神文化研究所編『近世の精神生活』続群書類従完成会、一九九六年）
興津諦・アドマック株式会社「徳川家康公の墓　駿府ネット」（https://sumpu.net/、二〇一四年—二〇一八年）
笠谷和比古『関ヶ原合戦　家康の戦略と幕藩体制』（講談社学術文庫、二〇〇八年）
加藤善朗「「江戸時代の政治・イデオロギー制度における神道の地位」に関するコメント」（笠谷和比古編『公

家と武家　その比較文明史的研究――国際シンポジウム　第22集』国際日本文化研究センター、二〇〇四年）
鎌田純一「神竜院梵舜のこと」（『神道大系月報』一〇五・卜部神道〈下〉、一九九一年十二月）
菊池　清『徳川氏発祥の地　世良田東照宮』（世良田東照宮、二〇〇六年）
久能山東照宮博物館編『久能山東照宮博物館一〇〇選』（久能山東照宮博物館、二〇一九年）
久保田収『神道史の研究』（皇學館大学出版部、一九七三年）
熊倉功夫『後水尾天皇』（中公文庫、二〇一〇年）
倉地克直『近世の民衆と支配思想』（柏書房、一九九六年）
黒澤　脩『徳川家康と駿府城下町』（静岡谷島屋、一九八二年）
公益財団法人徳川記念財団・東京都江戸東京博物館編『企画展　日光東照宮と将軍社参』（公益財団法人徳川記念財団、二〇一一年）
同『企画展　徳川家康の肖像――江戸時代の人々の家康観』（公益財団法人徳川記念財団、二〇一二年）
五野井隆史『日本キリスト教史』（吉川弘文館、一九九〇年）
桜井　明『家康公と久能山東照宮神廟の謎』（桜井明〈私家版〉、二〇一八年）
佐藤弘夫『ヒトガミ信仰の系譜』（岩田書院、二〇一二年）
静岡市教育委員会編『大御所徳川家康の城と町　駿府城関連史料調査報告書』（静岡市教育委員会、一九九九年）
静岡市美術館編『国宝久能山東照宮展　家康と静岡ゆかりの名宝』（静岡市美術館、二〇一四年）

静岡市役所『静岡市史』近世（静岡市役所、一九七九年）
島地大等『教理と史論』（仏教書林中山書房、一九七八年復刊）
清水　実「元和～寛文期における久能山東照宮の変遷」（『神道及び神道史』第四五号、一九八七年九月）
下野新聞社編集局『世界遺産　聖地日光』（下野新聞社、二〇一六年）
末木文美士「菅原信海著『山王神道の研究』」（『宗教研究』第六六巻第二輯・二九三号、一九九二年九月）
菅原信海『山王神道の研究』（春秋社、一九九二年）a
同　「日光東照宮の奥院寶塔中神道秘式」（『天台學報』第三四號、一九九二年九月）b
同　「家康公と神道灌頂」（『神道大系月報』一一二・真言神道〈下〉、一九九二年十一月）c
同　「山王一実神道と天海」（圭室文雄編『日本の名僧15　政界の導者　天海・崇伝』吉川弘文館、二〇〇四年）
同　『神と仏のはざま　家康と天海』（春秋社、二〇一三年）
曽根原理『徳川家康神格化への道――中世天台思想の展開』（吉川弘文館、一九九六年）
同　「徳川王権論と神格化問題」（『歴史評論』No.六二九、二〇〇二年九月）
同　『神君家康の誕生　東照宮と権現様』（吉川弘文館、二〇〇八年）
同　「基調講演　東照権現の成立――山王神の系譜から」（『神道宗教』第二四八号、二〇一七年十月）
平　重道「解題」（財団法人神道大系編纂会編／平重道校注『神道大系　論説編十　吉川神道』財団法人神道大系編纂会、一九八三年）
高木昭作『シリーズ民族を問う2　将軍権力と天皇　秀吉・家康の神国観』（青木書店、二〇〇三年）
辻善之助監修『成簣堂古文書目録』（蘇峰先生文章報國五十年祝賀會、一九三六年）

辻善之助『日本佛教史』第八巻・近世篇之二（岩波書店、一九五三年）
津田三郎『秀吉英雄伝説の謎――日吉丸から豊太閤へ』（中公文庫、一九九七年）
栃木県立博物館編『第49回企画展図録　天海僧正と東照権現』（栃木県立博物館、一九九四年）
中村孝也『徳川家康公傳』（日光東照宮社務所、一九六五年）
同　『新訂　徳川家康文書の研究〈新装版〉』下巻之一（吉川弘文館、二〇一七年）
西木政統「鎌倉時代の特異な薬師立像と一日造立仏との関わりについて」（『哲學』〈三田哲学会〉第一三二集、二〇一四年三月）
日光東照宮社務所編『徳川家光公傳』（日光東照宮社務所、一九六三年）
同　『日光東照宮の寶物』（日光東照宮社務所、一九九三年）
野村　玄『日本近世国家の確立と天皇』（清文堂出版、二〇〇六年）
同　『徳川家光――我等は固よりの将軍に候』（ミネルヴァ書房、二〇一三年）
同　『天下人の神格化と天皇』（思文閣出版、二〇一五年）
同　『豊国大明神の誕生――変えられた秀吉の遺言』（平凡社、二〇一八年）
福田千鶴『江の生涯　徳川将軍家御台所の役割』（中公新書2080、二〇一〇年）
藤井讓治「徳川秀忠の居所と行動」（藤井讓治編『近世前期政治的主要人物の居所と行動』京都大学人文科学研究所、一九九四年）
藤井　学「近世初期の政治思想と国家意識」（『岩波講座　日本歴史10　近世2』岩波書店、一九七五年）
別格官幣社東照宮社務所編『東照宮史』（別格官幣社東照宮社務所、一九二七年）a
同　『東照宮寶物志』（別格官幣社東照宮社務所、一九二七年）b

丸山伸彦「144　御神宝　御装束」（『世界遺産登録記念　聖地日光の至宝』ＮＨＫ・ＮＨＫプロモーション、二〇〇〇年）
三崎良周編『日本・中国　仏教思想とその展開』（山喜房佛書林、一九九二年）a
三崎良周「『一実神道秘決』について」（『神道大系月報』一一二・真言神道〈下〉、一九九二年十一月）b
三崎良周『台密の理論と實踐』（創文社、一九九四年）
山澤　学『日光東照宮の成立――近世日光山の「荘厳」と祭祀・組織』（思文閣出版、二〇〇九年）
吉田昌彦「東照宮信仰に関する一考察――王権論に関連させて」（『九州文化史研究所紀要』第五八号、二〇一五年三月）

参考公刊史料

阿部正信著／中川芳雄・安本博・若尾俊平編『駿國雜志』一（吉見書店、一九七六年）
異国日記刊行会編『影印本異国日記――金地院崇伝外交文書集成』（東京美術、一九八九年）
上野市古文献刊行会編『高山公実録〈藤堂高虎伝〉』下巻（清文堂出版、一九九八年）
海老沢有道・H．チースリク・土井忠生・大塚光信校注『日本思想大系25　キリシタン書　排耶書』（岩波書店、一九七〇年）
霞会館華族資料調査委員会編『東久世通禧日記』下巻（社団法人霞会館、一九九三年）
鎌田純一校訂『史料纂集　舜旧記』第四（続群書類従完成会、一九七九年）
同　『史料纂集　舜旧記』第五（続群書類従完成会、一九八三年）
寛永寺編『慈眼大師全集』上巻（寛永寺、一九一六年）

同　　『慈眼大師全集』下巻（寛永寺、一九一六年）
京都史蹟会編『林羅山文集』上巻（ぺりかん社、一九七九年覆刻）
久能山東照宮社務所編『久能山叢書』第二編（久能山東照宮社務所、一九七二年）
同　　『久能山叢書』第三編（久能山東照宮社務所、一九七三年）
同　　『久能山叢書』第四編（久能山東照宮社務所、一九七六年）
同　　『久能山叢書』第五編（久能山東照宮社務所、一九八一年）
公益財団法人徳川黎明会徳川林政史研究所編／深井雅海・川島孝一校訂『史料纂集　源敬様御代御記録』第一（八木書店、二〇一五年）
財団法人神道大系編纂会編／西垣晴次・小林一成校注『神道大系　神社編二十五　上野・下野国』（財団法人神道大系編纂会、一九九二年）
財団法人神道大系編纂会編／曽根原理校注『続神道大系　神社編　東照宮』（財団法人神道大系編纂会、二〇〇四年）
副島種経校訂『新訂　本光国師日記』第三（続群書類従完成会、一九六八年）
同　　『新訂　本光国師日記』第四（続群書類従完成会、一九七〇年）
同　　『新訂　本光国師日記』第五（続群書類従完成会、一九七〇年）
同　　『新訂　本光国師日記』第六（続群書類従完成会、一九七一年）
曽根原理「『東照社縁起』の基礎的研究」（『東北大学附属図書館研究年報』二十八、一九九五年十二月）
同　　「『東照社縁起』の基礎的研究（承前）」（『東北大学附属図書館研究年報』二十九、一九九六年十二月）

高楠順次郎都監・小野玄妙編修『大正新脩大蔵経図像』第八巻（大藏出版、一九三四年）
高柳光寿・岡山泰四・斎木一馬編集顧問『新訂　寛政重修諸家譜』第二（続群書類従完成会、一九六四年）
武部敏夫・川田貞男・本田慧子校訂『史料纂集　泰重卿記』第一（続群書類従完成会、一九九三年）
妻木忠太編・木戸侯爵家蔵版『木戸孝允日記』第三（日本史籍協會、一九三三年）
東京大学史料編纂所編『日本関係海外史料　イギリス商館長日記』訳文編之上（東京大学、一九七九年）
同　『大日本近世史料　細川家史料』一（東京大学出版会、一九六九年）
同　『大日本近世史料　細川家史料』二（東京大学出版会、一九七〇年）
同　『大日本近世史料　細川家史料』九（東京大学出版会、一九八四年）
同　『大日本古記録　言緒卿記』下（岩波書店、一九九八年）
永島福太郎・林亮勝校訂『史料纂集　隆光僧正日記』第一（続群書類従完成会、一九六九年）
日光市史編さん委員会『日光市史史料』第九集・秋元家文書（日光市史編さん委員会、一九七六年）
日光東照宮社務所編『日光叢書　社家御番所日記』十五（日光東照宮社務所、一九七五年）
同　『日光叢書　社家御番所日記』二十二（日光東照宮社務所、一九八二年）
同　『日光叢書　寛永諸家系図伝』第一巻（日光東照宮社務所、一九八九年）
早川純三郎編『三十輻』第二（国書刊行会、一九一七年）
同　『明良洪範　全』（国書刊行会、一九一二年）
林観照校訂『史料纂集　慈性日記』第一（続群書類従完成会、二〇〇〇年）
藤井讓治・吉岡眞之監修『後水尾天皇実録』第一巻（ゆまに書房、二〇〇五年）
別格官幣社東照宮社務所編『日光叢書　社家御番所日記』一（別格官幣社東照宮社務所、一九三一年）

同　『日光叢書　社家御番所日記』二（別格官幣社東照宮社務所、一九三二年）
同　　『日光叢書　社家御番所日記』四（別格官幣社東照宮社務所、一九三四年）
松田毅一監訳『十六・七世紀イエズス会日本報告集』第Ⅰ期第三巻（同朋舎出版、一九八八年）
同　『十六・七世紀イエズス会日本報告集』第Ⅰ期第四巻（同朋舎出版、一九八八年）
同　『十六・七世紀イエズス会日本報告集』第Ⅰ期第五巻（同朋舎出版、一九八八年）
同　『十六・七世紀イエズス会日本報告集』第Ⅱ期第一巻（同朋舎出版、一九九〇年）
同　『十六・七世紀イエズス会日本報告集』第Ⅱ期第二巻（同朋舎出版、一九九六年）
『内閣文庫影印叢刊　譜牒餘録』下（国立公文書館、一九七五年）
『大日本史料』第十二編之十三（東京大学史料編纂所「大日本史料総合データベース」）
『大日本史料』第十二編之十四（東京大学史料編纂所「大日本史料総合データベース」）
『大日本史料』第十二編之二十三（東京大学史料編纂所「大日本史料総合データベース」）
『大日本史料』第十二編之二十四（東京大学史料編纂所「大日本史料総合データベース」）
『大日本史料』第十二編之二十五（東京大学史料編纂所「大日本史料総合データベース」）
『大日本史料』第十二編之二十六（東京大学史料編纂所「大日本史料総合データベース」）
『大日本史料』第十二編之二十八（東京大学史料編纂所「大日本史料総合データベース」）
『大日本史料』第十二編之三十二（東京大学史料編纂所「大日本史料総合データベース」）
『當代記　駿府記』（続群書類従完成会、一九九五年）

野村 玄（のむら げん）

1976年大阪府生まれ。2004年、大阪大学大学院文学研究科博士後期課程修了。博士（文学）（大阪大学）。専門は日本近世史。現在、大阪大学大学院文学研究科准教授。著書に『日本近世国家の確立と天皇』（清文堂出版）、『徳川家光——我等は固よりの将軍に候』（ミネルヴァ書房）、『天下人の神格化と天皇』（思文閣出版）、『豊国大明神の誕生——変えられた秀吉の遺言』（平凡社）がある。

［中世から近世へ］

徳川家康《とくがわいえやす》の神格化《しんかくか》 新《あら》たな遺言《ゆいごん》の発見《はっけん》

発行日　2019年10月23日　初版第1刷

著者　野村 玄
発行者　下中美都
発行所　株式会社平凡社
〒101-0051 東京都千代田区神田神保町3-29
電話（03）3230-6581［編集］（03）3230-6573［営業］
振替 00180-0-29639
ホームページ https://www.heibonsha.co.jp/
印刷・製本　株式会社東京印書館
DTP　平凡社制作

ISBN978-4-582-47746-7
NDC分類番号210.47　四六判（18.8cm）　総ページ296

中世から近世へ シリーズ　好評既刊

兵農分離はあったのか
平井上総
中世から近世への社会転換を示す重要要素「兵農分離」。日本近世社会の根本概念を疑う。

秀吉の武威、信長の武威
天下人はいかに服属を迫るのか
黒嶋敏
自らの政権を正当化する天下人。二人の〝勝者〟が日本に君臨するための本音と建て前を解く。

豊国大明神の誕生
変えられた秀吉の遺言
野村玄
ポスト秀吉をめぐって露わになった日本国独立の問題――死してなお、秀吉は悩み続ける。

撰《えり》銭《ぜに》とビタ一文の戦国史
高木久史
人々は外国の銭を輸入し、模造し、英雄たちはその銭に振り回される。銭から時代が見える。

鳥《とり》居《い》強《すね》右《え》衛《も》門《ん》
語り継がれる武士の魂
金子拓
武士の忠義が《歴史》になるとき――無名にして有名な侍の名が現代まで残った理由に迫る。

楽市楽座はあったのか
長澤伸樹
創られた「自由」、有事と背中合わせの「平和」。画期的な経済政策というイメージが覆る。

前田利家・利長
創られた「加賀百万石」伝説
大西泰正
豊臣政権の中枢で「大老」を務めた親子。雄藩のイメージはいかに創られ、維持されたのか。